Kletzenbrot

Ines Eberl, in Berlin geboren, hat in Salzburg Jura studiert und promoviert. Hier arbeitet sie heute in einer Rechtsanwaltskanzlei und schreibt erfolgreich Kriminalromane. Sie ist Roundtable-Mitglied der International Thriller Writers und gehört der englischen Crime Writers' Association an. Lesen Sie mehr über die Autorin unter www.ineseberl.com oder auf ihrer Autorenseite auf Facebook.

INES EBERL

Kletzenbrot

KULINARISCHER ALPENKRIMI

emons:

Bibliografische Information der Deutschen Nationalbibliothek
Die Deutsche Nationalbibliothek verzeichnet diese Publikation in der Deutschen Nationalbibliografie; detaillierte bibliografische Daten sind im Internet über http://dnb.d-nb.de abrufbar.

MIX
Papier aus verantwortungsvollen Quellen
FSC® C083411

Umschlagmotiv: mauritius images/United Archives
Umschlaggestaltung: Franziska Emons, Tobias Doetsch
Gestaltung Innenteil: César Satz & Grafik GmbH, Köln
Lektorat: Carlos Westerkamp
Druck und Bindung: CPI – Clausen & Bosse, Leck
Printed in Germany 2017
ISBN 978-3-7408-0170-0
Kulinarischer Alpenkrimi
Originalausgabe

Dieses Werk wurde vermittelt durch die
AVA international GmbH, Autoren- und Verlagsagentur.

Für Isabelle und Viktor

Das Essen ist einer der vier Zwecke
des Daseins. Welches die anderen drei sind,
darauf bin ich noch nicht gekommen.
Charles de Montesquieu (1689–1755)

Menü

Winter-Fitnesspunsch
Seite 11

Karotten-Boskop-Süppchen
mit Scampibällchen
Seite 55

Bittersalate mit Walnüssen, Oliven,
Birnen und Ziegenkäse
Seite 94

In Rotwein geschmorte Rinderschulter
mit Apfelrotkraut und
Semmel-Pilz-Knödel
Seite 128

Risotto mit Garnelen und
mediterranen Gewürzen
Seite 170

Lauwarme Schokoladenkuchen
mit Birnenkompott
und Vanillesabayon
Seite 215

Kletzenbrot
Seite 217

PROLOG

Ich laufe auf den Hof hinaus.

Der Sturm treibt mir wahre Schneemassen ins Gesicht. Eisige Flocken schmelzen brennend in meinen Augen. Die Garage ist hinter einer weißen Wand verschwunden. Auch das Licht ist nicht mehr zu sehen. Ich senke den Kopf und renne in weiten Sprüngen los. Der Schnee reicht mir bis über die Knöchel. Er dringt von oben in meine Halbschuhe, schmilzt zu kleinen Bächen und sammelt sich unter meinen Sohlen.

Vor Ärger kann ich einen Fluch nicht unterdrücken.

Vor der Brettertür wische ich mir das Schmelzwasser aus den Augen und zwinkere ein paarmal, um besser sehen zu können. Tatsächlich – ich habe mich nicht getäuscht. Das Licht ist erloschen. Ist der Eindringling geflohen? Durch das Schneegestöber kann ich nicht einmal mehr meine eigenen Spuren erkennen.

Ich reiße die Tür auf, knipse die Taschenlampe an und lasse den Lichtkegel durch den finsteren Lattenverschlag wandern. Mein Oldtimer parkt genau dort, wo ich ihn abgestellt habe. Staubkörnchen flirren über seinem Cabriodach durch den Strahl der Lampe. Links und rechts des Wagens türmt sich nach wie vor der Sperrmüll. Der zerrissene Sessel steht scheinbar unverrückt an der einen Bretterwand. Das Polstermaterial quillt über seine Sitzfläche, als hätte sich das alte Möbel erbrochen. Die Stehlampe ohne Schirm und der Spiegel sind nur schemenhaft zu sehen. Auf der anderen Seite lehnt das zerbeulte Fahrrad, daneben türmen sich die verschimmelten Koffer. Die braune Plüschdecke mit den aufgedruckten Kätzchen, die vor der Rückwand der Garage hängt, bewegt sich sanft im Luftzug.

»He«, brülle ich gegen den Sturm an. »Ist da jemand?«

Niemand antwortet mir.

»Los, rauskommen …!«

Nichts, nur das Heulen des Windes.

Ich werde unsicher. Habe ich mich getäuscht? Höre ich etwa schon Stimmen, und sehe ich Gespenster? Die Morde haben mich seelisch völlig aus dem Gleichgewicht gebracht, meine Nerven sind zum Zerreißen gespannt. Ich hole tief Luft, rieche den muffigen Gestank des Sperrmülls. Und noch etwas liegt in der eisigen Luft. Ein Geruch, flüchtig und vertraut. Aber die Ausdünstungen der schimmeligen Lederkoffer und der leichte Öl-Geruch des alten Motors verwischen die Duftspur. Ich drehe mich um, will die Brettertür wieder zuschieben.

Da höre ich das Geräusch. Leise. Heimlich. Verstohlen.

Ich erstarre. Jeder kennt das Gefühl von Blicken, die einen im Rücken treffen. Ich spüre, wie sich meine Nackenmuskeln verspannen.

Jemand ist in dem Verschlag – oder etwas.

Langsam drehe ich mich wieder um, lausche. Nichts. Totenstille. Haben mir meine Nerven einen Streich gespielt? Zur Sicherheit warte ich noch ein wenig, lasse den Strahl der Taschenlampe noch einmal durch das finstere Innere wandern. Diesmal nehme ich meine Umgebung genauer in Augenschein.

Alles in Ordnung.

Oder nicht? Etwas ist anders. In meinem Magen fängt es an zu kribbeln. Was ist verändert worden? Ich zermartere mir den Kopf. Und dann weiß ich es auf einmal.

Es ist das Fahrrad.

Lehnte es sonst an den Koffern, sodass es Halt an ihren Kanten fand, so ist es jetzt beiseitegeschoben worden. Jemand hat einen Durchgang neben meinem Auto frei gemacht. Ich hebe die Taschenlampe und lasse sie den neuen Weg entlangwandern. Er endet vor der Decke mit den spielenden Kätzchen. Ich spüre, wie sich mein Atem verlangsamt. Kälte kriecht in meine Glieder. Jemand war in der Garage und hat hier herumhantiert. Wollte er einen Blick unter die Motorhaube werfen? Jetzt erfasst mich Ärger. Der alte Motor ist empfindlich und gehört nur in sachkundige Hände. Ich muss mich davon überzeugen, dass kein Schaden entstanden ist. In meine Gedanken drängt sich die Erinnerung an jenen Sommer in Altaussee. Als mich eine Motorpanne festgehalten und fast meinem Mörder ausgeliefert hat.

Schnell arbeite ich mich an der Seitenwand meines Oldtimers entlang. Dabei bleibe ich mit dem Hemdärmel an der rostigen

Fahrradklingel hängen und höre, wie der Stoff reißt. Doch immerhin habe ich mich nicht verletzt.

»Verdammt«, fluche ich und haste weiter.

Ich zwänge mich zwischen die Stoßstange und die Decke, bücke mich und lasse meine Hand an der Kante der Motorhaube entlanggleiten. Alles in Ordnung.

Erleichtert richte ich mich wieder auf.

Dabei mache ich einen Schritt nach hinten. Etwas stößt gegen meinen Hinterkopf. Es ist leicht, beweglich, trifft mich wieder. Ich drehe mich um. Vor meinen Augen hängt die Decke. Dahinter zeichnet sich ein kantiger Gegenstand ab. Er zittert hin und her, als befände sich hinter dem Wollstoff ein atmender Körper. Ich reiße die Decke beiseite, richte die Taschenlampe in das Dunkel.

Eine kalte Hand greift nach meinem Herzen und drückt es unbarmherzig zusammen.

Wenige Zentimeter vor meinem Gesicht dreht sich ein nackter Säugling um sich selbst. Es ist ein Junge. Er hängt an einer Schnur, die um seinen Hals geknotet ist. Seine Augen sind geschlossen, der kleine Mund so schmal wie ein Strich. Seine Züge scheinen lebensecht. Mein Magen hebt sich, mit aller Macht kämpfe ich gegen den Würgereiz. Ich kenne dieses Kindergesicht.

Winter-Fitnesspunsch

Zutaten
½ l Wasser · 5 g frischer Ingwer, geschält und fein geraspelt · 1 cm Zimtstange · 1 Nelke · Saft von ½ Zitrone · Saft von 1 Orange · 2 TL Honig

Zubereitung
Alle Zutaten einmal aufkochen und zehn Minuten ganz leicht ziehen lassen – abseihen.

»Für mich das beste Getränk gegen Erkältungen sowie zur Stärkung des Immunsystems.« Johanna Maier

EINS

Ein Abgrund ist eine tiefe Schlucht. In der biblischen Mythologie bedeutet der Abgrund auch Unterwelt. »Abgrundtief« sagt man, wenn man persönliches Verhängnis meint. Und dann gibt es da natürlich noch die seelischen Abgründe, die gefährlicher als jede Schlucht sein können. Doch das begriff ich erst später. Als es für mich schon fast zu spät war.

Bad Gastein liegt am Abgrund.

Es war ein Freitagnachmittag Anfang Dezember, als ich unbekümmert mit meinem kleinen Oldtimer in das Gasteiner Tal hineinfuhr, den Talschluss und ein verschneites Bergmassiv vor Augen. Die Straße schlängelte sich an der rechten Talseite entlang und stieg dabei immer weiter an. Über der Landschaft lag der bläuliche Schimmer des vergehenden Wintertages, und in den Häusern flimmerten bereits die ersten Lichter.

Der heiße Sommer, in dem ich das letzte Mal in Österreich gewesen war, lag zwei Jahre zurück. Damals hatte ich einen alten Freund, den Restaurantkritiker Anton Zott, in seiner Villa im steirischen Altaussee besuchen wollen. Doch bei meiner Ankunft hatte man Anton gerade tot aufgefunden, verstorben unter mysteriösen Umständen. Mein Entschluss, bis zu seinem Begräbnis in Altaussee zu bleiben, um seiner Witwe zur Seite zu stehen, hatte mich fast das Leben gekostet. Die Schrecken jener schwülwarmen Augusttage waren inzwischen fast vergessen, und ich hatte noch immer Kontakt zu Antons Stieftochter Melusine, die inzwischen in Wien Psychologie studierte.

»Meine Tante Maggie – also eigentlich meine Großtante – hat so ein Geschäft für altes Spielzeug in Bad Gastein«, hatte Melusine am Telefon gesagt. »Darüber sind ein paar Zimmer, die sie an Pensionsgäste vermietet. Es ist vielleicht ein bisschen abgelegen, aber dafür ganz ruhig und gleich um die Ecke von einer Kirche. Da stören dich höchstens die Glocken am Sonntagmorgen. Wenn du willst, rufe ich Maggie gleich mal an.«

»Ich treffe mich mit meiner Fotografin in Bad Gastein«, sagte ich. »Wir schießen eine Food-Strecke für mein neues Kochbuch.« Nach einem langen Arbeitstag habe ich gern meine Ruhe und brauche weder die Gesellschaft fröhlicher Urlauber noch das übliche Hotelbüfett. Für meine Zwecke war eine ruhige, kleine Pension dem Trubel in einem der großen Ski-Hotels jedenfalls vorzuziehen. »Gute Idee, danke.«

»Ich war seit Jahren nicht mehr in Gastein«, sagte Melusine. »Aber in zwei Wochen habe ich meine letzte Prüfung vor Weihnachten, und dann könnte ich ja auf einen Sprung vorbeikommen, was meinst du?«

Nun mag ich Melusine sehr und bewundere sie dafür, wie sie mit ihrer grausamen Familiengeschichte fertigwird. Nicht jede Zwanzigjährige hat diese Stärke. Und dieser Gedanke gab den Ausschlag. »Ich freu mich, dich zu sehen«, sagte ich. Wenn es mir in Gastein gefiel, konnte ich sogar noch ein wenig länger bleiben und schon mal ein Konzept für mein nächstes Buch entwickeln. Und die Abende mit der klugen Melusine bei Kamingesprächen verbringen. Ich sah sie bereits vor mir, den stämmigen Körper in einen übergroßen Pullover von undefinierbarer Farbe gehüllt. »Ja, prima, dann machen wir Ferien im Schnee.«

»Darf ich ›Onkel‹ zu dir sagen?«

»Untersteh dich.«

Sie lachte. »Ich buche die VIP-Suite für dich.«

Eine Stunde später hatte sie mich angerufen und mir Grüße der Tante ausgerichtet und eine Wegbeschreibung geliefert. Heute frage ich mich, warum mich die Tatsache, dass Melusine ihre Tante seit Jahren nicht mehr gesehen hatte, nicht stutzig gemacht hat. Natürlich hätte ich mich selbst auch genauer über die Verhältnisse in der kleinen Pension informieren können. Aber so fuhr ich gut gelaunt und mit der Aussicht auf einen kombinierten Arbeits- und Ferienaufenthalt ins malerische Gasteiner Tal.

Auf Sylt wartete nur mein roter Kater Puschkin auf mich, ein Andenken an jenen denkwürdigen Aufenthalt in Altaussee. Das Tier wohnte wie immer während meiner Reisen bei meiner Haushälterin, wurde von ihr mit Gourmet-Katzenfutter ernährt und fraß sich bestimmt gerade eine neue Speckschicht an. Mein

Protest gegen diese Form von Katzen-Diät wurde von beiden zur Kenntnis genommen und, ohne nachtragend zu sein, ignoriert.

Habe ich schon erwähnt, dass ich Kochbücher schreibe?

Vor ein paar Jahren war ich selbst noch Koch. Einige der besten Restaurants waren meine Wirkungsstätte. Doch dann habe ich die Kochjacke mit meinem aufgestickten Namen an den Haken gehängt und angefangen, für Food-Magazine zu arbeiten und Bücher zu schreiben. Damit bin ich so erfolgreich, dass ich mein kleines Haus auf Sylt nur für Fotoproduktionen oder die Jagd nach neuen Rezepten verlassen muss.

Mein Verlag hatte eine Fortsetzung eines meiner bestverkauften Kochbücher – »Ski Style Cooking« – vorgeschlagen. Ich sollte alpenländische Rezepte, aber diesmal modernisiert und verfeinert, entwickeln. Der Titel meines Buches stand schon fest: »Elegant Ski Style Cooking – La Cuisine Chalet du Chef«. Es würde eine Kochbibel für junge und erfolgreiche Leute werden, die im Winter zum Skisport fuhren und den Rest des Jahres in ihren Lofts in Hamburg, Frankfurt und Wien ebenso junge und erfolgreiche Leute bekochten. Diese Klientel hatte wenig Zeit und war figurbewusst. Kurze Garzeiten waren also ein Muss, und Schweineschmalz war kein Thema.

Das Shooting in Gastein war eine Idee der Fotografin Helen Venturini gewesen, mit der ich schon öfter zusammengearbeitet hatte. Sie besitzt ein Chalet im Gasteiner Tal und ist eine begeisterte Skifahrerin. Warum also nicht das Angenehme mit dem Nützlichen verbinden und die Fotos in entspannter Urlaubsatmosphäre schießen? Ich sollte Anfang Dezember nach Bad Gastein fahren. Helen war zwar noch zu Aufnahmen für Bademode auf den Bahamas, wollte jedoch sofort nach Abschluss ihrer Arbeit nachkommen.

Die Straße machte einen steilen Anstieg.

Mein Oldtimer mühte sich die Steigung hinauf, wurde immer langsamer, bis er auf der Schneefahrbahn nur noch im Schritttempo dahinkroch. Im Rückspiegel konnte ich eine Lichterkette von Scheinwerfern sehen, teure Autos mit Skiträgern auf dem Dach rollten in den Winterurlaub. Direkt hinter mir grinste das Maul eines schwarzen Geländewagens. Warum Autos heute wie muskelgeschwellte Monster aussehen müssen, weiß ich auch nicht.

Ein moderner Allradantrieb hat aber natürlich durchaus seinen Sinn. Mein kleines Oldtimer-Cabrio, ein Austin Healey Sprite MkI, Baujahr 1961, ist für winterliche Fahrverhältnisse nicht gemacht. Aber seiner Farbe, die wie frisch geschlagene Zabaione aussieht, und den hochstehenden Frontscheinwerfern, die an Glupschaugen erinnern und dem Modell in Oldtimer-Magazinen den Spitznamen »frog« – Frosch – eingebracht haben, bin ich beim Kauf auf den ersten Blick verfallen. Natürlich wäre die Anschaffung eines Neuwagens vernünftiger gewesen. Aber wenn mein Herz gegen meinen Verstand kämpft, siegt in der Regel das Herz. Sogar die nur zweiundvierzig Komma fünf PS, die unter der Motorhaube arbeiten, können mich von längeren Ausflügen mit meinem Frosch nicht abhalten. Das geruhsame Reisen ermöglicht meinen Gedanken und meiner Seele, gleichzeitig mit mir an meinem Zielort anzukommen.

Ich richtete den Blick wieder nach vorn und konzentrierte mich auf meine Umgebung, denn natürlich besaß mein Frosch kein Navigationssystem. Wasserfall, hatte Melusine gesagt, nach dem Wasserfall kommt eine Kirche und dann liegt die Gasse auf der rechten Seite. Ich ließ meinen Blick über die Häuser vor mir wandern, die aussahen, als würden sie sich übereinander am Hang stapeln. Dabei musste ich einen Augenblick nicht aufgepasst haben, denn plötzlich geriet mein Wagen mit dem rechten Vorderrad in einen Schneehaufen. Ich konnte hören, wie die Ketten am Reifen mahlten, und schaffte es irgendwie, wieder auf die Fahrbahn zu gelangen. Ich war die ganze Strecke von Sylt gefahren und hatte in München übernachtet. Kurz vor Bad Reichenhall hatte es angefangen zu schneien, und ich musste drei Stunden in Salzburg verbringen, um passende Ketten aufzutreiben. Weiter hinten in der Schlange hupte jemand.

Endlich passierten wir das Ortsschild.

Zwischen Jahrhundertwende-Villen und Grand-Hotels, die den Charme der Belle Époque verbreiteten, rollten mein Oldtimer und ich durch Bad Gastein. Hier hießen die Häuser »Mozart«, »Elisabeth« und »Hubertushof«, und obwohl ihre Fassaden zum Teil abblätterten und so manches Fenster vernagelt war, gefiel mir ihre aus der Zeit gefallene Eleganz, die meinem alten Auto den passenden Rahmen bot. Vor dem »Grand Hotel de l'Europe« stieg eine Gruppe Skifahrer aus einem Shuttlebus, steuerte auf den Eingang zu und wurde dabei von der anderen Straßenseite aus von einer Touristengruppe fotografiert. Ein älterer Mann hielt seine Kamera auf meinen Frosch, aber das waren wir gewohnt.

Und dann überquerte ich den Abgrund.

Ohne Vorwarnung tauchte zu meiner Rechten eine schwindelerregend hohe Felswand auf, über die sich ein in Eis erstarrter Wasserfall herabzustürzen schien, um zu meiner Linken in einer tiefen Schlucht zu verschwinden. Beeindruckt und mit einem mulmigen Gefühl rollte ich über die Brücke, wobei ich mir sagte, dass sie sich wohl schon viele Jahrzehnte über diesen Höllenschlund spannte und nicht ausgerechnet jetzt unter mir zusammenbrechen würde. Trotzdem war ich froh, als ich die Kirche, die Melusine wohl gemeint hatte, vor mir liegen sah.

Abweisend stand sie da, ihre Fassade so grau wie die Felswände dahinter und mit gotischen Spitzfenstern. Ein Schneewall umgab ihr Fundament, und es sah aus, als hätte sich eine weiße Riesenschlange um ihr steinernes Opfer gerollt. Nun neige ich nicht zu düsteren Vorahnungen, trotzdem war da plötzlich der Gedanke, dass ich lieber umdrehen und im »Grand Hotel de l'Europe« nach einem Zimmer fragen sollte. Wie sagen die Engländer? *A ghost just walked over my grave.* Aber Melusines Tante Margarete wartete auf mich, und so entließ ich den Geist der Vorsehung aus meinem Kopf. Zu meiner Rechten konnte ich auch schon die Einfahrt zu einer schmalen Gasse sehen. Und das Straßenschild: »Sterngässchen«. Erleichtert bog ich zu meinem Zielort ab – und fand mich in einer anderen Welt wieder.

Tief verschneit und menschenleer lag die kleine Gasse, mein Zuhause für die nächsten Wochen, vor mir. Die Straßenlaternen brannten bereits, warfen ihren gelben Schein über die Gehwege, zeichneten blaue Schatten in schon verschwimmende Fußspuren und woben einen goldenen Schleier um ihre schmiedeeisernen Masten. Es hätte mich nicht gewundert, wenn im nächsten

Augenblick ein Pferdeschlitten mit klingenden Glöckchen um die Ecke gebogen und ein Mann mit Zylinder und Pelerine ausgestiegen wäre.

Das Geschäft von Melusines Tante lag etwa in der Mitte der Gasse, zwischen einem Antiquitätenladen und einer halbrunden Durchfahrt, auf deren rissigem Holztor ein Plakat für eine Après-Ski-Party warb. Die Ladentür und das einzige Schaufenster, in dem Puppen in Spitzenkleidern und Matrosenanzügen an einem Tischchen vor winzigem Teegeschirr saßen, hatten dunkelgrün gestrichene Holzrahmen. Sogar im schwindenden Licht dieses Winternachmittags konnte ich die Stellen sehen, an denen der grüne Lack bereits abblätterte. Eine altmodische Stalllaterne hing etwas schief über einem handgemalten Schild, auf dem in goldenen Lettern »Das Puppenparadies« zu lesen war.

Ich spürte, wie sich ein Lächeln auf meinem Gesicht breitmachte. Gefiel mir schon die fast verwunschen anmutende Gasse, so löste das Wort »Paradies« ein warmes Gefühl des Glücks und des Nachhausekommens aus.

Vorsichtig lenkte ich meinen Wagen an den Straßenrand, immer darauf bedacht, nicht wieder mit dem Vorderreifen in einem der Schneehaufen stecken zu bleiben. Dann stieg ich aus, streckte meine von der langen Fahrt verspannten Muskeln und ließ die kalte Bergluft meine Lungen füllen. Ich spürte förmlich, wie mich frische Kraft erfüllte. Als ich mich ein wenig erholt hatte, stapfte ich guten Mutes auf das »Puppenparadies« zu und drückte auf die eiserne Klinke.

Die Ladentür öffnete sich mit einem altmodischen Glockenton und fiel hinter mir sofort wieder mit einem eigentümlichen Geräusch ins Schloss. Natürlich ist es sinnvoll, Türen bei diesen Klimaverhältnissen möglichst geschlossen zu halten. Trotzdem löste das trockene Schnappen des Schlosses hinter meinem Rücken unwillkürlich ein unangenehmes Gefühl in mir aus. Ich musste an das geschnitzte Handpuppen-Krokodil denken, das ich als Kind besessen und gefürchtet hatte und dessen zuschnappende Holzkiefer ein ähnliches Geräusch erzeugt hatten. Zweifellos war es die Atmosphäre des Spielzeuggeschäfts, die diese Erinnerung hervorgerufen hatte.

Außer mir war niemand im Laden.

Nur ein klobiges altes Radio mit stoffüberzogener Vorderfront und Drehknöpfen aus Bakelit spielte leise eine Melodie aus Tschaikowskys Ballett »Der Nussknacker«.

Langsam ging ich über den abgetretenen Holzboden, dessen verblichene Dielen bei jedem Schritt unter meinen Sohlen knarrten. Links und rechts von mir waren die Wände mit Regalen bedeckt, in denen Puppen in allen Größen und aus allen Jahrzehnten saßen und standen. Sie hatten pausbäckige Wachs- oder Porzellangesichter, trugen mit Spitzen besetzte Seidenkleider oder Uniformen oder aufwendig gefertigte Trachten.

Zwischen ihnen hatte man aufgeklappte Bilderbücher mit abgestoßenen Pappeinbänden aufgestellt. Ich erkannte den blutrünstigen »Struwwelpeter«, ein völlig unzeitgemäßes Zeugnis schwarzer Pädagogik, soweit ich mich erinnern konnte. Über ein Brett marschierte eine Armee von Zinnsoldaten, und in einem geflochtenen Kinderwagen mit großen Metallrädern saß ein spitznasiger Teddybär zwischen rot karierten Kissen. Sein Fell war an manchen Stellen abgescheuert, was ihm ein rührend abgeliebtes, aber auch ein etwas räudiges Aussehen gab. An den Wänden hingen Stiche mit Modebildern aus den vergangenen Jahrhunderten, und am Ende das Ladens befand sich ein abgebeizter Holztisch, auf dem neben einem halb vollen Bonbonglas und einer Kasse mit Handkurbel ein aufgeklapptes Notebook stand. In dieser Umgebung war dies der Gegenstand, der aus der Zeit gefallen wirkte. Es roch nach Staub und Bohnerwachs.

Ich machte noch ein paar Schritte über die knarrenden Holzdielen. »Hallo?«, rief ich, erhielt jedoch keine Antwort.

Schweigend starrten die Puppen mit ihren kalten Glasaugen auf mich herab, als wollten sie den Eindringling in ihr Spielzeugreich abschätzen. Mein Blick wanderte weiter. Auf einem verzweigten Ast saßen bunte Singvögel. Ihr künstliches Gefieder schillerte in allen Farben. Nur ein Vogel war unscheinbar und braun. Sein Kopf war zur Seite gedreht, und die mit Draht durchzogenen Füße, die sich an den Ast klammerten, waren zu Fäusten geballt. Das Glas der schwarzen Knopfaugen war stumpf geworden, als hätte man den Vogel geblendet.

Und da war es wieder – mein Déjà-vu.

Auf einmal hatte ich das Gefühl, als könnte ich den Armagnac riechen, der auf der Brust eines gebratenen Vögelchens, einer Fettammer, verdampfte. Die zarte Haut schien in der Hitze zu beben. Als schlüge darunter noch immer ein Herz. Mein Magen hob sich, und ich kämpfte gegen den Brechreiz an … Ich spürte, wie meine Knie nachgeben wollten. Waren da nicht Schritte, die sich mir näherten? Ich hielt den Atem an. Angst kroch mir den Rücken hinauf. Das Messer. Es schwebte vor meinen Augen, die papierdünne Schneide blutverschmiert. Meine Hand zuckte, wollte wieder danach greifen, wie damals, in Altaussee. Die Melodie des »Nussknackers« ging zum Stakkato einer Blechtrommel über. Mein Kopf dröhnte, und vor meinen Augen drehten sich blutige Kreise.

Irgendwo schlug eine Tür zu.

»Ich komme schon«, rief eine Frau.

Ich schloss kurz die Augen, zwang mich dazu, ruhig zu atmen. Dann räusperte ich mich und rief: »Frau Mayerhofer?« Meine Stimme klang noch etwas rau, aber sonst wieder ganz gefasst. Bestimmt war die alte Dame schon ein wenig schwerhörig, sodass sie die Ladenglocke nicht wahrgenommen hatte.

Schritte erklangen hinter einem Regal, Absätze klapperten, und im nächsten Augenblick tauchte eine hochgewachsene junge Frau in meinem Blickfeld auf. Sie trug ein weißes, mit roten Blumen besticktes Hippie-Kleid und an den Füßen Holz-Clogs. In der einen Hand hielt sie eine kleine Puppe, mit der anderen strich sie sich das lange weizenblonde Haar hinter das Ohr. Dabei fiel mir ein blaues Nickituch auf, das sie sich um das Handgelenk gebunden hatte und das einen frischen Verband nur unzureichend überdeckte. Auf ihrer Stupsnase saßen Sommersprossen, und sie hatte schräg stehende eisblaue Augen. Ein professionelles Lächeln gab ihr das Aussehen eines schwedischen Fotomodells, das es durch einen wundersamen Zufall von Saint-Tropez nach Bad Gastein verschlagen hatte. Dies war jedenfalls nicht Melusines Tante Margarete.

»Guten Tag«, sagte die junge Frau mit einem Anflug skandinavischen Akzents. Ihr Blick huschte über meinen Seidenschal, den nach Maß gearbeiteten Mantel und blieb an den Maßschuhen und der Schmelzwasserpfütze, die sich darunter gebildet hatte, hängen. Mein Sinn für Qualität beschränkt sich nicht nur auf gutes Essen. Ich liebe schöne Dinge.

Das Lächeln der jungen Frau vertiefte sich. Ganz offensichtlich hatte sie zahlungskräftige Kundschaft erkannt. Dabei trug sie selbst eine Goldkette, die so gar nicht zu dem billigen Kleid passte, denn das Diamantherz, das daran hing und in der kleinen Grube unter ihrem Hals lag, war sicher echt und versprühte sein kaltes Feuer bis zu mir herüber.

»Was darf ich für Sie tun?«, fragte sie und kam auf mich zu. Ein frisches Parfüm, das an den Duft von rosa Grapefruit erinnerte, stieg mir in die Nase und verdrängte den Staubgeruch des Ladens.

Ich zog die Handschuhe aus. »Mein Name ist Mark Vanlanthen«, sagte ich. »Ich habe bei Frau Mayerhofer ein Zimmer reserviert.« Eigentlich hatte Melusine das für mich übernommen.

»Vanlanthen?«, fragte sie. »Ach so, der Schriftsteller.«

Nun trifft diese Berufsbezeichnung vielleicht nicht ganz auf mich zu, aber ihr Blick hätte nicht bewundernder sein können, wenn ich ein bekannter Romancier und Bestseller-Autor gewesen wäre. Da ich es nicht übers Herz brachte, ihr ihre Illusion zu rauben, sagte ich nur geschmeichelt: »Frau Mayerhofer erwartet mich.«

Sofort erlosch das Lächeln, und ihr Gesicht nahm einen betrübten Ausdruck an. »Maggie ist nicht da«, sagte sie.

In diesem Augenblick überkam mich das Gefühl, als sähe ich einen Film zum wiederholten Mal. So hatte es in Altaussee auch angefangen. Mein Freund Anton war kurz vor meiner Ankunft verstorben. Mein Nacken fing an zu kribbeln. »Wo ist sie denn?«, fragte ich argwöhnisch. »Ihr ist doch hoffentlich nichts passiert?«

»Wie man's nimmt«, sagte die junge Frau und seufzte. »Gestern Abend ist sie ausgerutscht und die Treppe hinuntergefallen. Zum Glück hat Thomas den Sturz mitbekommen und gleich die Rettung gerufen.« Sie hob die Schultern. »Die Ärzte können noch nicht sagen, wie lange Maggie im Krankhaus bleiben muss. Sie hat eine Gehirnerschütterung und einen Beckenbruch. Ich glaube, sie haben sie in künstlichen Tiefschlaf versetzt, immerhin wird Maggie bald achtzig.« Sie nickte bekümmert. »Und dabei fängt gerade erst die Wintersaison an, nicht wahr? Ich bin übrigens Malin Andersson.« Sie sprach ihren Namen schwedisch aus – *Mohlin.* »Und in Schweden sagen wir du. Also, schön, dass du da bist.«

»Mark«, sagte ich erfreut. Mein Aufenthalt fing ja gut an. Ich zeigte auf die Regale voller Puppen. So viele Gesichter aus so vielen Jahrzehnten. »Sind die alle echt? Und kennst du dich mit denen aus?«

»Sie sind wie meine Kinder«, sagte Malin und lachte. »Na ja, wenigstens fast. Das da drüben sind zum Beispiel Käthe-Kruse-Puppen.« Ich folgte ihrem ausgestreckten Arm mit dem Blick. An dem unverletzten Handgelenk trug sie jede Menge Freundschaftsarmbänder. »Ich bin Puppenmacherin, und das Geschäft geht gut. Wir verkaufen alte Puppen. Ich repariere sie und fertige Repliken an. Es gibt viele Sammler, die extra zu uns kommen, aber wir verschicken auch in alle Welt. Und dann sind da natürlich noch die Touristen.« Sie musterte mich neugierig. »Interessierst du dich denn für Puppen?«

Darüber hatte ich bis dahin nicht ernsthaft nachgedacht. Und wenn ich mich in dem Laden so umsah, dann fand ich die im jeweiligen Zeitgeschmack erstarrten Gesichter eher gruselig.

Vor dem Laden hupte es drei Mal, laut und irgendwie aufdringlich. Fast zeitgleich sahen Malin und ich zum Schaufenster hinüber. Hinter der halbhohen Spitzengardine, die den Laden von der Teegesellschaft in der Auslage trennte, spiegelte sich jetzt das Laternenlicht auf dem Dach eines grünen Range Rovers. Ich wurde nervös. Der schwere Wagen musste direkt hinter meinem kleinen Frosch stehen, wenn er nicht überhaupt auf die nahezu unersetzlichen, weil originalen Chromstoßstangen aufgefahren war.

»Ist das Kundschaft?«, fragte ich.

Malin zog die Brauen zusammen. »Nein, das ist Oskar«, sagte sie. »Was will der denn hier?« Täuschte ich mich, oder lag ein Anflug von Nervosität in ihrer Stimme?

Der Fahrer des Range Rovers stieg aus, schlug die Autotür hinter sich zu und kam zielstrebig über den Gehsteig auf uns zu.

Im nächsten Augenblick betrat er mit lautem Glockengeklingel und einem Schwall kalter Luft den Laden. Die Spitzenkleider der Puppen blähten sich wie bleiche Gespenster und sanken wieder in sich zusammen.

»Hej, Oskar«, sagte Malin.

Der Mann zog die Handschuhe aus und schlug sie klatschend aneinander. Für jemanden, dessen Auftreten mit so viel Krach verbunden war, schien er mir ziemlich klein. Ein Eindruck, der noch durch den schweren Daunenparka und die pelzbesetzte Kapuze verstärkt wurde. Sein Gesicht mit dem kantigen Unterkiefer war braun gebrannt und von scharfen Falten durchzogen, sein dichtes Haar silberweiß. Ich schätzte ihn auf Mitte sechzig, auch wenn seine geschmeidigen Bewegungen ihm etwas Jugendliches gaben. Diesen Typ gut situierten Rentners kenne ich von Sylt, wo er im Sommer die Golfplätze und Strandbars bevölkert. Anscheinend wandern diese Leute wie Zugvögel im Winter in den Süden, um ihre restliche Zeit auf den Skipisten totzuschlagen.

»Da bist du ja, Liebes«, sagte Oskar.

»Wo sollte ich sonst sein?«, fragte Malin unwirsch und verschränkte die Arme so fest, dass die Puppe in ihrer Hand gequält quiekte. »Was machst du hier? Wir waren heute nicht verabredet, soviel ich weiß.«

»Aber, Liebes.« Oskar kam näher, streckte die Hand aus, wollte sie wohl am Oberarm berühren, aber sie wich zurück. Seufzend ließ er die Hand wieder sinken. »Ich habe gestern den ganzen Abend versucht, dich zu erreichen. Die ›Goldene Gams‹ hatte extra unseren Tisch frei gehalten. Warum gehst du nie ans Handy?« Erst jetzt schien er meine Anwesenheit zu bemerken. Sein Blick glitt über mich hinweg, und seine Miene wurde gereizt. »Hast du noch Kunden?«

»Das ist einer von Maggies Pensionsgästen.«

»Ach so«, sagte er zu mir. »Beselius.«

»Vanlanthen.«

Oskars Blick kehrte zu Malin zurück. »Du trägst ja die Kette«, sagte er, und ich hatte das deutliche Gefühl, dass seine Worte mir galten. »Wie schön, dass sie dir gefällt.«

Malin legte den Zeigefinger an das Diamantherz. »Ja«, sagte

sie. »Danke. Also – was willst du hier?« Ihr Blick glitt zum Schaufenster und wieder zurück zu Oskar. Ich hatte das Gefühl, sie würde ihn am liebsten hinauswerfen.

Jetzt hielt ich es für an der Zeit, mich diesem Beziehungsgeplänkel, wenn es denn eines war, zu entziehen. In den Sternerestaurants, in denen ich gearbeitet habe, ist mir Diskretion in Fleisch und Blut übergegangen. Man kann nie sagen, ob der bekannte Politiker an Tisch eins nur einen alten Freund trifft oder ob gerade eine Summe Bestechungsgeld den Besitzer wechselt. Oder wer der junge Mann ist, mit dem die attraktive Brünette, die sonst in Begleitung ihres schweigsamen Ehemannes das Kindermenü – natürlich glutenfrei – isst, an diesem Abend an der Bar beim Aperitif angeregt plaudert. Nichts kann einem Gast und seinem Wirt so schnell Ungelegenheiten bereiten wie ein zur Unzeit ausgesprochenes »Wie immer?«.

Ich räusperte mich also und sagte in neutralem Ton zu Malin: »Dann hole ich mal mein Gepäck. Und bemüh dich nicht – ich finde mein Zimmer schon selbst.«

»Nein, ich komme mit«, sagte sie hastig.

Oskar musterte mich feindselig, das Du-Wort gefiel ihm ganz offensichtlich nicht. Aber dann fuhr er sich mit der Hand über die Stirn. »Lass uns wenigstens heute Abend essen gehen«, sagte er zu Malin in dem Ton, den man trotzigen Kindern gegenüber anschlägt, um sie zu beruhigen. »Ich hole dich ab. Es ist mir sehr wichtig, mein Schatz.«

»Nein.«

»Wenn Sie mich jetzt entschuldigen wollen?«, sagte ich.

Oskar ignorierte meinen Einwurf. »Dann frage ich so lange in diesem verdammten Dorf herum, bis ich weiß, wo du wohnst«, sagte er. »Diese Geheimnistuerei geht mir so –«

»Na gut«, sagte Malin schnell. »Aber nicht vor acht.« Sie schenkte ihm ein Lächeln. »Wir treffen uns im Lokal. Und jetzt«, setzte sie an mich gewandt hinzu, »schließe ich nur schnell das Geschäft ab. Dann zeige ich dir dein Zimmer.«

Malin drehte sich um und ging entschlossen zur Ladentür. Oskar folgte ihr sichtlich widerstrebend. Sie packte ihn an der Schulter, wich geschickt seinem Kuss aus und schob ihn auf die verschneite Straße hinaus. Dann drehte sie den Schlüssel, der im Schloss steckte, zwei Mal um.

Sie bemerkte wohl meinen erstaunten Blick, denn auf ihrem Gesicht erschien ein schmales Lächeln. »Wenn man Männern den kleinen Finger reicht, nehmen sie gleich die ganze Hand«, sagte sie und zupfte gedankenverloren an dem Nickituch am Handgelenk herum. Schließlich sagte sie: »Ich lege nur die Puppe zurück.« Und damit ging sie an mir vorbei zu einem schmalen Gang zwischen zwei Regalen.

Ich folgte ihr und sah, dass er zu einer kleinen Werkstatt führte. Auf einem langen Holztisch standen dort bunte Plastikbehälter mit Drahtrollen und Puppengliedern. In einer langen Schale schimmerten blaue und braune Porzellanaugen wie Murmeln. Zwei Puppenköpfe mit leeren Augenhöhlen und Mündern, einer blond, einer rothaarig, lagen zwischen Zangen, Ahlen und einem Haufen Einmachgummis. Eine Packung Gips stand neben einem Glas mit Wattestäbchen und einem Berg winziger Perücken, die an die erbeuteten Skalpe eines Indianerstammes erinnerten. Fasziniert starrte ich auf dieses surrealistische Sammelsurium.

»Hier arbeite ich«, sagte Malin und warf ihre Puppe in einen zerfledderten Karton, der auf dem Boden stand. Dann schob sie ihn mit dem Fuß unter die Werkbank. »Maggie bringt immer wieder Zeug vom Flohmarkt mit. Wertloser Plunder.« Sie wischte die Handflächen aneinander ab und sah mich an. »So, und jetzt zeige ich dir dein Zimmer.«

Ich zögerte. »Was ist mit meinem Wagen?« Der Gedanke, meinen kleinen Oldtimer am Straßenrand unter Schnee versinken zu lassen, gefiel mir überhaupt nicht. Im Geist sah ich seine runde Karosserie schon von einem Schneepflug zu einer unförmigen Masse zusammengeschoben.

Malin ging vor mir in den Geschäftsraum zurück und warf einen Blick durch die Glasscheibe der Ladentür. »Süßes Auto«, sagte sie anerkennend. War das Lächeln, das sie mir nun schenkte, wärmer? »Wir haben eine Garage im Hinterhof. Ist leider nicht mehr als ein Bretterverschlag, aber das Goldstück passt sicher hinein. Du darfst dich nur an dem Gerümpel, das sonst noch drinnen steht, nicht stören.«

»Das ist wunderbar«, sagte ich erleichtert. Dann fiel mir noch etwas ein. »Du sprichst gut Deutsch.«

»Meine Mutter ist aus Nürnberg.«

Malin führte mich zu einer Hintertür und dann in ein enges Treppenhaus, das den Charme der sechziger Jahre des vergangenen Jahrhunderts verströmte. Ein ausladender Gummibaum, dessen fett glänzende Blätter das einzige Gangfenster fast zur Gänze verdeckten, trug zu dem Eindruck noch bei. Der Geruch nach Gulasch – dem Zwiebeldunst nach zu schließen, war es hausgemacht – und Putzmitteln lag in der Luft. Über knarrende Stufen stiegen wir bis in den ersten Stock hinauf.

»Die Küche«, sagte Malin und öffnete eine Tür zu ihrer Linken. »Hier kannst du kochen und essen. Hej, Simon.«

Die Küche war weiß, billig und blitzte wie ein Seziersaal. Ein großer Fernseher stand auf einer Anrichte, sein Schirm war zu einer eingebauten Essecke ausgerichtet. Es ist mir ja unbegreiflich, warum Menschen sich ihre Mahlzeiten mit schlechten Nachrichten und Vorabendserien verderben müssen. Aber gegen günstige Küchenmöbel habe ich nichts einzuwenden, im Gegenteil. Es gibt viel zu viele Leute, die ein Vermögen für eine Markenküche ausgeben, und das einzige der teuren Geräte, die sie jemals anwerfen, ist die Espressomaschine. Natürlich das italienische Modell für die Spitzengastronomie, das für Hunderte Tassen am Tag ausgelegt ist, das man ständig auseinandernehmen und putzen und halbjährlich zum Service einschicken muss. Aber in dieser Küche hier wurde gekocht, der Geruch nach gebratenen Zwiebeln und edelsüßem Paprikapulver verbreitete eine gemütliche Atmosphäre. Auch wenn die künstliche Note von Brühwürfeln unverkennbar war.

Gehören Sie zu denjenigen, die sich und ihren Gästen salzige Dosenbrühen oder Suppenpulver dunkelster Provenienz zumuten? Glauben Sie mir, ein selbst gemachter Fond ist die Basis jeder guten Küche. Rösten Sie ein paar Knochen, braten Sie etwas Gemüse an und werfen Sie alles in einen großen Topf mit Wasser. Und dann heißt es reduzieren und immer weiter reduzieren. Wenn Sie genug reduziert haben, lassen Sie Ihren Fond durch ein Sieb und frieren Sie ihn in kleinen Behältern ein.

So haben Sie monatelang einen Vorrat, und Sie können hoch erhobenen Hauptes am Supermarktregal vorbeigehen, denn Ihre hausgemachten Soßen halten jedem Gourmet-Vergleich stand. Ich nahm mir jedenfalls vor, dem Mann bei Gelegenheit einen Tipp zum Herstellen von Fond und zum Anbraten von Paprikapulver zu geben. Dieses hier schien eine Spur zu lange im heißen Fett verbracht zu haben, denn eine etwas bittere Duftnote lag in der Luft.

In diesem Zusammenhang noch ein kleiner Tipp für Sie: Auch wenn mal was danebengeht – entschuldigen Sie sich niemals für das, was in Ihrer Küche passiert. Natürlich beruhen der Mut zur Improvisation und die Erfindungslust beim Kochen auf dem Beachten gewisser Regeln, auf gutem Grundwissen und Planung. Wahlloses Vorgehen lässt selten Gutes gedeihen, auf der anderen Seite führen übermäßige Bemühungen schnell dazu, dass man dem Essen die Anstrengung anmerkt. Mit Lust und Geschicklichkeit zu kochen ist also vornehmlich eine Frage der inneren Haltung. Und schließlich wissen nur Sie allein, wie ein Gericht schmecken soll, oder?

In dieser Küche kämpfte jedenfalls der bittere Geruch des verbrannten Paprikapulvers gegen den künstlichen Zitronenduft eines Putzmittels an.

Daran war bestimmt der große schlanke Mann in der geblümten Küchenschürze schuld, der mitten auf dem grauen Linoleumboden stand. Er trug rosafarbene Gummihandschuhe, hielt in der einen Hand eine Sprühflasche und in der anderen einen Putzschwamm. Sein blondes Haar war kurz geschnitten und von grauen Strähnen durchzogen und begann bereits, sich über der Stirn zu lichten. Die grauen Augen hinter der Goldrandbrille hatten einen wachen und intelligenten Ausdruck. Ich schätzte ihn auf Mitte vierzig.

»Mark«, sagte Malin, »das ist Simon Karp. Simon wohnt am längsten bei Maggie und ist die gute Seele des Hauses. Du kannst dich mit allen Fragen und Problemen an ihn wenden. Simon, das ist Herr Vanlanthen.« Sie schenkte dem Mann mit den Gummihandschuhen ein etwas abschätziges Lächeln. »Er ist dein neuer Zimmernachbar.«

»Guten Abend«, sagte ich.

Simon Karp wirkte überrascht. »Mein Zimmernachbar?«

»Mark kriegt die Nummer 21«, sagte Malin und fügte an mich gewandt hinzu: »Das Zimmer geht zum Hof hinaus – ganz ruhig und unterm Dach, eine richtige Dichterstube. Außerdem ist es das einzige Zimmer mit Schreibtisch.«

»Ach«, sagte Karp. »Maggie hat mir gar nichts davon gesagt. Wir vermieten das Zimmer nie. Es ist doch ziemlich dunkel, so zum Hinterhof und nach Norden hinaus.« Er sah mich prüfend an. »Wir finden bestimmt etwas Besseres für Sie. Ich meine, mich stört das nicht, aber wenn man den ganzen Tag zu Hause arbeitet …«

»Sonst ist nichts frei«, sagte Malin kurz angebunden.

»Ja, natürlich … ich dachte nur …« Karp schien sich wirklich um das Wohlergehen seiner Mitbewohner zu sorgen. Er begann, mir sympathisch zu werden.

»Dann hast du auch dein schönes Auto immer im Blick«, sagte Malin zu mir. »Die Garage ist ja im Hinterhof.«

»Wie bitte?«, fragte Karp.

»Mark fährt einen wertvollen Oldtimer«, sagte Malin. »Den kann man nicht auf der Straße stehen lassen. Aber ich denke, in die Garage passt er genau hinein.«

»Welche Garage?«, fragte Karp.

»Na, Maggies Schuppen.« Malin wurde hörbar ungeduldig. »Das Auto ist nicht so groß …«

Karps Augen weiteten sich. »Sprichst du etwa von dem alten Bretterverschlag im Hinterhof?«, fragte er hörbar empört. »Da kann man doch keinen wertvollen Oldtimer reinstellen.«

Malin stützte die Hände in die Hüften. »Ach nein?«

»Es geht nicht, leider.« Karp schüttelte den Kopf. »Unmöglich. Dort lagert alter Sperrmüll. Nicht auszudenken, wenn der Lack dieses Wagens Kratzer davonträgt. Es tut mir leid, Herr Vanlanthen, ich fürchte, da ist bei Ihrer Buchung einiges schiefgelaufen. Wir geben Herrn Vanlanthen vorerst dein Zimmer, Malin. Du brauchst es ja ohnehin nicht mehr. Und wegen des Wagens bemühe ich mich morgen um einen sicheren Stellplatz.« Er schenkte mir ein entschuldigendes Lächeln. »Tante Margarete ist leider nicht mehr die Jüngste und sagt manchmal eine Buchung etwas unüberlegt zu. Aber wir haben bisher immer eine Lösung gefunden.«

»Maggie hat mir mein Zimmer für die ganze Wintersaison überlassen«, sagte Malin, die inzwischen mehr als ungehalten wirkte. Anscheinend wollte sie sich ihre Autorität im Haus nicht streitig machen lassen. »Und was die Garage betrifft –«

»Ich schlage vor, dass ich mir das Ganze einfach ansehe«, sagte ich um Vermittlung bemüht, denn hier in der Küche war es warm und gemütlich, und hinter den Fenstern lag inzwischen ein dunkler Winterabend. Der Gedanke, nach der langen Fahrt noch einmal in die Kälte hinauszumüssen, um ein neues Quartier zu suchen, hatte nichts Verlockendes für mich. »Hauptsache, ich kann den Wagen irgendwo unterstellen.«

»Nein, tut mir leid.« Karps Ton war abschließend. »Unsere Versicherung deckt derartige Schäden nicht. Ich werde mich selbstverständlich gleich morgen um eine andere Lösung für Ihren Wagen bemühen.«

»Ich habe Mark die Garage versprochen«, sagte Malin, »und dabei bleibt es.« Sie funkelte Karp an.

Karp kniff den Mund zusammen.

»Also, alles klar«, sagte Malin und schloss die Tür ohne ein Abschiedswort. »Simon ist etwas umständlich«, raunte sie mir zu, »aber eigentlich ist er ganz nett, du wirst schon sehen. Sonst haben wir ja meist Mieter für eine Saison, nur Simon wohnt schon ewig hier. Seine Mutter war eine Freundin von Maggie, und nach ihrem Tod hat sie ihn bei sich aufgenommen.« Sie zuckte die Schultern. »Na ja, sie hat ihr Bestes gegeben.« Womit klar war, dass sie Simon Karps Erziehung nicht für vollkommen gelungen hielt.

Während wir in den zweiten Stock hinaufstiegen, dachte ich über ihre Worte nach. Melusine hatte gar nichts von einem Stiefsohn erzählt. Dabei ist es ja doch ungewöhnlich, das Kind einer Freundin großzuziehen. Kein Wunder, dass der Mann sich für alles hier verantwortlich fühlte.

»Direkt über dem Laden wohnen Franz und Liane«, sagte Malin über die Schulter zu mir. »Die de Witts, meine ich. Die sind auf Saison hier und arbeiten in einem Hotel im Service. Haben oft am Abend Dienst. Daneben wohnt der Thomas Gaisbauer, aber der ist Skilehrer und abends ebenfalls oft unterwegs. Und ich habe auch ein Zimmer. Wenn wir einen wichtigen Auftrag haben und ich bis spät arbeite, übernachte ich manchmal hier. Maggies Wohnung geht zum Hinterhof hinaus und liegt unter Simons und deinem Zimmer. Die steht jetzt natürlich leer. Du siehst, du wirst deine Ruhe haben.«

Meine Gedanken waren immer noch bei dem schüchternen Mann in der Küche, Melusines Stiefcousin – nannte man das so? »Wie lange lebt Herr Karp denn schon hier?«, fragte ich.

»So eng sind wir nicht.«

»Und was macht er beruflich?«

»Arbeitet in einer Bank«, sagte Malin und blieb vor der ersten Tür nach dem Treppenabsatz stehen. »So, da wären wir.« Sie löste zwei Schlüssel vom Bund und reichte sie mir. »Dieser hier schließt die Haustür«, sagte sie. »Und das ist der Ladenschlüssel. Wir öffnen um neun.«

Etwas zögernd nahm ich die Schlüssel. »Was heißt das?«

»Ich wohne auf einem Bauernhof in den Bergen, ein ganzes Stück weit weg.« Malin machte eine umfassende Handbewegung, die die ganze Gasteiner Bergwelt mit einzuschließen schien. »Da fahre ich bei Schönwetter schon über eine halbe Stunde. Im Winter kann ich mich auch mal verspäten. Du brauchst den Laden einfach nur aufzusperren. So früh am Morgen haben wir meist noch keine Kunden.« Sie schien meine Miene zu bemerken. »Ich hoffe, es macht dir nichts aus? Die anderen Mieter sind den Tag über nicht da, und jetzt, wo die arme Maggie im Krankenhaus liegt, weiß ich sonst nicht, was ich tun soll …«

Da konnte man wohl nichts machen. »Das geht in Ordnung.« Ich steckte den Schlüssel in die Tasche und wurde mit einem strahlenden Fotomodell-Lächeln belohnt. Der fahrende Ritter in mir erwachte zum Leben. Sie war wirklich sehr hübsch. »Es ist überhaupt kein Problem.«

»Danke«, sagte sie aus ganzem Herzen. Dann beugte sie sich zu mir vor und raunte: »Du sagst aber Oskar nicht, wo ich wohne, versprochen?«

»Versprochen«, sagte ich, ehe mir einfiel, dass ich ohnehin keine Ahnung hatte, wo dieser ominöse Bergbauernhof, in dem sich ihr Zimmer befand, lag. »Warum darf dein Freund das nicht wissen?« Immerhin hatte sie eine Kette im sicher fünfstelligen Bereich von ihm angenommen.

Malin seufzte. »Ach, Männer«, sagte sie fatalistisch. »Die wollen doch immer nur das eine – heiraten! Ich bin mir eben noch nicht sicher, was Oskar betrifft. Verstehst du?«

Ich hatte das sichere Gefühl, dass sie log, und nahm an, dass dieser Oskar sie wohl noch gar nicht gefragt hatte.

»Vollkommen«, sagte ich. Schließlich ging mich Malins Privatleben überhaupt nichts an.

»Na gut«, sagte sie. »Ich gehe dann mal. Den Laden sperre ich für heute zu. Jetzt kommen sicher keine Kunden mehr. Ach ja, das Bad ist am Ende des Flurs.« Sie deutete mit dem Daumen über die Schulter.

Damit hatte ich nicht gerechnet. »Es gibt kein eigenes Bad?«, fragte ich entsetzt.

»Doch, klar«, sagte sie. »Auf jeder Etage.« Dann fiel ihr noch etwas ein. »Wenn du dein Auto in den Schuppen stellen willst – einfach durch das große Tor in den Hof fahren. Die Haustür liegt auf der Rückseite des Hauses.« Sie deutete auf meine Hand. »Vergiss nicht, sie immer abzuschließen, ja? Heutzutage weiß man ja nie.« Sie schenkte mir noch ein Lächeln, das dieses Mal schon etwas Abwesendes hatte, und wandte sich zum Gehen.

Nachdenklich wog ich die Schlüssel in der Hand. Ich hörte, wie das Klappern ihrer Clogs auf der Holztreppe verklang und kurz darauf das Schlagen einer Tür.

Ich sah mich in meinem Zimmer um.

Ein fünfarmiger Kronleuchter mit spitzenbesetzten Schirmen, der von der Decke hing, warf sein Licht auf ein Wohnschlafzimmer, das zwar nicht groß, aber für meine Zwecke ausreichend war. An der linken Wand stand ein Bett mit einem hohen geschwungenen Haupt, darüber hing ein Aquarell, das eine herbstliche Berglandschaft zeigte. Auf dem Bett lag ein gehäkelter Überwurf. Auf dem Nachttischchen stand auf einem Spitzendeckchen eine Jugendstillampe, deren Milchglasschirm in Form einer Blüte gearbeitet war.

An der gegenüberliegenden Wand befand sich ein riesiger geschnitzter Wandschrank und daneben standen ein Gestell, das man wohl als stillen Butler bezeichnete, und ein Tischchen mit einem Wasserkocher, zwei Tassen und drei Packungen mit Teebeuteln. »English Breakfast«, »Kamille«, »Green Tea mit Lemongrass«. Darüber hing noch ein Bild mit einer Berglandschaft. Diesmal mit Kühen vor einer Almhütte unter blauem Himmel. Der Gedanke schoss mir durch den Kopf, dass ich den Ladenschlüssel diesem Karp geben und mir sofort ein modernes Hotelzimmer mit eigenem Bad suchen sollte.

Aber mitten im Zimmer stand auf einem abgeschabten Orientteppich – Herbstfarben – ein ausladender Schreibtisch mit einer modernen Lampe und in einer Ecke ein gemütlicher karierter Ohrensessel, und auch wenn ich angestrengt lauschte, konnte ich keinen Laut hören. Das Zimmer war vielleicht ein wenig altmodisch, so dachte ich, aber ruhig und für meine Zwecke optimal. Es war auch keineswegs so kalt, wie dieser Karp behauptet hatte, im Gegenteil, ich konnte das leise Zischen der alten gusseisernen Heizkörper hören. Ja, ich hatte sogar das Gefühl, als wäre der Raum geradezu überheizt. Lang würde mein Aufenthalt ohnehin nicht sein. Wenn Helen die Bilder im Kasten hatte, konnte ich die Schreibarbeit auch zu Hause auf Sylt erledigen. Außerdem hatte mir Melusine diese Unterkunft besorgt, und ich wollte nicht ausgerechnet jetzt, wo ihre Tante diesen Unfall gehabt hatte, Schwierigkeiten machen.

Also ging ich zum Fenster, um zu sehen, wo die Garage lag. Der Hinterhof, auf den mein Blick fiel, war tief verschneit. Ein paar verschwommene Fußspuren führten zu einer großen Gartenhütte, hinter der sich eine Backsteinmauer erhob, wohl die Rückseite des Nachbarhauses. Unter dem Fenstersims kochte ein Heizkörper, seine Hitze versengte meine Beine, und ich trat zurück.

Draußen am Gang knarrte die Holztreppe.

Dann hörte ich Schritte vor meinem Zimmer und schließlich das Klappern eines Schlüsselbunds. Kurz darauf fiel eine Tür ins Schloss, und auf dem verschneiten Hinterhof erschien ein hell erleuchtetes Viereck. Simon Karp, mein Zimmernachbar, hatte sich offenbar zur Nacht zurückgezogen. Von den anderen Mietern hatte ich bis dahin noch nichts gehört. Irgendwie war es daher ein gutes Gefühl, nicht allein in diesem stillen alten Haus zu sein. Ich beschloss, mein Auto in die Garage zu fahren und es mir dann mit einem Tee und der Rezepte-Sammlung des neuen Sterns am japanischen Kochhimmel gemütlich zu machen.

Auf dem Gang war es dunkel, sodass ich erst den Lichtschalter suchen musste. Entweder war Simon Karp so sparsam, oder es war der Hausbrauch, immer gleich das Licht zu löschen. Nachdem Tante Maggie Zimmer vermietete, hatte diese Geste etwas Kleinliches, das mich unangenehm berührte.

Schnell lief ich die Treppe hinab.

Der Laden war schummerig, nur in der Auslage brannte eine Tiffany-Lampe, deren bunter Glasschirm das zauberhafte Licht einer Laterna magica verbreitete. Anscheinend handelte es sich um die Nachtbeleuchtung des »Puppenparadieses«. Da ich auch hier nicht wusste, wo sich der Lichtschalter befand, wartete ich ein paar Minuten, bis sich meine Augen an das Dämmerlicht gewöhnt hatten. Nach und nach schälten sich die Umrisse der Puppen auf den Regalen und Tischen aus dem Dunkel. Das psychedelische Licht der Tiffany-Lampe ließ ihre Porzellanaugen leuchten und die Metallstreben des alten Kinderwagens blitzen. Der Staubgeruch schien mir noch intensiver als bei meiner Ankunft, und weil das Radio nicht mehr spielte, waren die leisen Geräusche des alten Hauses zu vernehmen, das Knacken des Gebälks in der Heizungsluft und ein geradezu verstohlenes Rascheln. Gab es hier etwa Mäuse? Ratten? Ich blickte mich um, darauf gefasst, einen kleinen Schatten über die abgetretenen Dielen huschen zu sehen. Doch nichts rührte sich. Vielleicht regten sich ja die Puppen und tuschelten miteinander über den Neuankömmling. Fast war mir, als könnte ich das Knistern der alten Seidenkleider und Spitzen hören.

Bei dem Gedanken spürte ich ein fast heimeliges Gefühl. Wie oft war ich auf der Suche nach der richtigen Weinflasche in alten Gewölben auf verschlossene Türen gestoßen, zu denen es seit ewigen Zeiten keine Schlüssel mehr gab und die meine Neugier und meinen Forschergeist beflügelt hatten. Was ich nicht weiß, zieht mich geradezu magisch an. Außerdem habe ich etwas übrig für das Surreale. Irgendwie gibt es da tief in mir die Gewissheit, dass hinter der sichtbaren Welt noch ein anderes, dunkleres Universum liegt. Vielleicht haben mich die Ereignisse von Altaussee aber auch nur vorsichtiger gemacht. An jenem ersten Abend in Gastein war es jedenfalls ein eigenartiges Gefühl, unter den leuchtenden Augen der Puppen zur Tür zu gehen. Fast erleichtert hörte ich das Klingeln der Glocke, die mich aus dem Laden in eine gefühlte Freiheit entließ.

Der kalte Wind auf der Gasse trieb mir Schneeflocken ins Gesicht, die brennend auf meiner Haut schmolzen und alle esoterischen Gedanken aus meinem Kopf vertrieben. Inzwischen hatte sich eine dicke Schicht Pulverschnee gebildet, der bei jedem meiner Schritte aufstäubte und in meine Halbschuhe drang, wo er sofort zu kalten Rinnsalen schmolz. Auch auf meinem Wagen lag bereits eine Schneehaube, die dem alten Cabriodach nicht zuträglich sein konnte. Dankbar dachte ich an die Garage im Hinterhof. Im Grunde, so redete ich mir ein, war alles perfekt. Die Pension war ruhig, das Zimmer gemütlich, und es war auch nicht zu viel verlangt, ab und zu morgens die Ladentür aufzuschließen. Es war das Geringste, was ich für Melusines Tante Maggie tun konnte, die mit gebrochener Hüfte im Krankenhaus lag.

Das Einfahrtstor war nicht verschlossen und ließ sich nach innen aufschieben. Die großen Türflügel hinterließen zwei Viertelkreise im weichen Schnee, als hätte sich ein Kind darin auf den Rücken geworfen und die Arme auf und ab bewegt. Engel machen, so hatten wir das früher genannt. Der Anblick hatte etwa Poetisches, trotzdem fröstelte ich auf einmal. Hieß es nicht, dass tote Kinder Engel würden? Ich verdrängte den Gedanken aus meinem Kopf. Die Gesellschaft der alten Puppen hatte wohl meinen Verstand ein wenig verwirrt.

Der Hinterhof selbst war dunkel, und nur der Mond beleuchtete den Bretterverschlag, über den sich die kahlen Äste eines Laubbaumes reckten. Sollte das wirklich die Garage sein? Ich konnte einen Seufzer nicht unterdrücken. Aber wie heißt es so schön? Einem geschenkten Gaul schaut man nicht ins Maul. Also stieg ich in meinen Wagen und fuhr im Schritttempo auf den Hof, wobei ich dem knirschenden Schnee unter den Reifen aufmerksam lauschte. Unbewusst hatte ich wohl schon an jenem ersten Abend ein Gefühl, als ob sich unter der unschuldigen weißen Decke etwas weniger Unschuldiges verbergen könnte.

Das Innere meiner provisorischen Garage war eine finstere Höhle. Der Zementboden zeigte Risse und Löcher. In der Mitte lag ein großes Stück Dachpappe, durch das sich das Rippenmuster einer Abdeckung drückte. Immerhin gab es einen Sickerschacht. Malin hatte mich vor dem Gerümpel gewarnt, und als ich vorsichtig, Zentimeter für Zentimeter, hineinrollte, ließen die hochstehenden Scheinwerfer meines Autos immer mehr Zeichen von Vernachlässigung aus dem Dunkel auftauchen. Überall türmte sich Sperrmüll. Halb aufgeweichte Kartons stapelten sich an einer Seite, daran lehnte ein verbeultes Fahrrad. Ein Sessel aus den fünfziger Jahren des letzten Jahrhunderts stand an der anderen Bretterwand. Aus einem klaffenden Riss auf seiner Sitzfläche quoll Polstermaterial. In dieser Umgebung wirkten die Stoffknäuel wie herausgerissene Eingeweide. Eine Stehlampe ohne Schirm, ein stockfleckiger Spiegel und ein Stapel schimmeliger Koffer vervollständigten dieses Stillleben des Verfalls. Die hintere Wand des Schuppens war mit einer braunen Decke, auf der Kätzchen mit Wollknäueln spielten, verhängt. Es war wohl ein schwacher Versuch, das Innere des Lattenverschlags vor der Witterung zu schützen.

Ich stellte den Motor ab und stieg aus.

Sofort umfing mich ein Geruch nach Moder und Fäulnis. Eigentlich hatte ich die Umgebung, in der mein wertvoller Oldtimer die nächsten Wochen verbringen sollte, noch ein wenig in Augenschein nehmen wollen. Aber die Kälte und der ekelhafte Hauch ließen mich den Gedanken vergessen. Ich klopfte zum Abschied noch einmal mit den Knöcheln auf das Cabriodach und hoffte, dass es nicht den Geruch des Bretterverschlags annehmen würde. Haben Sie schon einmal versehentlich Fisch neben Milchprodukten gelagert? Na, dann kennen Sie ja den Effekt.

Als ich auf den Hof hinaustrat, blickte ich die Rückseite des Hauses hinauf. Die Wohnung im ersten Stock war dunkel. Nur in den beiden Zimmern unter dem Dach brannte Licht. Und an einem der Fenster war eine Gestalt zu sehen. Zweifellos hatte Simon Karp das Motorengeräusch im Hinterhof gehört. Um ihm zu zeigen, dass alles in Ordnung war, winkte ich ihm zu. Es dauerte ein paar Sekunden, dann hob er zögernd eine Hand, in der er ein dickes Buch hielt, und bewegte sie hin und her, als schwenkte er eine Signallampe. Gleich darauf verschwand seine Silhouette vom Fenster, und die Vorhänge wurden vorgezogen. Ich fragte mich, warum es eigentlich in jedem Haus Menschen gab, die ihr Leben am Fenster mit der Beobachtung anderer Leute verbrachten. Eines war jedenfalls klar – solange Simon Karp über die Abläufe in Tante Maggies Pension wachte, brauchte ich mich um die Sicherheit meines Oldtimers nicht zu sorgen.

Ich bemerkte die Hintertür, von der Malin gesprochen hatte, beschloss aber, den Rückweg durch das »Puppenparadies« anzutreten. Immerhin musste ich abschließen.

Nach dem Aufenthalt auf dem beklemmenden Hinterhof fühlte sich das Betreten des Ladens schon wie Heimkommen an. Die Puppen saßen auf ihren Regalen, der Bär im Kinderwagen hockte auf seinem rot karierten Kissen, und alle zusammen verbreiteten eine zauberhaft altmodische Atmosphäre. Es war, als wäre ich beim Überschreiten der Schwelle wunderbarerweise in die Welt von Charles Dickens eingetreten. Sorgfältig verschloss ich die Ladentür und drehte sogar das Schild mit der Aufschrift »Geschlossen« gut sichtbar zu Gasse hin. Sehr zufrieden mit mir durchquerte ich das »Puppenparadies«, ging zum Treppenhaus und stieg in den zweiten Stock hinauf.

Diesmal zog ich die Vorhänge in meinem Zimmer zu und sperrte die Nacht und den Blick auf den dunklen Hinterhof aus. Dann nahm ich den Teekocher und wanderte den Gang entlang bis zu der Tür, hinter der ich das Gemeinschaftsbad vermutete. Und hier erlebte ich eine Überraschung. Wenn ich bis dahin Visionen von braunen Fliesen und einem muffigen Duschvorhang gehabt hatte, so bescherte mir der Anblick, der sich mir bot, geradezu ein schlechtes Gewissen und versöhnte mich mit meinem Zimmer. Das Bad war weiß verfliest, vor der Dusche war eine spiegelnde Glaswand befestigt, und eine geräumige Badewanne mit verschiedenen Hähnen lud zu einem heißen Bad an einem kalten Winterabend ein. Alles blitzte vor Sauberkeit wie in einem Operationssaal. Für diesen Badetempel musste ein großes Fremdenzimmer geopfert worden sein.

Auf einer Seite des großen Doppelwaschtischs standen Pflege- und Rasierutensilien so exakt ausgerichtet wie in einer Drogerie. Die andere Seite war leer, bis auf zwei flauschige weiße Handtücher, die exakt gefaltet übereinanderlagen, und ein Weidenkörbchen mit dem üblichen Inhalt an Hotelproben – Zahnpasta, Duschgel, Shampoo und Bodylotion. Das Haus war also nicht nur auf Dauergäste ausgerichtet.

Ich füllte den Teekocher unter meinem Wasserhahn und kehrte in mein Zimmer zurück. Ich schlafe gern bei offenem Fenster, in dieser eisigen Winternacht jedoch wäre ich im Bett wohl erfroren. Wenigstens den Heizkörper wollte ich herunterdrehen. Doch als ich nach dem klobigen Regler griff, der jedem technischen Museum alle Ehre gemacht hätte, stellte ich fest, dass er sich nicht bewegen ließ. Resigniert ließ ich ihn los und ging zum Teetisch.

Ich wählte einen Teebeutel, und während ich darauf wartete, dass das Wasser kochte, packte ich das letzte Sandwich aus, das mir von meinem Reiseproviant übrig geblieben war – Thunfisch mit Ei. Ich aß es ohne großen Appetit. Mir war, als könnte ich immer noch den leichten Brandgeruch des zu lange gerösteten Paprikapulvers wahrnehmen. Dann hängte ich den Teebeutel, dessen schwarze Krümel mich an die gebratenen Ameisen erinnerten, die ich einmal in Laos gegessen hatte, in eine der Tassen und warf einen Blick auf mein Handy. Ich hatte mehrere Nachrichten bekommen. Außer ein paar unwichtigen beruflichen Informationen entdeckte ich noch ein Foto von Puschkin vor dem Fernseher meiner Haushälterin. Über den Bildschirm flimmerte eine Katzenfutterreklame. Und es gab eine Nachricht von Helen, meiner Fotografin.

»Hi, Mark. Sorry, sitze in Nassau fest. Alle Flüge sind gecancelt. Key West ist dicht. Hurricane Holly wird für den späten Abend auf den Bahamas erwartet. Hoffe, spätestens übermorgen hier rauszukommen. Bis bald, H.«

Das Wasser im Teekocher brodelte.

Ich warf das Handy auf den Schreibtisch und goss kochendes Wasser über den ausgetrockneten Teebeutel. Die Ameisen gerieten in Bewegung, krabbelten in ihrem Gaze-Käfig auf der quirligen Oberfläche. Auf einmal merkte ich, wie müde ich war. Meine Nackenmuskeln waren verspannt, und mein Kopf schien mit Watte gefüllt zu sein. Aber immerhin musste ich nicht wie Helen die kommende Nacht mit schwerem Gepäck auf dem Flughafen in Nassau verbringen.

Nach einer Recherche-Reise zu den Straßenküchen von Hongkong habe ich einmal in einem kleinen Hotel im alten chinesischen Stadtteil Wanchai in der Nähe des Happy Valleys festgesessen, während in den Straßen der Taifun tobte. Essen war das Einzige, was man den ganzen Tag lang tun konnte. Welche Zutaten sich allerdings in den wunderbaren Speisen verbargen, die mir serviert wurden, wird für immer das Geheimnis des alten Kochs Winston Hu bleiben. Meine professionellen Fragen wurden von ihm allein mit einem freundlichen Nicken beantwortet. Nun heißt es ja in China, südlich von Shanghai äßen sie bis auf Drachen und Tische alles, was vier Beine hat. Vielleicht hatte Winston also nur meine europäischen Nerven schonen wollen. Was immer er mir vorgesetzt hatte, es hatte ausgezeichnet geschmeckt. Helens Einschätzung, dass sich ihre Reise lediglich um zwei Tage verschieben würde, hielt ich jedenfalls für optimistisch.

Trotz meiner Erschöpfung fand ich keinen Schlaf. Die schneehelle Nacht sandte silberne Strahlen durch die Vorhangspalten und tauchte mein Zimmer in mystisches Licht. Die Heizung lief auf Hochtouren, und die Luft in meinem Zimmer war heiß und trocken. Irgendwann drang aus dem Treppenhaus ein scharfer Wortwechsel zwischen einem Mann und einer Frau an mein Ohr, dann schlug eine Tür, und wieder war nur noch das Zischen der alten Heizkörper zu hören. Auf einmal hörte ich lautes Rumpeln aus dem ersten Stock, als wenn ein Möbelstück umgestürzt wäre. Ein Mann brüllte, und eine Frau keifte zurück.

Ich fuhr im Bett hoch.

Doch nun herrschte Stille. Also legte ich mich wieder hin und versuchte, endlich Schlaf zu finden. Es war vergeblich. Nachdem ich mich eine Weile hin und her gewälzt hatte, stand ich auf und ging zum Fenster, um ein wenig frische Luft hereinzulassen.

Es schneite noch immer.

Dicke Flocken schwebten herab, verwandelten sich im gelblichen Licht meines Zimmers in goldenen Flitter und begruben den Hinterhof und die Reifenspuren meines Oldtimers unter einer lockeren Schneedecke. Wieder hatte ich das Gefühl, als müsste gleich ein Pferdeschlitten durch die Toreinfahrt biegen. Hörte ich nicht schon Glöckchen und die Stimmen und das Lachen einer Festgesellschaft, die gut gelaunt und müde von den Vergnügungen des Abends nach Hause zurückkehrte? Der Schnee türmte sich zu beiden Seiten des Hofes, zog sich die Hauswände hinauf, bildete bizarre Figuren, die an kauernde Gestalten erinnerten.

Ein altes Märchen fiel mir ein.

»Das Mädchen mit den Schwefelhölzern«. Die Kleine hatte an einem ähnlichen Abend vergeblich versucht, Streichhölzer zu verkaufen. Endlich hatte sie, um sich zu wärmen, ein Hölzchen nach dem anderen entzündet und in ihrem Feuerschein wunderbare Bilder gesehen. Doch als die Streichhölzer aufgebraucht waren, war die eisige Kälte unbarmherzig zurückgekehrt. Das Mädchen war erfroren, und der Schnee hatte es zugedeckt. Vielleicht hatte ein Winterabend wie dieser Andersen zu seinem Märchen inspiriert.

Hans Christian Andersen.

Malin Andersson.

Die Namen und Geschichten und Zeiten verwoben sich in meinem Kopf zu einem wirren Gedankenknäuel.

»Unsinn«, flüsterte ich. »Das nennt man Übermüdung.«

Das helle Viereck, das Karps Fenster noch immer auf den verschneiten Hinterhof malte, schien tröstlich wie das Licht eines Leuchtfeuers zu mir herauf. Beruhigt stellte ich mir vor, wie mein Nachbar mit einem guten Buch in seinem Ohrensessel saß und getreulich Wache hielt.

Ich ließ die Vorhänge zufallen und wandte mich ab.

Die altmodische Einrichtung meines Zimmers holte mich in die Gegenwart zurück. Ich war diese eigenartige Stimmung im Gebirge eben nicht gewohnt, diese fast greifbare Stille, in der mir das beruhigende Brandungsrauschen meiner Insel fehlte. Müde und gereizt kehrte ich ins Bett zurück, zog mir die Decke über die Ohren und wartete auf den Schlaf.

Es musste schon nach Mitternacht gewesen sein, als ich meinte, Schritte im Treppenhaus zu hören, aber da ich die Geräusche in diesem alten Haus nicht kannte, hätte es genauso gut sein können, dass das Holz der Stufen in der Heizungswärme arbeitete. Als das Knarren verstummt und wieder Ruhe eingekehrt war, spürte ich, wie sich meine Muskeln entspannten. Ruhe und ein Gefühl völligen Friedens überkamen mich. Geradezu erlöst fiel ich in tiefen Schlaf.

ZWEI

Am nächsten Morgen weckte mich ein Sonnenstrahl, der durch einen Spalt zwischen den Vorhängen direkt auf mein Gesicht fiel. Ich hatte einen Alptraum gehabt, denn meine Glieder waren wie eingefroren. Wovon ich geträumt hatte, wusste ich nicht mehr, aber ich brauchte ein paar Sekunden, um mir darüber klar zu werden, wo ich mich befand. Dann drehte ich mich zwinkernd zur Seite und fischte meine Uhr vom Nachttisch. Halb neun. Ich wälzte mich aus dem Bett und tappte zum Fenster.

Draußen lag eine tief verschneite Zauberwelt.

Erst jetzt sah ich, wie nah die Berge in diesem engen Tal waren. Geradezu drohend erhoben sie sich über der unansehnlichen Rückwand des Nachbarhauses. Doch an diesem sonnigen Morgen glitzerten ihre Spitzen und Grate vor einem kalten Himmel und verwandelten die ganze gleißende Landschaft in ein Winterpostkartenmotiv.

Die Holzhütte, die meinen Oldtimer beherbergte, schien sich unter einer dicken Schneehaube zu ducken. War das Dach für diese Last überhaupt ausgelegt? Für einen kurzen Moment hatte ich die Vision von spitzen Sparren, die sich in das Stoffdach meines kleinen Wagens bohrten. Aber dann fiel mein Blick auf die grau verwitterten Latten, und mir wurde klar, dass dieser Verschlag schon viele Winter überlebt hatte.

Ich ging in das Gemeinschaftsbad, duschte und stellte fest, dass neben den Wasserhähnen griffbereit ein Abzieher hing, wie man ihn zum Fensterputzen braucht. Erwartete Tante Maggie, dass ihre Mieter die Glaswände der Dusche abzogen? Ich ertappte mich dabei, wie ich meine Hand nach dem Gerät ausstreckte, aber dann entschied ich mich dazu, den Anfängen zu wehren. Ich habe Sinn für Exzentrik, und wenn in diesem Haus eigenartige Bräuche herrschten, dann sollte mir das recht sein. Teil davon werden wollte ich nicht.

Eine Viertelstunde später lief ich die Treppe hinunter.

In der Küche roch es nach Kuchen. Neben dem Ofen, in dem ich eine Backform erkennen konnte, stand ein junger Mann mit dunklen Locken und verspeiste ein dickes Honigbrot. Er trug einen Norwegerpullover und eine rote Skihose. Seine Füße steckten in groben Socken. Ein strenger Geruch nach Aftershave ging von ihm aus, die Sorte, die in Hochglanzmagazinen mit Bildern von Ozeanwellen und Surfern beworben wird. In meinem letzten Restaurant haben wir den Duft auf der Herrentoilette verwendet.

»Guten Morgen«, sagte ich und warf einen hoffnungsvollen Blick auf die glänzende Espressomaschine unter einem der Hängeschränke. Ohne einen kräftigen Schuss Koffein komme ich nicht in den Tag. Doch die Maschine war nicht eingeschaltet. Stattdessen entdeckte ich eine Glaskanne mit einer fast durchsichtigen bräunlichen Flüssigkeit.

»Ich hab Filterkaffee gemacht«, nuschelte der junge Mann, der meinen Blick wohl richtig gedeutet hatte. »Simons Kaffee ist so schwarz wie die Hölle, der zieht einem die Eingeweide zusammen.«

»Genau so etwas bräuchte ich jetzt.«

»Dann musst du noch warten.« Er schmunzelte. »Die Maschine ist sauteuer gewesen; wenn der was passiert, macht Simon uns die Hölle heiß. Der kann auch anders.«

Das konnte ich mir zwar nicht vorstellen, nahm mir aber trotzdem von dem Filterkaffee. »Verstehe.«

»Gaisbauer, Thomas«, sagte der junge Mann. »Kannst Thomas zu mir sagen.«

»Vanlanthen«, sagte ich. »Mark.«

Thomas deutete auf den Kühlschrank, an dessen Tür lustige kleine Magnetfiguren jede Menge Zettel fixierten. Arielle, die Meerjungfrau. Ein roter Krebs blickte mich herausfordernd an. Wahrscheinlich wusste er, dass ich ihn nie kopfüber in kochendes Wasser werfen würde. Wenn Sie einmal das verzweifelte Schaben von Hummerbeinen unter dem Topfdeckel gehört haben, glauben Sie nicht mehr daran, dass dieser Tod schnell und schmerzfrei ist. Und denken Sie daran – die Stresshormone essen Sie später mit.

»Simon hat für uns alle Aufschnitt aufgefüllt«, sagte Thomas freundlich. »Und Peperoni sind auch da.«

Aufschnitt. Vor meinem inneren Auge erschien ein blassrosa Stapel Wurstscheiben, gegen deren wässerigen Geschmack auch eine Überdosis Knoblauch nicht ankam. *Göttlich*, hat einer meiner Souschefs so einen Brotbelag genannt, *nur Gott allein weiß, was da drinnen ist.*

»Kauft Herr Karp für alle ein?«, fragte ich. Es hätte mich nicht gewundert, wenn es in diesem anachronistischen Haushalt eine gemeinsame Kasse gegeben hätte. Seit meinen Lehrlingsjahren hatte ich in keiner WG mehr gelebt, und ich hatte nicht vor, das in Gastein zu ändern.

Thomas schüttelte den Kopf. »Der Simon hat Bankkunden, die ihm manchmal was mitbringen«, sagte er. »Der Aufschnitt ist vom Metzger. Simon stiftet seine Schätze immer der Allgemeinheit.« Er grinste. »Der Gugelhupf ist noch im Rohr.«

Ich wollte die Gelegenheit nutzen und fragte: »Hat Herr Karp denn keine eigene Familie?«

»Aber klar doch, Maggie.«

»Nein, ich meine eine Frau – Freundin?«

»Ach so.« Thomas schob sich den letzten Bissen seines Honigbrots in den Mund. »Doch, aber die lebt in Wien.« Er ging zum Ausguss, drehte den Wasserhahn auf und spülte seine klebrigen Finger ab. »Die kommt nur alle heiligen Zeiten nach Gastein.«

»Ach.« Ich war ehrlich erstaunt. Simon Karp war mir auf den ersten Blick wie der Inbegriff des Junggesellen erschienen, fast altjüngferlich in seiner Umständlichkeit und Besorgtheit um das Wohlergehen seiner Gäste. »Eine Fernbeziehung also.«

»So ähnlich.« Thomas trocknete die Hände an einem blau karierten Handtuch mit messerscharfen Bügelfalten ab. »Es ist ein wenig kompliziert. So, jetzt muss ich aber los, höchste Zeit.« Er faltete das Handtuch wieder exakt zusammen und legte es an seinen Platz zurück. Wahrscheinlich gab es tatsächlich eine Hausordnung.

Bei seinen Worten fiel mir etwas ein. »Ist Malin schon da?« Es musste bald neun sein.

Thomas hob die Brauen. »Die kommt nie vor zehn.«

Könnte sein, dass ich mich mal verspäte. »Ich dachte, der Laden öffnet um neun«, sagte ich ein wenig spitz.

»Malin kommt nie vor zehn«, wiederholte Thomas seelenruhig. »So, und jetzt muss ich wirklich, hab gleich einen Schüler.« Er sah mich an. »Gehst du gern Ski fahren?«

Ich hatte noch nie auf Skiern gestanden. Allein die Vorstellung, auf zwei dünnen Brettern einen steilen Berg hinabzurutschen, war geeignet, mir die Schweißperlen auf die Stirn zu treiben. »Ich muss ein Manuskript fertigstellen«, sagte ich und hoffte, dass die Worte implizierten, dass ich Ruhe zum Arbeiten brauchte.

Er zog die Brauen hoch. »Du bist Schriftsteller?«, fragte er. »Was schreibst du denn?«

»Kochbücher.«

Die Enttäuschung war ihm anzusehen. »Ich lese Sci-Fi.«

Nun, einen Science-Fiction-Fan konnte ich mit meinen Büchern nicht beeindrucken. »Gute Küche ist auch wichtig.«

»Simon kocht prima, richtige Hausmannskost.«

»Habe ich schon gemerkt«, sagte ich und dachte an das zu lange gebratene Paprikapulver. »Na dann, schönen Tag.«

Ich wartete, bis Thomas die Küche verlassen hatte, dann schüttete ich das Getränk, das in diesem Haus als Kaffee bezeichnet wurde, in den Ausguss. Die Uhr über der Küchentür zeigte zwei vor neun. Was sollte ich tun? Harte Schläge, die aus dem Erdgeschoss zu hören waren, enthoben mich der Entscheidung. Trommelten da etwa schon Kunden mit den Fäusten gegen die Ladentür? Anscheinend brauchte jemand dringend eine Puppe oder einen Teddybären. Vielleicht hatte ich das Geschäft unterschätzt. In Gedanken verwünschte ich die schöne Malin, immerhin hatte ich keine Ahnung von altem Spielzeug und den Preisen dafür.

Als ich in den Laden kam, sah ich sofort, wer so dringend Einlass begehrte. Zwei Polizisten in Uniform standen hinter der Eingangstür. Einer von ihnen drückte sich die Nase an der Glasscheibe platt, während er seine Augen mit der Hand beschirmte, um besser in den Verkaufsraum sehen zu können. Ich zog den Schlüssel, den mir Malin gegeben hatte, aus der Hosentasche, ging durch das Spalier der alten Puppen und schloss die Tür auf. Das Klingeln der Ladenglocke klang schon ganz vertraut in meinen Ohren.

»Guten Morgen, die Herren«, sagte ich kundenfreundlich. »Nur hereinspaziert.« Vielleicht suchten die beiden nach Spielzeug-Polizeiautos.

Die Polizisten traten ein. Ihre Gesichter wirkten dienstlich und undurchdringlich – Strafzettelmienen –, sodass ich mir schnell vergegenwärtigen musste, dass mein kleiner Oldtimer nicht im Halteverbot stand.

»Grüß Gott«, sagte endlich der ältere von beiden, »wir würden gern mit Frau Andersson sprechen.« Er sah mich so streng an – ganz Auge des Gesetzes –, als vermutete er, dass ich Malin in der Werkstatt gefangen hielt.

»Die ist leider noch nicht da«, sagte ich und fügte hoffnungsvoll hinzu: »Müsste aber jeden Augenblick kommen.«

Der Blick des Polizisten wanderte an meinem Körper hinunter und wieder hinauf und blieb schließlich an der Patek Philippe an meinem Handgelenk hängen. »Und Sie sind?«

»Vanlanthen«, sagte ich. »Wenn Sie etwas kaufen möchten, wäre es vielleicht besser, wenn Sie einfach in einer halben Stunde –«

»Wohnen Sie in der Pension?« Dienstliches Misstrauen.

»Ich bin ein Freund der Familie«, sagte ich würdevoll.

»Seit wann wohnen Sie schon hier?«

»Seit gestern.« Ich fing an, mich zu ärgern. »Hören Sie, ich werde Frau Andersson ausrichten, dass Sie da waren. Wenn Sie mir also Ihre Karte geben, ruft sie Sie an.« Hatten Polizisten Visitenkarten, oder wählte man den Notruf?

»Sie wissen noch nicht, was passiert ist?« Sein Ton legte nahe, dass ich es nicht nur wusste, sondern auch etwas damit zu tun hatte. »Der Überfall?«

»Wir verkaufen keine Diebesbeute«, sagte ich, ehe ich darüber nachdachte. »Denke ich zumindest.«

Solche Scherze soll man nicht machen. Kurz zuvor hatte ich

über einen neuen Nobelitaliener in London berichtet und beim Security-Check in Heathrow mitbekommen, wie ein Witzbold dem Flughafenmitarbeiter gegenüber behauptet hatte, die Bombe sei in seinem Koffer. Alle auf diesen Flug gebuchten Passagiere hatten warten müssen, bis das Gepäck wieder ausgeladen und die Maschine mit Hunden durchsucht worden war. Ich war zu spät zu der Restaurant-Eröffnung in München gekommen und hatte um Mitternacht eine Gulaschsuppe aus der Dose serviert bekommen. Anscheinend hatte der Chef damit gerechnet, dass den geladenen Gästen um diese Zeit der Unterschied von frisch gekocht zu frisch gewärmt nicht mehr auffiel. Nun, ich hatte ihn bemerkt, und die Münchener Society hatte es einen Tag später in meinem Artikel lesen können. Ich schätze Ehrlichkeit, nicht nur in der Küche.

Die beiden Beamten nahmen mich in die Zange, einer links, einer rechts, als hinter mir ein diskretes Klopfgeräusch zu hören war. Gleich darauf öffnete sich die Tür zum Treppenhaus einen Spalt, und Simon Karp steckte den Kopf herein. Obwohl Samstag und damit sein freier Tag war, trug er eine graue Flanellhose, ein weißes Hemd und, wohl als Zugeständnis ans Wochenende, statt einer Krawatte einen blau-roten Seidenschal. Den perfekten Eindruck störte nur ein Pflaster an seinem Kinn. Offenbar hatte er sich beim Rasieren geschnitten. Der kleine Makel war fast tröstlich.

»Ich habe ein Geräusch an der Tür gehört«, sagte Karp, »und weil Malin doch immer später kommt, da dachte ich …« Er brach ab und musterte überrascht die Uniformierten, trat jedoch nicht ein. »Ist was passiert, Paul?«

»Morgen, Simon.« Der Ältere nahm die Mütze ab und strich sich über das kurz geschorene Haar. »Ja, leider, eine junge Frau wurde überfallen«, sagte er. »Die Tamara, die Kellnerin aus der ›Schneekugel‹.«

Karp riss die Augen auf. »Überfallen?«

Der Polizist nickte. »Der Fahrer vom Schneepflug hat heute Morgen gegen sechs ihre Leiche gefunden. Oben, bei der Kirche.« Er räusperte sich. »Lag vor dem Seiteneingang.«

Karp starrte den Polizisten an.

In mir machte sich ein Gefühl der Unwirklichkeit breit. Dies war ein Wintersportort, wo allenfalls mal ein paar Ski vor einer Hütte gestohlen wurden, so dachte ich jedenfalls. Mein Bild von einer heilen Bergwelt beinhaltete kein totes Mädchen vor einer Kirchentür.

»Was heißt überfallen?«, fragte ich Paul.

»Es wird in Richtung Fremdverschulden ermittelt.«

»Ein Raubüberfall?«, fragte ich. Eine Bar in einem Wintersportort machte sicher einen guten Umsatz, und vielleicht hatte diese Kellnerin eine Geldtasche dabei.

Der Polizist schüttelte den Kopf. »Eher nicht.«

Karp hatte sich wieder gefasst. »Warum seid ihr dann *hier*?«, fragte er verständnislos und blickte mich an. Ich nickte Zustimmung. Er nahm mir das Wort aus dem Mund.

»Tamara hat das Lokal ein paar Minuten nach ein Uhr verlassen, kurz danach muss sie ihrem Mörder begegnet sein«, sagte Paul im Stil einer Fahndungssendung. »Zwei Zeugen ist gegen ein Uhr dreißig eine Person bei der Kirche aufgefallen. Ob Mann oder Frau, können sie nicht sagen, die Person hat im Schatten gestanden, hat aber den Eindruck gemacht, als ob sie auf jemanden wartet. Und ein Autofahrer ist sich sicher, dass um kurz vor zwei jemand in diese Gasse gelaufen ist. Schien es sehr eilig gehabt zu haben.«

»Ins Sterngässchen?« Karps graue Augen hinter der Goldrandbrille weiteten sich. Sein Ton lag irgendwo zwischen Überraschung und Entsetzen. Er ließ die Klinke los und machte zwei Schritte in den Laden. Dann blieb er abrupt stehen, als wäre ihm gerade ein Gedanke gekommen. Sein Mund bewegte sich, als wollte er etwas sagen.

Der Polizist sah ihn scharf an: »Hast du was bemerkt?«

Karp schien mit sich zu ringen. »Ich glaube … also, ich meine … ich habe den Mann vielleicht sogar gesehen«, sagte er schließlich schwach. »Er kam aus Richtung Ortszentrum …« Er brach ab und schluckte. »Also von der Kirche herüber. Und – er rannte durch unsere Gasse.« Karp verschränkte die Finger so fest miteinander, dass die Knöchel weiß hervortraten, und rang die Hände.

»Wann war das?«, fragte der zweite Polizist.

»Mitternacht war bestimmt schon vorüber, und ich dachte, da sei jemand an der Ladentür, Einbrecher oder so.«

Mir fielen die unbestimmten nächtlichen Geräusche ein, die mich wach gehalten hatten. »Herr Karp hat recht«, sagte ich. »Ich habe auch etwas gehört.« Es waren also Karps Schritte auf der Treppe gewesen.

Karp warf mir einen dankbaren Blick zu. »Deswegen bin ich schnell hinuntergelaufen«, sagte er. »Ich bin sogar auf die Straße hinaus, um ganz sicherzugehen. Zuerst habe ich niemanden gesehen. Aber wie ich mich umdrehe und wieder in den Laden zurückwill, höre ich so Schritte und Keuchen …« Er brach ab. »Das arme Mädchen.«

»Warum hast du nicht die Polizei gerufen?«, fragte Paul.

»Aber es war doch kein Einbrecher da.« Karp wirkte verzweifelt. »Ich hab die Tür sogar noch von außen untersucht. Keine Kratzer und keine Einbruchsspuren. Und da ist dieser Mann im Laufschritt an mir vorbeigerannt, also hinter meinem Rücken. Ich hab mich erschrocken … und ihm kurz hinterhergeschaut. Das war alles.« Er blickte mich wieder an. »Oh Gott, wenn ich die Polizei gerufen hätte, dann wäre die Tamara vielleicht noch am Leben. Es ist ganz allein meine Schuld.« Und so sah er auch aus.

»Das ist gar nicht gesagt«, beruhigte ich ihn.

»Hast du eine Personenbeschreibung?«, fragte Paul.

»Eine was?« Der Gedanke, mitten in der Nacht einem Mörder begegnet zu sein, verstörte Karp sichtlich.

»Wie hat der Mann ausgesehen?«

Karp runzelte die Stirn. Offenbar versuchte er sich krampfhaft zu erinnern und von Nutzen zu sein. Er tat mir leid. Endlich zuckte er die Schultern. »Ich weiß nicht«, flüsterte er beschämt. »Es war eben ein Mann.«

Die Polizisten sahen sich an. »Es war eben ein Mann«, sagte Paul, und sein Kollege nickte. »Wenn ich für jedes Mal, wenn ein Zeuge sagt, es war eben ein Mann oder eine Frau, einen Euro bekäme, wäre ich Millionär.«

Der zweite Polizist grinste, besann sich dann aber wohl auf den ernsten Grund des Besuches und machte wieder sein Dienstgesicht.

»Was hatte der Mann denn an?«, fragte Paul.

Karps Miene hellte sich auf. »Oh«, sagte er. »Da kann ich behilflich sein. Es war eine Steppjacke.«

»Eine Skijacke? Mit reflektierenden Streifen?« Die Stimme des Polizisten klang hoffnungsvoll. Ein auffälliges Kleidungsstück würde die Fahndung natürlich erleichtern.

Karp zögerte. »Nein, eine Steppjacke.«

Der Polizist sah Karp genervt an. Offenbar glaubte er seinen vagen Beschreibungen nicht. Vermutete er, dass sein Zeuge jemanden erkannt hatte und schützen wollte? Mich wunderte eher, dass der arme Karp mitten in der Nacht überhaupt ein Kleidungsstück wahrgenommen hatte. Um diese Uhrzeit hätte ich nicht einmal ein bluttriefendes Schlachtmesser in der erhobenen Hand eines Mörders bemerkt.

»Hören Sie«, schaltete ich mich ein. »Wenn der Mann den Abend in einer Kneipe, dieser … dieser …«

»›Schneekugel‹«, knurrte Paul.

»… ›Schneekugel‹ verbringen wollte«, fuhr ich fort, »dann hat er doch sicher nicht seine Skikleidung, sondern eine Steppjacke angezogen.« Karp nickte eifrig. »Also ist es doch sehr wahrscheinlich, dass er diese Tamara von dort aus verfolgt hat oder ihren Heimweg kannte. Ihre Zeugen sagen doch, es habe jemand an der Kirche gewartet.«

»Was ist ihr denn passiert?«, fragte Karp.

»Das Mädchen ist wahrscheinlich erdrosselt worden«, antwortete der Polizist. »Und der Mörder hat ihr einen Ohrring aus dem Ohrläppchen gerissen und mitgenommen. Mit Brillanten besetzte Kreolen, ziemlich wertvoll.«

»Also doch ein Raubüberfall«, sagte ich und fragte mich, woher eine Kellnerin solchen Schmuck besaß. Unwillkürlich musste ich an Malins Diamantherz denken. Wo steckte sie eigentlich? Es war sicher bald halb zehn. Vielleicht hatte Thomas recht, und Malin kam überhaupt erst in einer halben Stunde.

»Dann hätte der Mörder beide Ohrringe mitgenommen.« Paul schüttelte den Kopf. »Solche Täter nehmen oft etwas als Trophäe mit, damit sie sich später erinnern können. Und wenn der Reiz nachlässt – ziehen sie wieder los.« Er machte eine Pause.

»Ein Serienmörder?«, fragte ich.

Karp schloss die Augen und stöhnte.

Der Polizist nickte. »Möglicherweise ein Tourist, der wieder auf Urlaub hier ist«, sagte er. »Deswegen stehen wir so unter Zeitdruck. Wenn er abreist, finden wir ihn nicht, und er kann woanders wieder zuschlagen.«

Karp zwinkerte. »Unvorstellbar«, sagte er.

Die Glocke über der Ladentür klingelte, ein kalter Luftzug fuhr durch das Geschäft und blähte die Spitzenkleider der Puppen. Malin war endlich zur Arbeit erschienen und starrte überrascht auf den morgendlichen Besuch. Trotz meines Ärgers war ich erleichtert, sie zu sehen. Die Tür fiel mit dem ihr eigenen Schnappen zu.

»Hej, hej«, sagte Malin. »Paul! Max? Ist was passiert?« Sie trug einen voluminösen weißen Daunenmantel, der halb offen stand und den Blick auf ein schwarzes Minikleid freigab. Ihre Beine steckten in weißen Stiefeln, die bis über die Knie reichten, und ihr Haar glänzte wie flüssiges Gold. Sie sah aus, als wäre sie gerade vom Mode-Shooting gekommen, und der Gedanke schoss mir durch den Kopf, dass ich sie für mein nächstes Kochbuch in einer Cocktail-Schürze vor einem AGA-Herd fotografieren lassen könnte.

Die Gesichter der Polizisten wurden milde, ihre Körper strafften sich. Paul sagte: »Die Tamara ist überfallen worden. Hast du sie gestern Abend vielleicht gesehen?«

Malin ließ ihren Mantel von den Schultern gleiten, stolzierte zum Kassentisch und warf das teure Stück nachlässig über den Stuhl dahinter. Ihr Minikleid hatte ein schwarz-weißes Grafikmuster, das an die sechziger Jahre erinnerte. Und es war ziemlich eng. »Oskar und ich waren in der ›Goldenen Gams‹«, sagte sie ohne erkennbares Interesse am Schicksal dieser Tamara. Ihr Ton legte nahe, dass die »Schneekugel« nicht zu den von ihr und Oskar frequentierten Lokalen zählte. An mich gewandt, fügte sie hinzu: »Wir haben uns verlobt.« Ihr zufriedenes Lächeln erinnerte mich an das meines Katers Puschkin, wenn er eine Ratte gefangen hat.

»Gratulation«, murmelte ich und bemühte mich, meine Verwunderung zu verbergen. Nach dem Wortwechsel vom Vorabend hätte ich eher nicht auf eine gemeinsame Zukunft getippt.

»Braucht mich noch jemand?«, fragte Karp von der Tür zum Treppenhaus her. Wir sahen ihn alle an, hatten seine Gegenwart vollkommen vergessen. »Denn heute ist Samstag, und da habe ich einen Kuchen im Ofen, und die Backzeit ist nahezu abgelaufen. Und ein paar Lebensmittel müssen noch besorgt werden. Wir haben auch keinen Weichspüler mehr in der Waschküche.« Anscheinend war der Übergang zum Tagesgeschäft seine Art, mit der schockierenden Nachricht fertigzuwerden.

»Dann ist das fürs Erste alles«, sagte Paul. »Wenn noch jemandem etwas einfällt – bitte sofort melden.«

»Die Polizei kann auf uns alle zählen.« Karp nickte sichtbar erleichtert und verschwand im Treppenhaus.

Malin betrachtete angelegentlich ihre linke Hand, an der es auffallend funkelte, machte aber keine Anstalten, die Polizisten zu verabschieden. Also begleitete ich die beiden zur Ladentür. Sie stiegen in einen Streifenwagen, der am Straßenrand parkte, und fuhren davon. Die Fahrbahn war inzwischen vom Schnee geräumt, und ich dachte an den Schneepflugfahrer, der durch diese stille Gasse gefahren sein musste, ehe er an der Kirchenmauer die Leiche gefunden hatte. Hoffentlich hatte er jetzt psychologische Betreuung.

Ich kehrte in den Geschäftsraum zurück und sagte zu Malin: »Diese Tamara ist tot. Kanntest du sie?«

Malin hob den Blick von ihrem Verlobungsring. *»Tot?«*, fragte sie entgeistert. »Was soll das heißen – tot?«

»Jemand hat sie erdrosselt«, sagte ich. »Keine zwei Minuten von hier. Ich nehme an, alle Details kann man sich schon im Fernsehen anschauen.«

Die Ladenglocke klingelte wieder.

Zwei ältere Frauen in Pelzmänteln, ein Fuchs und ein Nerz, kamen herein. Hinter ihnen trippelte ein Mädchen im Volksschulalter. Alle drei sahen sich um.

Malin war blass geworden, aber sie ließ die Hand mit dem

Verlobungsring sinken und ging zu den beiden hinüber. »Frau Doktor«, säuselte sie in Richtung des Nerzes, verdrängte offensichtlich den Gedanken an die tote Tamara. Geschäft war Geschäft und sie wahrscheinlich am Umsatz beteiligt. »Wie schön, Sie wieder in Gastein zu sehen. Und Lea-Sophie!« Das Mädchen machte einen Knicks. »Wie lange bleiben Sie denn?«

Die Frau lächelte geschmeichelt. »Diesmal zwei Wochen«, sagte sie. »Ich habe meiner Freundin hier so viel von Ihrem kleinen Laden vorgeschwärmt. Und da dachten wir, schauen wir auf einen Sprung bei Margarete vorbei. Wo steckt sie denn?«

Malin schüttelte bedauernd den Kopf. »Ach, das tut mir jetzt leid«, sagte sie. »Margarete ist immer noch in London auf einer Puppenauktion.« Sie klang absolut aufrichtig.

Lea-Sophie hielt sich wohlerzogen die Hand vor den Mund und gähnte. Wahrscheinlich zog sie Computerspiele antiken Puppen vor.

Der Nerz warf dem Fuchs einen bedeutsamen Blick zu. »London«, sagte seine Trägerin und setzte an Malin gewandt hinzu: »Nun, meine Liebe, lässt sich da nichts machen?«

Malin lachte. »Na gut«, sagte sie. »Wir haben schon mal ein kleines Voraus-Paket aus England bekommen.« Sie zwinkerte ihrer Kundin zu. »So schöne Sachen! Ich weiß ja, was Sie suchen, und hole mal ein Stück für Sie. Aber sagen Sie bloß Maggie nichts davon, die bringt mich um!« Zu Lea-Sophie sagte sie: »Möchtest du was Süßes?« Sie deutete auf das Bonbonglas neben der Kassa.

»Nein, vielen Dank, Malin«, sagte Lea-Sophie. »Ich esse kein Karamell, wegen der Zähne.«

Malin schenkte dem Kind ein Lächeln, drehte sich um und verschwand an mir vorbei in dem schmalen Gang zur Werkstatt.

Die beiden Frauen musterten mich, ich starrte zurück. Lea-Sophie spazierte an den Puppenregalen entlang.

Etwas scharrte in der Werkstatt, und aus dem Augenwinkel konnte ich sehen, wie Malin etwas aus dem Karton mit den Flohmarktartikeln zog. Gleich darauf erschien sie wieder, zwei Püppchen in der Hand, die auf den ersten Blick an Barbie-Puppen erinnerten. Sie trugen schmuddelige Häkelkleider, und ihre Haare waren lang und verfilzt. Sogar ich hinter der Kasse konnte den Geruch nach Staub und Dachboden wahrnehmen.

»Trara«, sagte Malin und hielt die Puppen hoch.

Lea-Sophie unterbrach ihren Spaziergang. »Oh«, sagte sie. »Hast du auch Barbies?« Zum ersten Mal hörte ich so etwas wie Interesse in der Stimme dieses Kindes.

»Nein, Schätzchen«, sagte Malin. »Das sind Modepuppen, England, aus der Zeit König Edwards.«

Die Frauen machten andächtige Mienen. Lea-Sophies Mundwinkel zuckten. Das Kind war nicht dumm.

»Aufgemalte Wangen, Lippen und Augenbrauen, aber schon richtige Augen«, fuhr Malin fort. »Die müsste man jetzt noch einsetzen. Sie wissen ja, England hatte eine Vorreiterrolle bei beweglichen Glasaugen. Schon 1825 wurden Puppen damit produziert.« Ihr Ton ließ offen, ob sie ganz allgemein sprach oder ob sie damit andeuten wollte, dass ihre Puppen original aus der Zeit stammten.

»Natürlich«, sagte der Nerz. »Schau doch, Amélie.«

»King Edward?«, fragte Amélie zweifelnd.

Malin seufzte. »Wir ersticken in Arbeit, aber für eine liebe Stammkundin …« Sie brach ab, schien zu überlegen und sagte schließlich: »Wäre Montag in Ordnung? Dann habe ich sie Ihnen restauriert. Ist das ein Angebot?«

Die Frau im Nerzmantel strahlte. »Frau Andersson, Sie sind ein Schatz«, sagte sie, zog eine kleine Geldbörse aus der Manteltasche und entnahm ihr einen Hunderter. »Hier, für Ihr Entgegenkommen. Aber sagen Sie Maggie nichts davon, sonst denkt sie, ich will Sie bestechen.« Sie steckte Malin das Geld zu und warf einen letzten Blick auf die Püppchen in den Häkelkleidern. »Allerliebst, wirklich allerliebst.« Ihr Abschiedsseufzer klang wie der einer Mutter, die sich von ihren Kindern trennt. Sie packte Lea-Sophie an der Schulter. »Also, dann bis Montag. Komm, Schätzchen.«

Malin brachte die drei zur Ladentür und winkte ihnen nach. Dann kehrte sie zu mir zurück und warf die angeblich so wertvollen Puppen nachlässig auf den Tisch.

»King Edward?«, fragte ich.

Sie zuckte die Schultern. »Könnte doch sein.«

Ich deutete auf den schmuddeligen Haufen. »Die sind doch keine hundert Jahre alt«, sagte ich.

»Keine Puppe ist ganz aus der Zeit«, belehrte mich Malin ungerührt. »Es fehlen immer ein paar Teile. Die bekommen neue Haare und hübsche Kleider – ich habe sogar noch ein paar Pelzreste für kleine Muffe –, und die Kundin ist glücklich.« Sie klang sehr zufrieden mit sich und wedelte mit der linken Hand und ihrem Verlobungsring vor meinem Gesicht herum. »Über ein Karat, ach, der gute Oskar.« Sie überlegte. »Dabei hätte ich gedacht, dass Alfi mit seinem Antrag schneller ist.«

»Alfi?« Ich beobachtete das kalte Feuer der Steine, und die Diamantkreolen der ermordeten Frau fielen mir wieder ein. Warum hatte der Täter nur einen Ohrring mitgenommen? Genügte er als Trophäe? »Wer ist denn Alfi?«

»Dr. Alfred Mayer-Helmstätt«, sagte Malin. »Wohnt drüben im ›l'Europe‹. Wir kennen uns schon eine Weile.« Ihre letzten Worte klangen ein wenig unbestimmt. Dann fiel ihr offensichtlich die Neuigkeit des Tages wieder ein, denn sie holte tief Luft und sagte: »Ich kann einfach nicht glauben, dass hier ein Mord passiert ist.«

»Kanntest du diese Tamara?«, fragte ich.

Malin verzog den Mund. »Wer nicht.«

»Du mochtest sie nicht, was?«

»Sie war die Ex von meinem Freund.« Malin strich sich das helle Haar hinters Ohr. »Und anscheinend hat sie sich wieder an ihn herangemacht. Das hat sich ja nun erledigt.«

Ich wusste nicht, was mich mehr irritierte – Malins Kälte oder der Gedanke, dass dieser Oskar Beselius solchen Erfolg bei den jungen Frauen des Ortes hatte. Hatte er Tamara die wertvollen Ohrringe geschenkt? Wahrscheinlich. Und jetzt trug Malin seinen Ring. Kurz schoss mir der Gedanke durch den Kopf, dass Beselius vielleicht sein Geschenk zurückhaben wollte, um Malin nicht mit der vergangenen Affäre vor den Kopf zu stoßen. Aber die wusste ohnehin davon. Wenn Tamara mit ihrem reichen Ex-Freund wieder angebandelt hatte – hatte Malin dann nicht ein Motiv? Möglicherweise hatte sie ihren Goldfisch verteidigen wollen. Wenn allerdings Beselius als Täter in Frage kam, dann war möglicherweise Malin auch in Gefahr.

»Wie lange kennst du Beselius?«, fragte ich beiläufig.

»Oskar? Ach, seit ein paar Wochen.«

Nun, das klang ja nicht gerade vertrauenerweckend. Hatte sie ihn Tamara am Ende ausgespannt? »Und Tamara?«

Malin warf mir einen ungnädigen Blick zu. »Die Tamara war eine Nutte«, sagte sie, nahm ihren Mantel vom Stuhl und ging zur Hintertür. »So, ich hole mir noch schnell einen Kaffee, dann übernehme ich hier. Hoffentlich ist Simons Kuchen schon fertig.« Mit einer schwungvollen Kopfbewegung warf sie ihr goldenes Haar über die Schulter und verschwand im Treppenhaus.

Während ich auf Malins Rückkehr wartete, betrachtete ich nachdenklich die beiden Püppchen auf dem Kassentisch, ihre verfilzten Haare, die leblosen Gesichter und die schmutzige Wolle, die ihre schlanken Glieder einhüllte. Jemand, der noch nicht gut häkeln konnte, hatte sich die Mühe gemacht, für die beiden Puppen Kleider anzufertigen. Hatte mit ihnen gespielt und ihnen Leben eingehaucht. Jetzt starrten sie mit leeren Augenhöhlen zur Decke empor, wirkten seelenlos – tot. Ich musste an Tamara denken, die jetzt vielleicht schon auf einem Seziertisch in der Rechtsmedizin lag.

Leblos, seelenlos, tot.

Während ich in meinem Bett geschlafen hatte, war nur wenige Meter entfernt ein Mörder am Haus vorbeigeschlichen. Wer war er? Ein Einheimischer? Oder, wie die Polizei vermutete, ein Tourist? Hatte er Familie, Freunde, ein bürgerliches Leben? Wie musste jemand beschaffen sein, der in regelmäßigen Abständen junge Frauen ermordete? Auch in jenem heißen Sommer in Altaussee war ich Gewalt und Tod begegnet, hätte mich fast in einem Netz aus Rache, Gier und Hass verfangen. Doch das kaltblütige Vorgehen dieses Mörders war anders, machte mir Angst. Er musste ein Psychopath sein, der sich außerhalb jeder menschlichen Norm befand. Und deswegen umso gefährlicher war. Und schwerer zu fassen.

»Du bist erlöst«, tönte hinter mir Malins Stimme.

Ich fuhr herum und sah, wie sie mit zwei Keramiktassen auf mich zusteuerte.

Hinter ihr im Türrahmen stand Simon Karp. Er trug seine geblümte Küchenschürze, strahlte über das ganze Gesicht und hielt wie ein Zauberer einen Teller mit dicken Kuchenstücken in die Höhe. Eine Duftwolke nach warmem Backwerk ging von ihm aus und mischte sich mit dem anregenden Geruch des Kaffees.

»Zweites Frühstück«, verkündete Karp hörbar gut gelaunt und so unbekümmert, als hätte nicht der Mord an einer jungen Frau einen Schatten über diesen strahlenden Wintermorgen geworfen. »Ich hoffe, Sie mögen Gugelhupf. Und heute Mittag gibt es eine kleine Suppe, wenn Ihnen das recht ist.«

Dankend nahm ich den Kaffee und ein Stück Kuchen entgegen, und der süße Hauch von echter Vanille und Kakao, der mir in die Nase stieg, überlagerte meine unseligen Erinnerungen an den Staubgeruch in einer Jahrhundertwendevilla in Altaussee.

Karotten-Boskop-Süppchen mit Scampibällchen

Zutaten für die Suppe
4 Karotten · ½ l Apfelsaft · ¼ Knoblauchzehe · je nach Schärfe je ½ TL Ingwer und Galgant · nach Geschmack und so vorhanden: Bauerngartensalz / orientalisches Gewürz Habibi · ½ l Karottensaft · 3 Stück Zitronengras · Zitronensaft zum Abschmecken · 1 EL Maizena (Stärke) zum Binden · Gemüsebrühe · ¾ l Rindsuppe · 2 EL Öl zum Anbraten

Zutaten für die Scampibällchen
¼ kg Scampi, gereinigt und kleinwürfelig geschnitten · je 1 TL Koriander und Petersilie, gehackt · 1 Msp. Ingwer · 4 EL klein gehacktes Gemüse (Karotten, Sellerie, Erbsen) · Sojasoße · Fischsoße · nach Geschmack und so vorhanden: ayurvedisches Masala und orientalisches Gewürz Habibi von Johanna Maier

Zubereitung der Suppe
Gewürze und Gemüse im heißen Öl so lange schmurgeln lassen, bis die Karotten weich sind. Mit der Flüssigkeit aufgießen, fünf Minuten köcheln lassen, mixen, passieren und evtl. nachwürzen.

Zubereitung der Scampibällchen
Masse zu Bällchen formen, mit der Panade panieren wie ein Wiener Schnitzel, in 140 Grad heißem Öl 3–4 Minuten backen und zur Suppe servieren.

DREI

Am selben Tag fuhr ich zu Helens Chalet hinauf. In den Nachrichten hatte ich Bilder vom Hurrikan Holly gesehen, der eine Spur der Verwüstung durch Florida zog und nun Kurs auf die Bahamas nahm. Obwohl Helen sich nicht wieder bei mir gemeldet hatte, musste ich also davon ausgehen, dass sie entweder noch immer auf dem Flughafen in Nassau saß oder inzwischen in ein Hotel gezogen war. Um nicht noch mehr Zeit zu verlieren, beschloss ich daher, mir schon einmal ein paar Plätze anzusehen, wo wir unsere Food-Strecke schießen konnten.

Simon Karp hatte lebhaftes Interesse an meinem Vorhaben gezeigt und mir den Weg nicht nur wortreich beschrieben, sondern ihn mir auch aufgezeichnet und mich darauf hingewiesen, dass Helens Ferienhaus zwar am Hang lag, man aber mit einer gut geräumten Straße rechnen konnte. Das wollte er im Hinblick auf meinen wertvollen Oldtimer zu meiner Beruhigung jedenfalls nicht unerwähnt gelassen haben.

Tatsächlich war das Vorhaben, meinen Frosch rückwärts aus dem Lattenverschlag und über den verschneiten Hinterhof zu manövrieren, ein schwierigeres Unterfangen, als anschließend über die schmalen Straßen von Bad Gastein zu fahren. Als ich an der Kirche vorbeikam, sah ich, dass der Schneewall, der am Vortag ihre grauen Steinmauern umgeben hatte, zerstört war. Überall waren Reifenspuren und Abdrücke von schweren Stiefeln zu sehen. Bildete ich mir ein, dass die Ecke zwischen dem Eingangsportal und dem Seitenschiff besonders in Mitleidenschaft gezogen war? Hatte man hier die Leiche des armen Mädchens gefunden?

Ich warf einen Blick über die Schulter und wäre dabei fast von der Straße abgekommen. Ein fataler Fahrfehler, den ich gerade noch rechtzeitig bemerkte, denn zu meiner Rechten begann mitten im Ort die Schlucht, an deren Rändern sich die spektakulären Bauten des Ortes in den Fels zu krallen schienen. Instinktiv riss ich das Lenkrad nach links, der Wagen geriet ins Schleudern, aber ich schaffte es gerade noch, ihn wieder unter Kontrolle zu bekommen. Schweißgebadet rollte ich über die Brücke, die über den Wasserfall führte. Seine gefrorenen Wassermassen gleißten in der Sonne wie der erstarrte Panzer eines Drachen, dessen schuppiger Schwanz sich unter der Brücke in den Abgrund ringelte. In meiner durch den Mord aufgeheizten Phantasie hatte ich das Gefühl, dass überall an diesem Ort Gefahren lauerten, die sich hinter einer schönen Kulisse verbargen.

Ich trat das Gaspedal durch und fuhr in Richtung Bahnhof weiter, so wie mir Simon Karp den Weg beschrieben hatte. Nach der Skistation, vor der sich Menschenmassen in wattierter Kleidung drängten, bog ich, Karps genauer Anweisung folgend, in Richtung Sportgastein ab und folgte einer schmalen Straße, die direkt auf den Berg zuführte. Auf beiden Seiten der Fahrbahn hatten die Räumfahrzeuge Schneegebirge aufgetürmt, aus denen gelb-schwarze Stangen ragten. Nach etwa zehn Minuten, gerade als ich mich zu fragen begann, was ich tun sollte, wenn mir auf dieser Bergstraße ein Fahrzeug entgegenkam, tauchte rechts von mir die kleine Kapelle mit dem Bild des heiligen Christophorus auf, die Karp erwähnt hatte und hinter der ein einspuriger Weg direkt zu Helens Chalet führte.

Zwei Minuten später rollte mein Oldtimer auf den Vorplatz eines großen Blockhauses. Hier war seit Wochen niemand mehr gewesen, denn eine makellose Schneefläche umgab seine aus Naturstein gemauerten Fundamente. Der spitze Giebel des Hauses war zum Tal ausgerichtet. Eine Holztreppe führte zu einer überdachten Veranda – das, was Amerikaner als *front porch* an ihren Landhäusern bezeichnen – und zu einer doppelflügeligen Eingangstür hinauf. Das Chalet hätte jedem Winter in den weiten Wäldern Kanadas getrotzt, und es hätte mich nicht gewundert, wenn plötzlich ein Elch um die Hausecke herumgetrottet gekommen wäre.

Ich stellte meinen Frosch vor der Holztreppe ab und stieg aus. Sofort umfing mich kalte, klare Luft, die tief in meine Lungen strömte und mich erfrischte. Der Schnee um mich herum gleißte, sodass ich blinzeln musste. Der ganze Platz vermittelte ein Gefühl von Ruhe und Freiheit, und ich musste an Helen denken, die gerade in der feuchten Hitze der Karibik festsaß und einem gewaltigen Tropensturm trotzte.

Als ich um das Chalet herumging, gelangte ich auf eine große Terrasse, die einen spektakulären Blick über das Tal und die umliegende Bergwelt bot. Die tief verschneiten Berge glitzerten in der Sonne, und ich konnte die Kabinen der Lifte sehen, die an ihren Seilen die Flanken hinaufkrochen, und die Skifahrer, die wie Ameisen auf den Hängen wimmelten. Wie ein Bild aus einem Prospekt wölbte sich der Himmel tiefblau über diesem Urlaubspanorama. Ein langer Holztisch, der bestimmt zwölf Personen Platz bot, stand auf der Terrasse, und an der Brüstung reihten sich malerisch verwitterte Adirondack-Sessel.

Die Location war perfekt.

Im Geist sah ich schon im Kern rosa gebratenes Hirschfilet neben grünem Brokkoli und eine Platte mit kalorienreduziertem Apfelstrudel, dessen nur hauchdünn mit Puderzucker überstäubte Oberfläche auf dem Foto wie ein Berghang im Neuschnee wirken würde, und silberne Platzteller und perlgraue Leinen-Tischwäsche sich zu einem altmeisterlichen Stillleben vor der atemberaubenden Alpenkulisse vereinigen. Es würde opulent aussehen, aber meine Leser konnten sicher sein, für dieses Menü keine zusätzliche Laufrunde in ihren engen Terminplan quetschen zu müssen. »Elegant Ski Style Cooking«. Die Reise nach Gastein hatte sich jetzt schon gelohnt.

Zur Sicherheit ging ich noch zu der großen Glasfront und spähte in das Innere des Blockhauses. Auch hier sah es wie in einem Filmstudio aus. Auf der einen Seite des Wohnraumes trennte ein Tresen eine amerikanische Küche vom Sitzbereich. Davor standen vier Barhocker, über deren Lehnen Schaffelle drapiert waren. Drei mit bunten Decken und Kissen geschmückte Sofas gruppierten sich vor einem mit Natursteinen verkleideten Kamin. An seiner Stirnfront hing ein präparierter Hirschkopf, dessen glasiger Blick mich an die Puppen in Tante Maggies Laden erinnerte. Auf dem Sofatisch stand eine Gruppe antiker Silberleuchter. Sehr schön. Sehr stilvoll. Vor einem lodernden Kaminfeuer würde ich hier mein Punschrezept inszenieren. Motto: nach dem Winterspaziergang mit Freunden. Helens Kunst würde die Wärme des knisternden Feuers und die gute Laune fühlbar machen.

Bedauernd dachte ich an mein eigenes Quartier. Wäre es nicht besser – und vor allem viel produktiver –, hier oben zu wohnen? Aber Helen hatte mir ihr Chalet nicht als Unterkunft angeboten. Ich versuchte, das nicht persönlich zu nehmen, sondern ihre Ungastlichkeit mit ihrem Ruhebedürfnis nach einem anstrengenden Arbeitsjahr zu entschuldigen.

Trotzdem zog ich mein Handy aus der Tasche, dachte kurz über die Zeitverschiebung nach und wählte dann Helens Nummer. Bevor ich im Puppenladen herumsaß, konnte ich mich genauso gut schon mal auf die Suche nach geeigneten Requisiten machen. Simon Karp kannte bestimmt ein paar gute Quellen dafür.

Ich hielt mir das Handy ans Ohr und wartete, bis mein Anruf den Weg über den Atlantik gefunden hatte. Gerade als ich überlegte, ob ich Helen gegenüber die Vorzüge meines Wohnaufenthalts in ihrem Haus ansprechen sollte, ertönte ein Knistern, dann herrschte Totenstille. Nicht einmal die Stimme der Mailbox war zu hören. Helen hatte ihr Telefon ausgeschaltet, oder, was noch wahrscheinlicher war: Wegen des Hurrikans gab es keinen Empfang. Enttäuscht steckte ich das Handy ein. Für die nächste Zeit würde ich wohl Karps Zimmernachbar bleiben. Ich tröstete mich mit dem Gedanken, dass die Pension wenigstens ruhig war und die Mieter, die ich bis jetzt kennengelernt hatte, nett.

Den Rückweg ins Sterngässchen bewältigte ich bereits so routiniert, als wäre ich auf verschneiten Bergstraßen groß geworden. Ich parkte meinen Wagen am Straßenrand und betrat das »Puppenparadies«. Im Laden spielte wieder die Melodie des Balletts »Der Nussknacker«. Wahrscheinlich war das alte Radio auch nur Kulisse, und es gab irgendwo eine moderne Musikanlage. Malin saß an dem abgebeizten Holztisch, auf dem Handwerkszeug und der knochenfarbene Kopf einer Puppe lagen, und zerschnitt mit einer kleinen Schere einen Einmachgummi. Bei meinem Eintreten blickte sie von ihrer Arbeit auf.

»Hej, hej«, sagte sie.

Ich trat neben sie und blickte auf das Sammelsurium zwischen Kasse und Bonbonglas. Der Puppenkopf hatte keine Haare, leere Augenhöhlen, und anstelle des Mundes klaffte ein von winzigen Zähnen umkränztes Loch. Wieder dachte ich, dass ich Puppen nicht mochte. Kein Wunder, dass es Völker auf dieser Erde gab, die Menschenabbilder für Zauber und Voodoo benutzten. Die Puppe wirkte wie ein totes Kind. Wie diese Tamara wohl ausgesehen hatte?

Malin legte die Schere beiseite und betrachtete den rosa Gummischnipsel in ihrer Hand. »Prima«, sagte sie.

»Was wird das?«, fragte ich.

»Das ist die Zunge«, erklärte Malin, nahm ein weiches Kügelchen von einem Teller und knetete es zwischen den Fingern. »Fixierwachs«, sagte sie, rollte ein kleines Wachswürstchen, legte es rund um die Zunge aus Einmachgummi und schob das Ganze in den Puppenmund.

Jetzt hatte der Puppenkopf leere Augenhöhlen, und zwischen seinen halb geöffneten Lippen schauten neckisch Zähne und rosa Zunge hervor. Aus einem Fläschchen goss Malin ein wenig Wasser auf den Teller, gab drei Esslöffel Gips aus einer Packung dazu und verrührte beides miteinander. Dann drehte sie den Kopf um und drückte mit einem Teelöffel etwas von der weißen Masse von innen gegen Zunge und Zähne.

Zufrieden musterte Malin ihr Werk. »Es ist eine Reproduktions-Puppe«, sagte sie, »aber wenn ich mit ihr fertig bin, wird sie echter aussehen als jede alte.«

Das Klingeln der Ladenglocke überlagerte die letzten Takte des »Nussknackers«. Ein Mann von etwa dreißig Jahren trat ein und zog seine Strickmütze vom Kopf. Aus der Musikanlage kamen jetzt Klavierklänge, Chopin, soweit ich das beurteilen konnte.

»Hallo, Malin«, sagte der Mann.

»Hej, Franz«, sagte Malin und deutete mit dem Puppenkopf auf den Neuankömmling. »Mark, das ist Franz de Witt, er und seine Frau Liane wohnen im ersten Stock.« Das war also der männliche Teil des Paares, das am Vorabend so laut im Treppenhaus gestritten hatte.

»Hallo, Mark.« Der Händedruck des Mannes war fest, der Blick seiner blauen Augen offen, und er hatte ein sympathisches Lächeln. »Kein Hotelzimmer gefunden?«

»Mark ist der Freund von Melusine«, sagte Malin und kramte in einer kleinen Schachtel mit Glasaugen.

»Ein Freund der Familie«, berichtigte ich.

»Ach.« Franz ließ seinen Blick ungeniert über mich wandern. »Scheiße, was mit Maggie passiert ist, was?«

»Welche Treppe ist sie denn hinuntergefallen?«

Franz zuckte die Schultern. »Vom zweiten in den ersten Stock«, sagte er. »Ein Glück, dass Thomas zufällig zu Hause war. Normalerweise hat der am Donnerstag nämlich Skischulabend, aber seine Gruppe wollte wohl lieber Pferdeschlitten fahren.« Er zog den Reißverschluss seiner Jacke auf. »Ich leg mich noch ein wenig hin.«

»Moment«, sagte ich schnell. »Maggie ist im zweiten Stock gestürzt? Wohnt sie nicht eine Etage darunter?«

»Wahrscheinlich wollte sie dein Zimmer herrichten«, sagte Malin und drückte ein grünes Auge von innen in den Kopf. »Es ist am Tag vor deiner Ankunft passiert.«

»Dann hätte Simon Karp den Unfall doch auch hören müssen, oder?«, fragte ich.

Franz lachte. »Simon hat mal wieder gelesen und dabei Beethoven gehört«, sagte er. »Mit Kopfhörern.«

»Verstehe.« Diese Rücksichtnahme passte zu Karp. Natürlich wollte er die anderen Bewohner nicht stören.

Franz musterte mich. Plötzlich erhellte ein Lächeln sein Gesicht. »Thomas und ich gehen heute Abend auf ein Bier«, sagte er. »Oder zwei oder drei, kleine Lokalrunde jedenfalls. Komm doch mit, wenn du willst.«

Bis Helen endlich eintraf, hatte ich eigentlich nicht viel zu tun. »Ja, gern«, sagte ich. Die Aussicht, noch einen Abend in meinem Zimmer und Wand an Wand mit dem eigenbrötlerischen Simon Karp als einziger Gesellschaft zu verbringen, hatte nichts wirklich Verlockendes für mich. »Wann soll ich fertig sein?«

Malin räusperte sich. »Du gehst mit Thomas aus?«, fragte sie

Franz und rührte eine frische Portion Gips an. »Was hat denn Liane so vor?« Ihre Stimme hatte einen seltsamen Unterton, den ich jedoch nicht deuten konnte.

»Besucht eine Freundin«, sagte Franz kurz angebunden und setzte, an mich gewandt, hinzu: »Schön, dann sehen wir uns um halb acht.« Mit diesen Worten ging er zur Hintertür und verschwand im Treppenhaus.

Malin hatte sich für bernsteinfarbene Augen entschieden und gipste sie von innen in den Kopf. »Franz und Liane haben eine Ehekrise«, sagte sie. »Ich bin froh, dass ich nicht mehr neben ihnen wohne.« Sie betrachtete prüfend das Puppengesicht. »Das kann ganz schön laut werden.«

»Habe ich gestern Abend gehört«, sagte ich.

Malin legte den Puppenkopf hin. »Manchmal war ich nahe dran, die Polizei zu rufen«, sagte sie und fuhr sich mit dem Handrücken über die Stirn. Mir fiel auf, dass sie noch immer den Verband am Handgelenk trug. »Maggie wollte ihnen schon kündigen. Vielleicht hat sie's ja getan.«

Ich zeigte auf den Verband. »Was ist dir denn da passiert?«, fragte ich.

»Halb so schlimm«, sagte sie, ohne mich anzusehen. »Nur ein bisschen verstaucht. Ich bin auf einer Eisplatte ausgerutscht und habe versucht, mich abzustützen, das ist alles.« Sie lächelte etwas unbestimmt. »Selbst schuld, im Winter soll man keine High Heels tragen.« Sie stand auf und fing an, ihr Werkzeug auf ein Tablett zu räumen. »Gleich sechs, Ladenschluss.« Damit nahm sie das Tablett, ließ mich ohne ein weiteres Wort stehen und ging in die Werkstatt.

In meinem Zimmer angekommen, notierte ich mir noch ein paar Ideen zu Helens Chalet und zeichnete Skizzen zu den Fotos, die ich haben wollte. Für meine Bildbände entwerfe ich immer eine Art Story-Board.

Um kurz vor halb acht machte ich mich auf den Weg zu meinem Treffen mit Franz und Thomas. Ich merkte, dass ich mich auf den Abend freute. Jetzt fühlte sich mein Aufenthalt in Bad Gastein ein wenig wie Skiurlaub an. Auf der Treppe in den ersten Stock, auf der Maggie vor zwei Tagen fast zu Tode gestürzt wäre, begegnete ich Karp. Er trug einen halb vollen Teller mit Salat in der Hand und war wohl gerade auf dem Weg in die Küche.

Mit einem Blick auf meinen Mantel fragte er: »Gehen Sie noch aus?«

»Ja«, sagte ich. »Thomas Gaisbauer und Franz de Witt haben mich zu einer Lokalrunde eingeladen.«

Auf Karps schmalem Gesicht erschien ein Lächeln. »Ach, wie schön«, sagte er. »Tante Margarete und ich legen solchen Wert auf eine nette Hausgemeinschaft. Wo soll's denn hingehen?«

Ich zuckte die Schultern. »Keine Ahnung …«

»Im Winter ist in Gastein eine Menge los«, sagte Karp. »Und Morgen ist ja Sonntag, da können Sie ausschlafen.«

»Danke.« Ich hob die Hand zum Abschied und lief an ihm vorbei. Nach wenigen Stufen fiel mir jedoch ein, dass ich selbst noch kein privates Wort an ihn gerichtet hatte. Außerdem saß er an einem Samstagabend allein zu Hause. Vielleicht hatte er keine Freunde. Also drehte ich mich um und fragte etwas schuldbewusst: »Wie geht es Ihrer Partnerin? Keine gemeinsamen Pläne fürs Wochenende?«

Karp, einen Fuß schon auf der nächsten Stufe, hielt inne und blickte zu mir herauf. »Warum?«, fragte er.

»Thomas meinte, Ihre Freundin … Vielleicht habe ich da aber auch was falsch verstanden, tut mir leid.«

Er zögerte. »Nein, das ist schon richtig.«

Jetzt fiel mir ein, dass Thomas von einer Wienerin gesprochen hatte. »Kommt sie zu Weihnachten nach Gastein?«

Karp antwortete nicht gleich, doch schließlich sagte er: »Wahrscheinlich – das heißt, ich hoffe es.« Seine Beziehung schien kein gutes Thema zu sein. »Es ist noch nicht sicher.«

»Eine Fernbeziehung ist nicht einfach.«

»Eine Fernbeziehung allein wäre kein Problem«, sagte Karp grimmig. Jetzt war seine Miene verschlossen wie eine Auster. Er schenkte mir noch ein bemühtes Abschiedslächeln, nickte und machte sich weiter an den Abstieg. Kurz darauf verschwand er in der Küche.

Als ich mit Mütze, Schal und Lammfellhandschuhen vor den Laden trat, warteten Franz und Thomas schon auf mich. Thomas drehte gerade eine Runde um mein Auto, das immer noch an Straßenrand stand.

»Geiles Teil«, sagte er zu mir. »Was kostet so was?«

»War ein Freundschaftspreis«, sagte ich, was der Höhe nach nicht stimmte, dem Vergnügen nach, das mir mein Frosch bereitete, jedoch nicht gelogen war.

Franz schaltete sich ein. »Willst du die Kiste nicht lieber in die Garage fahren?«, fragte er mich.

»Später«, sagte ich, wollte die beiden nicht länger in der Kälte warten lassen. »Im Sterngässchen wird ihm schon nichts passieren.«

Thomas warf mir einen Blick zu. »Wer weiß.«

Sofort senkte sich eine unangenehme Stimmung über uns. Als hätte sich der Schatten der Ermordeten lautlos zu uns gesellt. Mir schien, als wäre die Temperatur auf einen Schlag noch einmal gesunken. War es eine Vorahnung? *A ghost just walked over my grave.* Erst vor Stunden war die Leiche dieser jungen Frau entdeckt worden, nur wenige Gehminuten von der Stelle entfernt, an der wir drei jetzt standen. Und ihr Mörder war durch diese stille Gasse geflohen. Vielleicht hatte er sogar versucht, in den Laden einzubrechen. Immerhin hatten Simon Karp und ich selbst Geräusche gehört. Auf einmal war mir die Lust auf eine Lokalrunde vergangen.

»Hört mal«, sagte ich. »Ich glaube, irgendwie bin ich doch ziemlich müde. Ich denke, ich bleibe lieber hier.«

»Quatsch«, sagte Franz.

»Nein, ehrlich, die Sache mit der toten Frau …«

»Willst du den Abend lieber allein oder mit dem spießigen Karp verbringen?«, fragte Franz. »Liane ist bei einer Freundin und kommt vielleicht spät.«

Thomas schob die Hände in die Taschen und hüstelte.

Der Gedanke an die leere Pension, mein tristes Zimmer und Karps überfürsorgliche Miene gab den Ausschlag. »Also gut, wo gehen wir hin?«, fragte ich und band meinen Schal fester.

Thomas legte mir mit Schwung den Arm um die Schultern und quetschte mich. »An die Gläser!«, brüllte er.

Franz schob zwei Finger in den Mund und stieß einen gellenden Pfiff aus, der durch die verschneite Gasse lief, die alten Fassaden hinaufkroch und auf uns niederstürzte. Ich konnte Karp quasi in seinem Sessel von der Klassiker-Lektüre auffahren sehen und hatte Mühe, mir ein Grinsen zu verkneifen. Der Abend fing jedenfalls gut an.

Es wurde eine lange, feuchtfröhliche Nacht. An die Lokale, in die mich Franz und Thomas schleppten, kann ich mich nicht mehr im Detail erinnern. Ich weiß nur noch, dass eine Hotelbar darunter war, ein Lokal, das wie eine Almhütte aussah und in dem die Leute zu Volksmusik-Schlagern auf den Tischen tanzten, und ein Restaurant, dessen Chef uns sofort wieder vor die Tür setzte. Am Ende landeten wir in einer Kneipe namens »Old Hangman«. Über dem Eingang hing ein emailliertes Zunftschild, das einen Galgen auf einem grünen Hügel zeigte. Eine leere Schlinge baumelte einsatzbereit herab, als wäre der Delinquent bereits auf dem Weg zur Hinrichtungsstätte.

Das Lokal selbst war wie ein englischer Pub eingerichtet und gesteckt voll mit Touristen. Die Musik spielte James Blunt, »When I Find Love Again«. Über der Bar, hinter der ein Mann im Akkord Bier zapfte, hing ein großer alter Spiegel, der ein sepiafarbenes Bild der Szenerie an die Wand warf.

Wir drängelten uns durch die Menge, bis Thomas mich plötzlich am Arm fasste und zu einem Stehtisch zog, an dem, konservativ geschätzt, höchstens noch ein halber Platz frei war. Wir quetschten uns zwischen die rechtmäßigen Besitzerinnen des Tisches, drei junge Frauen, zwei Blondinen und eine Brünette in teurer Après-Ski-Aufmachung, die uns böse Blicke zuwarfen, aber keinen Widerstand leisteten.

»Servus, Mädels«, sagte Thomas, wegen des Lärmpegels ziemlich laut. »Na, wie geht's?«

Sein Lächeln war strahlend und sein Blick herausfordernd, aber das Ganze wirkte sogar auf mich zu professionell. Irgendwie schien er nicht bei der Sache zu sein. Und das merkten auch die Zielpersonen seiner Charme-Offensive. Die drei jungen Frauen wandten sich angewidert ab und widmeten sich wieder dem wichtigen Gespräch, das wir so rüde unterbrochen hatten. Thomas sah mich an und hob die Brauen. Kann man nichts machen, hieß das wohl. Er warf einen schnellen Blick auf seine Uhr.

Franz beugte sich zu mir herüber. »Ich hol uns was zu trinken«, brüllte er in mein Ohr. »Guinness?«

»Sag dem Patrick, es ist für mich«, brüllte Thomas zurück. »Und zwei privat.«

Franz nickte wortlos und verschwand in der Menge.

Thomas und ich steckten die Köpfe zusammen, um uns unterhalten zu können. »Was heißt zwei privat?«, fragte ich.

»Ihr kriegt hier Prozente, und ich gehe frei«, sagte er. »Provision, wenn ich Gäste bringe. Meine Schüler machen hier immer einen Riesenumsatz.« Er zeigte mit dem Daumen über die Schulter auf die drei jungen Frauen. »Pech für die Mädels«, sagte er gut gelaunt, »aber ich hab heute sowieso noch was vor. Also rechne morgen zum Frühstück nicht mit mir.«

»Hast du eine Freundin?«

»Machst du Witze? Ich bin Skilehrer.«

Ich dachte an Silke, meine Ex-Freundin, die einen Sommer bei mir auf Sylt gelebt und gemeint hatte, die Umgebung würde ihrem künstlerischen Schaffen als Malerin guttun. Als die Herbststürme kamen und die betuchten Kunstliebhaber abreisten, war sie nach Hamburg zurückgekehrt, um sich von einem jungen Galeristen beim Vorantreiben ihrer Karriere helfen zu lassen. Oder bei was auch immer.

Ich ließ meinen Blick zu den drei jungen Frauen wandern. Die Brünette war eigentlich sehr hübsch. Als sie meine Aufmerksamkeit bemerkte, fuhr sie sich mit der Hand durch die lange Mähne. Aber der Gedanke an Silke hatte jede Flirtlaune vertrieben, und außerdem lag seit dem Morgen ein dunkler Schatten über dem Tag.

»Karps bessere Hälfte kommt nächste Woche«, sagte ich stattdessen. »Er ist schon ganz aus dem Häuschen.«

»Ach, echt?« Thomas lachte. »Na, da bin ich ja mal gespannt. Hoffentlich sehe ich das Wunderweib noch.«

»Fährst du denn weg?«

»Nein, ich zieh aus«, antwortete er und sah wieder auf die Uhr.

»Ich hab eine kleine Wohnung gemietet, drüben in Hofgastein. Irgendwann braucht man ja mal was Eigenes.« Sein Ton war irgendwie ausweichend.

»Hast du den Umzug schon organisiert?«, fragte ich.

»So viel Besitzstand habe ich nicht.«

»Also, wenn du Hilfe brauchst …«

Thomas' Überraschung war echt. »Hey, das ist echt super von dir«, sagte er. »Ich krieg den Kombi von der Skischule, und wenn wir zusammenhelfen, haben wir den ganzen Kram in drei Fahrten weg. Hast was gut bei mir, Kumpel.«

Ich wollte noch nach dem Termin für den Umzug fragen, aber da tauchte Franz wieder auf. In den erhobenen Händen balancierte er drei Glaskrüge, in denen dunkles Bier schwappte und die er mit Schwung vor uns abstellte. Schaum spritzte über den Tisch, und die Brünette warf uns einen giftigen Blick zu, ehe sie demonstrativ den Ärmel ihrer weißen Steppjacke abwischte. Die Musik war jetzt leiser, und ich konnte sie ihren Freundinnen etwas zuzischen hören. Na, da hatte ich ja noch mal Glück gehabt.

»Pat sagt, die gehen aufs Haus«, sagte Franz und fügte, an Thomas gewandt, hinzu: »Danke dem edlen Spender.« Er sah sich um. »Ich könnte Liane anrufen, vielleicht mag sie mit ihrer Freundin noch herkommen. Was meint ihr?« Es sollte wohl wie ein spontaner Einfall klingen, aber etwas in seiner Stimme machte mich stutzig. Er wirkte nervös, irgendwie wie auf dem Sprung.

»Wohnt diese Freundin weit von hier?«, erkundigte ich mich. Vielleicht machte sich Franz ja Sorgen um die Sicherheit seiner Frau. Kein Wunder nach der letzten Nacht.

Thomas packte seinen Krug, nippte dann aber nur daran.

Franz zuckte die Schultern. »Irgendwo in Richtung Sportgastein«, sagte er. »Ich kenne die Frau gar nicht. Ist ein beruflicher Kontakt, und Liane ist da sehr diskret.«

Thomas sah zur Tür hinüber.

»Was heißt das?«, fragte ich und trank etwas Guinness.

»Liane ist Energetikerin«, sagte Franz. In seiner Stimme schwang Stolz. »Sie richtet Kraftplätze ein und reinigt Häuser von schlechten Energien und so. In unsere alte Pension wollte sie erst gar nicht einziehen. Aber wir haben die Saisonstelle so kurzfristig gekriegt, da war auf die Schnelle nichts anderes mehr zu finden.« Er fischte sein Handy aus der Tasche. »Liane meint jedenfalls, das alte Haus brauche dringend eine energetische Reinigung. Zu viele *bad vibrations*, sagt sie. Liane spürt so was.« Er zog die Brauen zusammen und starrte auf das Display. »Kein Rückruf. Ich hab sie heute Abend schon zweimal angerufen, aber sie meldet sich einfach nicht.« Sein Ton war erstaunt, fast ein wenig fragend. So, als erwartete er von uns eine beruhigende Antwort oder eine harmlose Erklärung für das Verhalten seiner Frau. Ich tat ihm den Gefallen.

»Du hast doch gesagt, dass sie bei ihrer Bekannten ist«, sagte ich. »Sie wird sich schon melden.«

Thomas stellte seinen noch fast vollen Bierkrug ab. Erst jetzt fiel mir auf, dass er während des ganzen langen Abends zwar immer ein Getränk bestellt, aber kaum davon getrunken hatte. Er musste stocknüchtern sein. Was man von mir nicht mehr behaupten konnte. Mein Kopf fühlte sich wie mit Watte ausgestopft an. Aus den Lautsprechern quäkten die Dubliners. Nun wieder in voller Lautstärke. Ihre Fiedeln zerrten an meinen Nerven.

»Hört mal, Freunde«, sagte Thomas, »ich muss los. Hab, wie gesagt, noch eine Verabredung. Wir sehen uns morgen um zehn, Mark, und danke noch mal für deine Hilfe.« Er klopfte mit den Knöcheln auf die Tischplatte, drehte sich um und drängte sich durch die Gästeschar in Richtung Tür.

Franz stützte die Ellenbogen auf die Tischplatte und starrte auf das inzwischen schaumlose Bier. »Am besten gehe ich auch«, sagte er düster. »Vielleicht ist Liane ja schon zu Hause.« Er machte eine Pause, brütete vor sich hin. Schließlich sagte er: »Wir haben da eindeutig Klärungsbedarf. So geht's jedenfalls nicht weiter. Liane ist schließlich meine Frau.«

Ich dachte an Malins Worte. Sie hatte sich über die ständigen Streitereien der de Witts beschwert. Und sie hatte wohl öfter die Polizei rufen wollen. Nur wegen eines Ehekrachs? Oder waren die Auseinandersetzungen handgreiflich geworden? Franz schien mir ein netter Kerl zu sein, aber jetzt waren seine Augen vom

Alkohol blutunterlaufen, und sein vorgeschobener Unterkiefer hatte etwas Brutales. Oder bildete ich mir das nur ein? In jedem Fall hatten wir beide für heute genug getrunken.

Ich schob meinen halb leeren Krug zurück. »Ich bin auch müde«, sagte ich. »Lass uns gehen.«

Den Rückweg legten wir schweigend zurück. Die Nacht war sternenklar, und der Mond hing wie eine Kinderlaterne über Bad Gastein. Die Krater waren deutlich zu sehen und zeichneten ein Gesicht, das mir in meinem Zustand weniger freundlich als drohend erschien. Sein kaltes Licht ließ Bad Gasteins abblätternde Gründerzeitfassaden wie die Kulissen für einen Gespensterfilm wirken. Dem Verfall preisgegebene Häuser starrten mit leeren Fensterhöhlen vor sich hin.

Die Kälte stach wie mit Nadeln in meine Haut, aber sie befreite auch meinen Kopf vom Alkoholnebel. Ich überlegte, dass ich mir etwas Wärmeres zum Anziehen kaufen musste als diesen Wintermantel. Vielleicht eine Daunensteppjacke, wie sie alle hier zu tragen schienen. Wie der Mörder eine trug. Ich verdrängte den Gedanken und beschleunigte meine Schritte, damit mir warm wurde. Franz passte sich meiner Geschwindigkeit wortlos an. Das Knirschen des Schnees unter unseren Schuhen war das einzige Geräusch.

Als wir an der Kirche vorbeikamen, ertappte ich mich dabei, wie ich erneut rasch zu der Ecke neben dem Eingangsportal hinübersah. Eine steinerne Mauerstrebe warf einen bizarren Schatten, der auf dem zertretenen Schnee zerfloss, doch keine Menschenseele war zu sehen. Hatte ich erwartet, dass der Mörder dort jede Nacht auf ein Opfer lauerte? Franz schien meine Gedanken gelesen zu haben, denn er murmelte etwas und ging noch schneller, ehe er um die nächste Ecke bog.

Das Sterngässchen lag still und verschlafen vor uns. Der Schnee glitzerte wie Diamantstaub, und die Laternen woben einen goldenen Schein um die alten Hausfassaden. Ein Hauch von Kindheit und Weihnachtsmärchen lag über der Straße. Charles Dickens oder Hans Christian Andersen. Es hätte mich nicht gewundert, wenn ich in der Nische neben der Ladentür des

»Puppenparadieses« ein Mädchen hätte sitzen sehen, das sich an einem Bündel brennender Schwefelhölzer zu wärmen versuchte. Doch nur die Tiffany-Lampe brannte in der Auslage und warf ein rosafarbenes und hellblaues Licht auf die Gasse und auf meinen Oldtimer am Straßenrand.

»Na dann«, sagte ich. »Gute Nacht.«

Franz blieb stehen, hob das Gesicht und schaute zu den Fenstern im ersten Stock hinauf. »Liane ist noch nicht da«, sagte er grimmig. »So geht's echt nicht weiter. Da gibt's jetzt aber wirklich Klärungsbedarf.« Er ballte die Rechte zur Faust und schlug sich damit in die offene Linke, strahlte dabei die Entschlossenheit eines Boxers vor dem Kampf aus.

Ich dachte, dass Liane vielleicht ein wenig Abstand von ihrem kontrollsüchtigen Ehemann brauchte. »Ich fahr noch schnell mein Auto in die Garage«, sagte ich und fischte nach den Schlüsseln in meiner Tasche.

Franz brummte etwas Unverständliches, machte aber das Doppeltor für mich auf. Hinter mir schob er es wieder zu, und im Rückspiegel konnte ich sehen, wie er sich nach rechts wandte, die Hintertür aufschloss und im Haus verschwand.

Ich stieg aus und wollte schon zum Lattenverschlag gehen, um die Tür zu öffnen, als mir etwas auffiel. Seit dem vorigen Abend hatte es nicht mehr geschneit. Die Reifen meines Wagens hatten deutlich sichtbare Spuren hinterlassen. Im grellen Scheinwerferlicht stachen mir nun auch Fußspuren ins Auge, die das raupenartige Muster kreuzten und in der Hütte verschwanden. Jemand war in der Zwischenzeit in dem mit Gerümpel vollgestopften Verschlag gewesen. Ich drehte mich um und suchte den Boden mit Blicken ab, aber vor der Hintertür war der Schnee weggefegt, und in der Einfahrt hatten die frischen Reifenabdrücke alle Spuren zerstört.

Langsam rollte ich in die Hütte, wo ich feststellte, dass auf den ersten Blick alles unverändert war. Zumindest soweit sich das angesichts des Sperrmüllchaos sagen ließ. Als ich wieder auf den Hof trat und die Brettertür schloss, schlug über mir krachend ein Fensterflügel gegen die Mauer.

»Hallo«, brüllte es von oben. »Was machen Sie da?«

Ich fuhr herum, blickte die Fassade hinauf und entdeckte Simon Karp, der sich aus seinem Fenster lehnte und zu mir hinunterstarrte. Er trug einen weinroten Morgenmantel und hielt ein Handy gut sichtbar in der Hand. Das Display leuchtete wie eine Warnlampe in der Nacht. Karp schien bereits geschlafen zu haben, denn sein Haar stand ihm in Spitzen zu Berge. So von hinten angestrahlt, sah er wie der Leibhaftige persönlich aus.

»Ich bin's nur«, rief ich zurück. »Mark Vanlanthen.«

»Ich wollte schon die Polizei rufen«, sagte er gereizt und wedelte mit dem Handy. In der Stille kam seine Stimme klar und deutlich bei mir an. »Es ist bereits nach ein Uhr.«

Ich deutete auf die Fußspuren. »Jemand war im Hof.«

Karp nickte. »Das war nur ich«, sagte er. »In der Küche ist eine Glühbirne ausgefallen, und ich brauchte die kleine Leiter.« Jetzt klang er wieder so sachlich wie immer.

»Na, dann bin ich ja beruhigt«, sagte ich. Dann kam mir eine gute Idee, wie ich fand. Und so setzte ich hinzu: »Vielleicht sollten wir ein Vorhängeschloss anbringen.« Immerhin stand mein wertvoller Oldtimer in dieser Behelfsgarage.

Über diesen Vorschlag musste Karp erst nachdenken. »Ich kümmere mich drum«, sagte er schließlich. »Gute Nacht, Herr Vanlanthen.« Damit zog er den Kopf zurück und schloss das Fenster.

Ich fischte mein Schlüsselbund aus der Tasche, und während ich zur Hintertür stapfte, dachte ich daran, dass diesem Haus nichts passieren konnte, solange Simon Karp wie ein guter Geist darüber wachte.

VIER

Der Duft von Kaffee und gebratenem Speck lockte mich am nächsten Morgen in die Küche. Auch wenn Kochen lange meine Profession war, hat es für mich inzwischen zunehmend mit Erinnerungen zu tun. Nicht nur der Vorgang an sich, bei dem man sich fast meditativ bewusst ist, was man wann und in welcher Reihenfolge bei der Zubereitung eines Essens zu tun hat. Auch die Gerüche, Geräusche und Handgriffe rufen mir immer wieder Menschen und Orte ins Gedächtnis, Situationen, in denen ich genau diese Speise zum ersten Mal oder in besonderer Gesellschaft gegessen habe. Rührei und Speck sind für mich untrennbar mit meiner Großmutter verbunden. Und so war es wohl ein Gefühl der Sehnsucht nach meiner Kindheit, das mich die Treppe hinuntertrieb.

Tatsächlich war es in der Küche heimelig warm, auf dem Tisch stand Kaffeegeschirr, und Simon Karp, die unvermeidliche geblümte Schürze um seine hagere Gestalt gewickelt, hantierte am Herd.

»Guten Morgen«, sagte ich.

Karp fuhr herum. Der Fernseher, der auf Zimmerlautstärke lief, hatte wohl mein Eintreten übertönt. Als Karp mich erkannte, erschien ein verhaltenes Lächeln auf seinem Gesicht. »Oh, wie schön, Herr Vanlanthen«, sagte er und deutete auf die Espressomaschine, an der ein Licht einladend blinkte. »Bitte, bedienen Sie sich.«

»Das ist wunderbar.« Anscheinend hatte ich am Vorabend doch ein paar Guinness zu viel getrunken, denn mein Kopf fühlte sich noch immer wie mit Watte gefüllt an. Dankbar drückte ich auf den Knopf der Espressomaschine, hörte das wunderbare Geräusch des Mahlwerks und das Brodeln des kochenden Wassers und sah glücklich zu, wie sich der Kaffee wie ein Strom heißer Lava in meine Tasse ergoss. Ich setzte mich an den Küchentisch, um die ersten Schlucke schweigend zu genießen.

Im Fernsehen liefen die Nachrichten, und die sandten Bilder

von Palmen, deren Wedel der Sturm peitschte, und von Brechern, die Autos über Uferpromenaden trieben, in die kleine Küche in den verschneiten Alpen. Es waren Aufnahmen aus Florida, wo Hurrikan Holly laut Moderatorin bereits mehrere Todesopfer gefordert hatte. Auf Kuba und den Bahamas sah die Lage aktuell ähnlich aus. Gegen Mitte der Woche rechneten die amerikanischen Behörden jedoch mit einem Weiterziehen des Sturms nach Norden und der Ausrufung des Notstands in South Carolina. Alle Rettungskräfte seien in Alarmbereitschaft versetzt worden. Der nächste Bericht widmete sich der Außenministerkonferenz in Brüssel. Man sah glänzende Limousinen und lächelnde Politiker, die mit Aktenordnern unter dem Arm in ein Gebäude stürmten.

Simon Karp nahm die Fernbedienung vom Tisch und schaltete den Fernseher aus. »Die armen Menschen da unten«, sagte er. »Wie viele von ihnen wohl das Dach über dem Kopf verloren haben, was meinen Sie?« Er ging zum Küchenschrank und nahm eine Packung Vogelfutter heraus.

Dabei erhaschte ich einen Blick auf mehrere verschlossene Gläser, in denen sich graugrüne Krümel und Fasern befanden. Natürlich verfügte Karps Küche über liebevoll selbst getrocknete Kräuter, dieses Sägemehl, das Sie auch in jedem Supermarkt für viel Geld kaufen können. Wenn Sie ein Gericht aromatisieren oder garnieren wollen, dann verwenden Sie doch einen frischen Kräuterzweig. Thymian oder Rosmarin, zum Beispiel. Kreuzen Sie Schnittlauchstangen wie japanische Schwerter über Ihrem Fischfilet. Oder drapieren Sie Kerbel auf Ihrer Hühnerbrust. Krönen Sie Ihr Dessert mit einem Tupfer geschlagener Sahne, stecken Sie eine Minz-Rosette hinein und legen Sie eine rote Beere dazu. Kochen und genießen Sie mit allen Sinnen.

»Meine Fotografin sitzt in Nassau fest«, erklärte ich, wandte den Blick von den Gläsern ab und holte mein Handy aus der Tasche. Wie spät war es jetzt auf den Bahamas? Egal, im Auge des Hurrikans würde Helen wohl kaum schlafen. Ich wählte ihre Nummer und wartete sekundenlang auf das Klingeln. Aber nichts geschah. Die Leitung schien tatsächlich zusammengebrochen zu sein. Helens letzte Nachricht war vom Flughafen in

Nassau gekommen. Ich hatte keine Ahnung, ob sie inzwischen in einem Hotel eingecheckt hatte oder wo ich sie erreichen konnte. Ich konnte nur hoffen, dass es ihr gelang, mich von einem Festnetztelefon aus anzurufen oder mir eine Mail zu schicken.

»Die mit dem Chalet in Sportgastein?« Interessiert beobachtete Karp meinen erfolglosen Versuch mit dem Handy.

Ich nickte. »Ich kann sie nicht erreichen, und das macht mir Sorgen, Helen ist sonst so zuverlässig.«

Karp wandte sich um, ging zum Fenster und öffnete einen Flügel. Durch den Schleier der herabschwebenden Flocken konnte ich sehen, dass ein kleines Vogelhaus in Form eines Fliegenpilzes vom Fensterrahmen herabhing. Karp schüttelte die Futterpackung ein paarmal, und wie auf Kommando kam ein Schwarm von Kohlmeisen und Spatzen angeflattert.

»Na?«, fragte Karp, und ich konnte das Lächeln in seiner Stimme hören. »Alle gesund und munter?« Er schüttete reichlich Körner in den Fliegenpilz, sah den Vögeln, die keine Angst vor ihm zu haben schienen, kurz beim Picken zu und schloss dann das Fenster wieder. »Die kleinen Racker machen einen unglaublichen Schmutz«, sagte er schmunzelnd zu mir. »Aber deswegen kann man die armen Tiere ja nicht verhungern lassen, nicht?« Er stellte die Futterschachtel wieder in den Küchenschrank zurück und fing an, sich die Hände so sorgfältig wie ein Chirurg vor einer Operation zu waschen. »Hätten Sie gern ein Frühstück? Tante Margarete hat noch ihre ganzen Vorräte im Kühlschrank, und ich sollte sie aufbrauchen.«

Ich dachte an das verbrannte Paprikapulver und sagte: »Ich möchte Ihnen auf keinen Fall Umstände machen, ein Kaffee reicht für mich vollkommen aus.«

»Ich freue mich über Ihre Gesellschaft«, sagte er. »Ich habe mir angesehen, was Sie so schreiben. Sehr beeindruckend. Natürlich kann ich mit meinen bescheidenen Kochkünsten einem berühmten Koch wie Ihnen nicht das Wasser reichen, und –«

»Frühstück wäre ganz super.«

Er ging zum Kühlschrank und nahm Eier, Tomaten, ein Körbchen Champignons und eine Plastikdose heraus. »Was machen Sie, wenn Ihre Fotografin am Ende nicht kommt?«

Dann musste ich meinem Verlag erklären, warum wir die vorgegebenen Termine nicht einhalten konnten und dass unser aufwendiges Kochbuch nicht wie geplant im Herbst erscheinen würde. Mir wurde mulmig. »Helen hat bisher jeden Termin eingehalten«, sagte ich. »Und etwas Zeit bleibt uns noch.«

»Wie viel Zeit?«, fragte Karp, roch an den Champignons und nickte zufrieden. Dann stellte er eine schwere gusseiserne Pfanne auf den Herd und warf ein Stück Butter hinein.

Das sah ich mit Wohlgefallen. Eine richtige Pfanne braucht einen schweren Boden, sonst riskieren Sie angebrannte Soßen, verkohltes Steak und dergleichen mehr. Wenn Sie das Gefühl haben, Ihre Bratpfanne eigne sich auch als Mordwerkzeug, dann verwenden Sie das richtige Modell.

»Vielleicht sollten Sie eine Alternative in Erwägung ziehen.« Karp legte Speckstreifen in die Pfanne, es zischte und knackte, und ein angenehmer Geruch breitete sich aus.

An dieser Stelle sollte ich vielleicht noch ein Wort über Butter verlieren. Butter ist das Erste und das Letzte, was wir Profiköche in die Pfanne tun – egal, was Ihnen der Padrone Ihres Lieblingsitalieners erzählt. Der Nonno schickt regelmäßig bestes Olivenöl aus Sizilien? Mag sein. Aber was tut sein Küchenchef in Ihre Pasta? An Ihr Risotto? Unter die nahezu karamellisierte Haut Ihres Branzino …? Genau, kiloweise Butter. Fett ist ein Geschmacksträger. Deswegen schmeckt es so gut, und deswegen sollten Sie Ihre Mahlzeit ohne schlechtes Gewissen genießen. Ach ja, und ruinieren Sie Ihr gutes Essen nie mit Margarine. Das ist kein Nahrungsmittel. Aber nun zurück in die kleine Küche, wo sich Speckstreifen in der heißen Pfanne zusammenzogen. Mit dieser schönen, knusprig braunen Farbe, die man – richtig, nur mit Butter erzielt.

»Unser Bankhaus hat mehrere Kunden, die Ferienhäuser in der Region haben«, sagte Karp gerade. »Ich kann gern für Sie nachfragen. Möglicherweise könnten Sie dort auch Quartier nehmen – wäre das nicht praktisch?«

Quartier nehmen. Ich mochte seine altmodische Sprache, die bestimmt von einer Vorliebe für klassische Lektüre herrührte. Dann dachte ich über Karps Hilfsangebot nach. Wenn ich zu einer neuen Location noch einen Fotografen fände, wäre es das in der Tat, dachte ich. Aber dann fiel mir Melusine ein, die mir das Zimmer organisiert hatte und vielleicht selbst noch kommen würde. Und konnte ich wirklich ausziehen, jetzt, da ihre Tante im Krankenhaus lag, und den Laden mit dieser unzuverlässigen Malin alleinlassen? Wenn die Katze aus dem Haus ist, tanzen die Mäuse. Malin hatte schon bewiesen, dass sie beabsichtigte, die Abwesenheit ihrer Chefin weidlich auszunutzen.

Karp rüttelte die Pfanne auf dem Herd, ließ die geschmolzene Butter über ihren Boden laufen. Der Speck krachte, und das Fett spritzte.

Andererseits war da ja auch noch Karp, der Hüter dieses Hauses. Aber der war den ganzen Tag in seiner Bank. Sollte ich Melusine anrufen und ihr die Situation schildern? Ich verwarf den Gedanken sofort wieder. Jammern ist nicht mein Stil, und ein paar Tage konnte ich ohne Weiteres ein Auge auf das »Puppenparadies« haben. Schließlich hatte ich im Augenblick ohnehin nichts anderes zu tun.

»Ich versuche später noch einmal, Helen zu erreichen«, sagte ich zu Karp. »Leider sind gute Food-Fotografen auf Monate ausgebucht.« Ein Gedanke schoss mir durch den Kopf. Wenn Max Danhauser, ein Münchner Fotograf, mit dem ich schon öfter gearbeitet hatte, mich einschieben konnte, würden wir die Strecke eben irgendwo in Bayern schießen. Hatte er nicht sogar ein Ferienhaus? Ich meinte, mich an ein Foto aus Berchtesgaden zu erinnern, und beschloss, ihm vorsorglich eine Mail zu schicken. »Wenn Helen nicht kommen kann, muss ich abreisen.«

»Verstehe«, sagte Karp, legte Würstchen, Tomaten und Champignons in die Pfanne, wischte sich die Hände an der Küchenschürze ab. »Dann wären Sie natürlich umsonst hier.«

Vor dem Fenster fielen dicke Flocken, in der Küche war es warm und roch gut. Ich fühlte mich wie bei Muttern und entspannte mich. Es würde schon alles gut gehen.

Draußen polterte jemand die Treppe herauf. Gleich darauf öffnete sich die Tür, und eine schlanke Frau kam herein. Ihr kurzes blondiertes Haar war nur notdürftig gekämmt, und sie trug ein schwarzes Minikleid aus irgendeinem elastischen Stoff, das ihre sportliche Figur wie eine zweite Haut umschloss. Schwarze Strümpfe und hohe Stiefel mit Schlangenledermuster vervollständigten den Aufzug. Die Frau war ungeschminkt, unter ihren großen blauen Augen lagen Schatten, aber sie lachte und wedelte mit einer Zeitung. Ein Geruch nach Alkohol und Zigarettenrauch ging von ihr aus, die typischen Zeichen einer durchfeierten Nacht. Ich schätzte sie auf Mitte dreißig, aber vielleicht war sie auch jünger, und nur ihr Zustand ließ sie älter aussehen.

Die Frau warf die Zeitung auf den Tisch. »Guten Morgen allerseits«, sagte sie und an mich gewandt: »Aha, der neue Mieter, was?« Ihr Blick wanderte abschätzend über mich. Etwas Hungriges lag in ihren Augen.

»Herr Vanlanthen«, sagte Karp so förmlich, als wenn er den neuen Botschafter aus Costa Rica der englischen Queen vorstellen wollte. »Frau de Witt.«

Das war also Franz' abtrünnige Gattin, um die er sich die halbe Nacht Sorgen gemacht hatte. Sie war sicher nicht im klassischen Sinn schön, ja nicht einmal besonders hübsch. Aber ihr offener Blick und ihre geschmeidigen Bewegungen ließen einen Mann schon ein zweites Mal hinschauen. Wie es aussah, war die Dame gerade erst nach Hause gekommen.

»Guten Morgen«, sagte ich freundlich.

»Ich bin die Liane«, sagte sie und ließ sich auf einen Stuhl fallen. »Gibt's schon Kaffee?«

»Mark«, sagte ich.

»Sehr schön.« Ihr Lächeln erinnerte mich an Puschkin, wenn er sich auf den Weg zum gefüllten Futternapf machte.

Karp ging zum Herd und schlug Eier in die Pfanne.

»Habt ihr das von dem Mord schon gelesen?«, fragte Liane und deutete auf die Zeitung. »Die Polizei geht jetzt davon aus, dass Tamara ihren Mörder gekannt hat. Wahrscheinlich ein Stammgast oder jemand hier aus der Gegend.« Ihr Blick wanderte zwischen Karp und mir hin und her. »Könnt ihr euch das vorstellen? Ich meine, von uns kann's ja keiner gewesen sein. Hat Imogen was gesehen?«

»Wer ist Imogen?«, fragte ich, und das Bild einer wunderschönen jungen Frau stieg vor meinem inneren Auge auf.

»Die Alte aus dem Antiquitätenladen gleich nebenan«, sagte Liane. »Ich meine, die ist zwar eine Frau, aber vielleicht ist der Täter ja gar kein Sexualverbrecher. Oder es war eine Täterin.« Sie sah zum Herd hinüber. »Was glaubst du, Simon? Der Mörder nimmt den Frauen doch Schmuckstücke ab. Vielleicht verkauft der alte Drachen die Sachen ja in seinem Laden, was?« Ich begann mich ernsthaft zu fragen, was Franz an dieser Frau fand.

Karp kam mit der Bratpfanne, in der ein englisches Frühstück aus Eiern mit Speck, Tomaten, Champignons und Würstchen brutzelte, an den Tisch und schob mit einem Holzspatel ein cremiges Rührei auf meinen Teller. »Ich will Ihnen mal was sagen, Frau de Witt«, sagte er, drehte sich zu ihr um und zielte mit dem fetttriefenden Ende des Spatels wie mit einer Schwertspitze auf sie. Anscheinend lehnte er den vertraulichen Ton, der in diesem Haus herrschte, für sich ab. Als echtes Nordlicht fand ich das sympathisch. »Die großen Verbrecher sitzen in den Regierungen. Es gibt keine Moral mehr, nirgends. Und deswegen kann so ein Unhold hergehen und jede Menge junger Mädchen erstechen und –«

»Eines«, sagte Liane. »Und außerdem ist diese Kellnerin erwürgt worden. Wie man hört, hatte sie ja auch einen ziemlich großen, äh, Bekanntenkreis.« Ihr Ton war anzüglich und berührte mich unangenehm. Einem Opfer die Schuld an seiner Tragödie, und sei es auch nur unterschwellig, zuzuschreiben, halte ich für unmoralisch. »Oder es war ein Frauenmörder, so ein Serienkiller. Würde mich nicht wundern.«

Karp, der gerade noch eine Grilltomate aus der Pfanne heben wollte, erstarrte. »Sie sehen zu viel fern, Frau de Witt«, sagte er schließlich tadelnd. »Außerdem bin ich sicher, dass unsere Polizei den Täter bald fasst.« Die Aussicht, dass seine durch den Mord aus den Schienen geworfene Welt wieder in die richtige Bahn geriet, schien ihn zu beflügeln. »Und wenn sie ihn verhaftet hat, kann ich ihn bei einer Gegenüberstellung vielleicht identifizieren.« Jetzt wurde er richtig lebhaft. »Immerhin habe ich ihn gesehen.«

Ich nahm meine Gabel, spießte die Tomate in der Pfanne auf und legte sie auf meinen Teller. Dabei verkniff ich mir ein Schmunzeln. Es war ein Mann, hatte Karp am Morgen nach dem Mord gesagt, in einer Steppjacke. Es war mitten in der Nacht gewesen, also stockfinster, und der präsumtive Täter war hinter Karps Rücken vorbeigehuscht. Wie Karp unter diesen Umständen die Physiognomie des Mannes hätte erkennen sollen, war mir schleierhaft. Man konnte nur hoffen, dass der Täter bei der Gegenüberstellung als Einziger eine Steppjacke trug.

»Gut, dass Ihnen bei der nächtlichen Begegnung nichts passiert ist, Herr Karp«, sagte ich und zerteilte das Rührei mit meiner Gabel. »Sonst gäbe es jetzt nicht so ein wunderbares Frühstück.« Der Speck hatte einen verkohlten Rand. Beherzt steckte ich ein Stück in den Mund und nickte Karp anerkennend zu. Immerhin hatte er sich Arbeit gemacht.

Aber Karp hatte keinen Sinn für meinen feinen Humor. »Das ist nicht lustig«, wies er mich scharf zurecht. »Solange sich dieser Verbrecher da draußen rumtreibt, ist keine Frau nachts sicher. Ich werde es meiner Bekannten selbstverständlich freistellen, ob sie unter diesen Umständen überhaupt nach Gastein kommen will.« Mit mehr Schwung, als dafür nötig gewesen wäre, bugsierte er zwei Würstchen auf meinen Teller. »Ich bin kein Anhänger der Todesstrafe, bitte denken Sie das nicht von mir, Herr Vanlanthen, und Gewalt liegt mir ohnehin vollkommen fern, aber in so einem Fall frage ich mich doch, ob unsere Gefängnisse der richtige Ort für so einen ... so einen ...«

Karp brach ab, hatte sich in Rage geredet. Er holte Luft, dann setzte er, nun fast sachlich, hinzu: »Ich meine, diese ganzen teuren Therapien – das bringt doch nichts! Sonst hätten wir ja auch nicht so viele Rückfalltäter.« Nach dieser Tirade wirkte er fast erschöpft.

Liane warf mir einen Blick zu und verdrehte dann die Augen. »Schon gut, Simon«, sagte sie, streckte die Arme über den Kopf und gähnte. Eine Alkoholfahne wehte in meine Richtung. »Wenn alle so gesetzestreu wie du wären, wäre die Welt perfekt, nicht?« Es klang, als hätte sie lieber »langweilig« gesagt. »Also, Jungs, dann werde ich mal ein wenig versäumten Schlaf nachholen gehen. Vielleicht sieht man sich ja mal wieder?« Sie zwinkerte mir zu, erhob sich in einer einzigen eleganten Bewegung und strich das Kleid an ihrem Körper glatt. »Gute Nacht allerseits.«

Mit diesen Worten stöckelte sie auf ihren Schlangenleder-Stiefeln aus der Küche.

Vielleicht war es ein Rest Guinness, der noch immer meinen Kopf vernebelte, aber ich hatte die Vision einer Anakonda, die sich auf ihr nächstes Opfer zubewegte. Und auf einmal hatte ich Mitleid mit Franz.

»Eine unangenehme Person«, meinte Karp, als hätte er meine Gedanken gelesen. »Lassen Sie sich das gesagt sein.«

Wollte er mich etwa warnen? Ich schnitt ein Stück vom ersten Würstchen ab. »Franz wird erleichtert sein, dass Liane wieder da ist«, sagte ich und steckte den Bissen in den Mund. Ich fragte mich allerdings, was mein neuer Freund zu dem Zustand sagen würde, in dem seine Frau nach Hause gekommen war.

Das Würstchen war gut, mit einem hohen Fleischanteil, vielleicht mit einer Spur zu viel Knoblauch. Und den getrockneten Majoran konnte wohl nur eine Extraportion Senf überdecken.

»Frau de Witt ist ziemlich leichtfertig«, sagte Karp, stellte die Pfanne auf den Tisch und setzte sich mir gegenüber.

Ich schluckte die Wurst hinunter. Malin hatte sich ähnlich über diese Tamara geäußert. Vielleicht hatte der Täter es ja genau auf diesen Typ Frau abgesehen? Jack the Ripper fiel mir ein, der seine Opfer in den finsteren Gassen des viktorianischen Londons im Milieu gefunden hatte. Gleich darauf erschien das Bild des Sterngässchens vor meinem inneren Auge, so wie es am Tag meiner Ankunft vor mir gelegen hatte. Still, verschneit und nur von ein paar Straßenlaternen erleuchtet. Wieder war mir, als könnte ich die Glöckchen von Pferdeschlitten und die Stimmen und das Lachen der Heimkehrer hören. Doch jetzt durchschnitt der gellende Schrei einer Frau meine Phantasie. Ich versuchte, alle verstörenden Gedanken aus meinem Kopf zu verbannen, und schließlich war dieser Liane ja auch nichts passiert. Aber die Stimmen waren hartnäckig, redeten auf mich ein, als wollten sie mich auf etwas aufmerksam machen. Es waren jedoch zu viele, ich konnte sie nicht verstehen.

Auf einmal merkte ich, dass Karp weitergesprochen hatte.

»Wie bitte?«, fragte ich.

»Haben Sie über mein Angebot nachgedacht?«, fragte Karp.

»Soll ich am Montag mal bei meinen Kunden wegen eines Hauses vorfühlen? Nur für den Fall, dass Ihre Fotografin doch noch länger aufgehalten wird.« Er zerschnitt eine Tomate auf seinem Teller, und roter Saft floss in das Rührei.

»Ich denke, ich warte noch ein paar Tage«, sagte ich. »Und sonst kenne ich einen Fotografen in Bayern. Aber danke für das Angebot.« Ich konnte natürlich Melusine später anrufen. Studenten schliefen am Sonntag sicher noch länger als unter der Woche. Wahrscheinlich erwartete sie jedoch, dass ich die Stellung hielt und ein Auge auf diese unzuverlässige Malin hatte. Andererseits war da natürlich auch noch Karp, der freiwillige Hüter dieses Hauses. Und Adoptivsohn? Ich nahm ihn ins Visier und fragte: »Haben Sie eigentlich schon etwas von Frau Mayerhofer gehört?«

»Tante Margarete?« Er schüttelte den Kopf. »Nein, leider, sie geben nur Angehörigen Auskunft.«

»Ach«, sagte ich. »Ich dachte, Sie seien verwandt?« Nach einer Adoption konnte ich ihn unmöglich fragen.

»Tante Margarete war die beste Freundin meiner Mutter«, sagte Karp. »Sie ist bei meiner Geburt gestorben, und Tante Margarete hat mich aufgenommen. Möchten Sie noch Ei?«

»Nein, danke«, sagte ich. »Sie waren noch ein Baby?«

»Sagte ich bereits.« Er stand auf, nahm die Pfanne und ging zum Waschbecken. »Ich werde Tante Margarete immer dafür dankbar sein. Ich habe sonst keine Verwandten.«

»Keine Tanten? Onkel? Cousinen?«

»Zumindest hat Tante Margarete mir gegenüber nie welche erwähnt.« Er seufzte und kratzte die Reste aus der Pfanne auf einen Teller. »Und was haben Sie heute noch Schönes vor?«, fragte er im Plauderton. Ende der Diskussion.

»Ich denke, ich werde mir ein wenig den Ort ansehen«, sagte ich, denn mein Kopf brauchte dringend frische Luft. Dann schnappte ich mir aber doch noch schnell die Zeitung, die Liane auf dem Tisch hatte liegen lassen, und schlug sie auf. »Und Sie?«

»Der Sonntag gehört immer der Wäsche.«

»Ach ja, wie … praktisch.«

Damit war unser Gesprächsstoff endgültig erschöpft, und ich

wandte mich der Zeitungslektüre zu. Gleich auf der zweiten Seite des Lokalteils wurde über den Mord in Bad Gastein berichtet. Ich machte mir noch einen Espresso. Der Artikel brachte keine neuen Erkenntnisse, außer dass die Polizei jetzt eine Verbindung zu einem fünfundzwanzig Jahre zurückliegenden Mord in Südtirol herstellte. Das italienische Opfer war eine junge Barkeeperin namens Alessandra Thaler gewesen. Dem Bericht zufolge hatte sie sich auf dem nächtlichen Heimweg von ihrem Arbeitsplatz, einem Hotel, befunden, als der Täter sie auf der Uferpromenade in ein Gebüsch gezerrt hatte. Genau wie Tamara war sie erdrosselt worden. Auch hier hatte der Täter das Tatwerkzeug, vermutlich einen Schal, wieder mitgenommen. Nur ein paar blaue Seidenfäden hatten an Alessandras Hals gesichert werden können. Und ein paar Glieder einer zerrissenen Goldkette. Der Rest der Kette sowie ein Christophorus-Anhänger fehlten. Das Ergebnis der kriminaltechnischen Untersuchung stand noch aus, jedoch glichen die gefundenen Seidenfasern denen, die in Bad Gastein gesichert worden waren.

Ich trank von meinem Kaffee. Der Täter musste also einen Bezug zu Südtirol und zum Gasteiner Tal haben, was den Kreis einschränken dürfte. Oder aber er gondelte in der Weltgeschichte herum – beruflich oder als Urlaubsgast –, und es gab weitere Taten, zu denen erst noch ein Zusammenhang hergestellt werden musste.

Ich nahm noch einen Schluck Kaffee. »Anscheinend ist Tamara nicht das erste Opfer dieses Täters«, sagte ich und sah zu Karp hinüber. Der hatte sich seine rosafarbenen Gummihandschuhe angezogen und war dabei, mit einem Putzschwamm das Waschbecken auszuwischen. »Es ist schon mal eine Kellnerin auf die gleiche Weise ermordet worden.« Ich warf noch einen Blick auf die Zeitung. »In Meran.«

Karp antwortete nicht gleich, sondern rieb mit gerunzelter Stirn an einem stumpfen Fleck herum. »Soll sehr schön sein, in Meran«, sagte er schließlich. »Leider war ich noch nie dort. Dieses Mittel taugt überhaupt nichts.« Ärgerlich starrte er auf den Schwamm.

»Die Südtiroler Küche ist ausgezeichnet«, erklärte ich. »Diese

Verbindung von alpinen und mediterranen Einflüssen … Alpe-Adria sozusagen.«

»Tante Margarete war mal auf Kur in Meran, glaube ich«, sagte Karp. »Ist aber schon ein paar Jahre her.« Er zog die Gummihandschuhe aus und hängte sie sorgfältig über den Wasserhahn. Mit ihrer Fleischfarbe erinnerten sie mich an abgeschnittene Hände. Diese Gespräche über Frauenmorde hinterließen eindeutig Spuren in meiner Seele.

Ich schlug die Zeitung zu und stand auf. »Na, dann gehe ich mir mal den Ort ansehen.«

»Werden Sie zum Mittagessen zurück sein?«

»Oh, nein.« Ich hoffte, dass er mir meinen Schreck nicht ansah. »Leider – das Frühstück war so gut und üppig. So ein perfektes Rührei bekommt man ja selten.« Auf Karps Miene spiegelten sich Überraschung und Freude, die so ehrlich waren, dass ich sofort ein schlechtes Gewissen hatte. »Vielleicht können wir ja mal zusammen kochen«, schlug ich vor. Ich koche nie mit Amateuren, hatte es jetzt eigentlich auch nicht vor. Und bevor Sie mich nun verurteilen: Sitzen Sie gern bei einem Fahrschüler auf dem Beifahrersitz? Eben. Trotzdem, aus einem für mich unerfindlichen Grund rührte mich Karp an diesem Morgen besonders, und so sagte ich: »Nächste Woche, hm?«

»Ach, das wäre wunderbar.« Jetzt strahlte Karp mich an. »Vielleicht am Freitagabend? Wenn Sie so freundlich wären, mir eine Einkaufsliste zu schreiben, dann kann ich alles Nötige rechtzeitig besorgen.«

An dieser Stelle muss ich sagen, dass ich am Wochenende nur selten Lust auf Restaurantessen habe, außer wenn ich neue Rezepte oder den beruflichen Austausch mit einem begabten jungen Kollegen suche. Da schätze ich Pasta mit einer einfachen Soße aus frischen Tomaten und Kräutern oder eine ehrliche Hühnersuppe viel mehr. Ich esse gern Hausmannskost, wenn sie mit Liebe und Engagement zubereitet ist. Und bei Karp sah ich da durchaus Potenzial. Nur dieser Gedanke kann als Entschuldigung dafür gelten, dass ich auf sein Angebot einging. »Gern«, sagte ich also.

Ich holte meinen Wintermantel, Schal und Handschuhe und verließ das Haus durch den Hinterausgang. Als ich durch den Hof stapfte, ertappte ich mich dabei, wie ich den Schnee nach frischen Fußspuren absuchte. Aber außer den Abdrücken kleiner Schuhe mit hohen Absätzen, die ins Haus hineinführten, konnte ich nichts Verdächtiges entdecken. Die Abdrücke gehörten wohl zu Lianes Schlangenleder-Stiefeln.

Die Gasse war in der Nacht geräumt worden, nur an den Straßenrändern türmten sich Schneewälle. Es hatte aufgehört zu schneien, und eine kalte Wintersonne war aufgegangen. Ein Wischgeräusch ließ mich aufmerken. Zu meiner Rechten war eine weißhaarige Frau dabei, mit einem Reisigbesen den Neuschnee von den Stufen zu dem Antiquitätenladen zu befreien. War das Imogen, von der Liane de Witt gesprochen hatte?

»Guten Morgen«, rief ich ihr gutnachbarlich zu.

Die Frau hob den Kopf und hielt im Fegen inne. »Guten Morgen.« Ihre Stimme klang kultiviert und etwas erstaunt.

Ich ging zu ihr hinüber. »Vanlanthen«, sagte ich. »Ich wohne zurzeit in der Pension von Frau Mayerhofer.«

Aus der Nähe erinnerte die Frau an die Queen. Die weißen Haare saßen perfekt, und sie trug eine grünes Twinset, einen blau-grünen Black-Watch-Kilt und an den Füßen geschnürte Budapester, kurz: das, was Engländer als vernünftiges Schuhwerk bezeichnen. An ihren Ohren hingen schwere Perlen, die ihre Ohrläppchen ein wenig herabzogen, und um ihren Hals lag ein teurer französischer Seidenschal. Ich nahm innerlich Haltung an.

Die Queen faltete die Hände um den Besenstiel. »Ach, Sie sind das«, sagte sie. Ihr Blick wanderte ungeniert über mich hinweg. »Melly hat mir schon erzählt, dass Sie kommen.«

Melly? »Sie meinen Melusine?«

»Sagte ich das nicht bereits?« Die Queen wirkte irritiert über meine Begriffsstutzigkeit. »Banzeff«, sagte sie und reichte mir die Hand. »Imogen Banzeff.«

Hinter der Ladentür des Antiquitätengeschäfts hob wildes Gekläff an. Ein Pekinese hatte mich entdeckt und als Eindringling identifiziert. Wie ein Springteufel tobte er hinter der Glasscheibe. Mit seinem langen blonden Fell erinnerte er mich an einen wild gewordenen Wischmopp. Vielleicht wusste er, dass Sonntag war und Kunden hier nichts zu suchen hatten.

Ich ließ meinen Blick von dem Hund zum Schaufenster wandern. Bisher hatte ich noch keinen Blick in die Auslage geworfen und ihr auch jetzt noch keine Aufmerksamkeit geschenkt, aber irgendetwas musste ich sagen, um die Konversation am Laufen zu halten.

Das Fenster war sparsam dekoriert, erinnerte eher an eine Galerie als an einen Trödelladen. Über einem Tischchen lag eine Spitzendecke, darauf stand ein Samowar, in dem sich die Wintersonne spiegelte. Daneben präsentierte sich eine ganze Sammlung englischen Silbers. Ein Strauß antiker Spazierstöcke lag aufgefächert auf dem Boden. Auf einer Staffelei stand ein goldgerahmtes Gemälde, das einen Pferdeschlitten mit einem Dreigespann zeigte.

Es war eine Troika mit einer Festgesellschaft.

Der Schnee wirbelte unter den Hufen der Rappen, und die in dicke Pelze gehüllten Fahrgäste lachten. Hörte ich das Klingeln der Glöckchen an den Kummeten? Die Stimmen der aufgekratzten Heimkehrer? *Den gellenden Schrei einer Frau?* Ich kniff die Lider zusammen, schluckte.

»Alles in Ordnung mit Ihnen?«, fragte Frau Banzeff.

Ich öffnete die Augen. »Das ist ein sehr schönes Bild.«

Um ihren Mund spielte ein feines Lächeln. »Es steht nicht zum Verkauf«, sagte sie. »Es ist Privatbesitz. Meine Familie stammt aus Sankt Petersburg.«

Der Hund hatte aufgegeben, saß jetzt hechelnd und mit hängender Zunge hinter der Scheibe. Seine dunklen Glupschaugen starrten mich an. Manchmal fallen diesen Tieren ja die Augäpfel aus den Höhlen. Ich wartete ein paar Sekunden, aber nichts dergleichen geschah. Dann dachte ich an Puschkin, der inzwischen sicher genauso stämmig war.

»Sie haben einen guten Wachhund«, sagte ich. »Nach allem, was passiert ist, kein Fehler.«

»Maggie hatte auch einen Pekinesen«, sagte Frau Banzeff. »Ein Wurfgeschwister von meinem Ariel, die Schwester, Alina.« Sie machte eine Pause, dann fuhr sie fort: »Vor zwei Wochen ist sie leider plötzlich gestorben.« Ihr Blick wich mir aus. »Dabei war sie so eine nette Hündin und genauso – wachsam.« Sie räusperte sich, etwas schien sie zu beschäftigen. Dann machte sie den Mund auf, als wollte sie noch etwas hinzufügen, schüttelte am Ende aber nur den Kopf, verwarf den Gedanken wohl wieder.

Hier war eine auskunftsfreudige Quelle, die ich nicht so ohne Weiteres versiegen lassen wollte. Denn etwas irritierte, ja beunruhigte mich zunehmend an den Verhältnissen in Tante Maggies Pension, ohne dass ich sagen konnte, was das war. Also ergriff ich eine vertrauensbildende Maßnahme und fragte voll falscher Anteilnahme: »War Alina denn krank?« Dieser Ariel war immerhin quicklebendig, so viel stand fest.

»Hunde werden nicht obduziert«, sagte Frau Banzeff, und es klang, als bedauerte sie diese Tatsache. »Vor zwei Wochen lag die Kleine tot im Treppenhaus. Maggie hat so geweint, sie war ganz aufgelöst.« Sie wandte das Gesicht ab, blickte zur Ladentür. »In der Zuchtlinie ist leider ein Herzfehler.«

»Sie kauft sich bestimmt bald eine neue Alina.«

Frau Banzeff stützte sich auf den Besenstiel und musterte mich nachdenklich. »Sehen Sie«, sagte sie schließlich, »das habe ich Maggie auch vorgeschlagen. Aber sie will gar keinen Hund mehr haben, nie wieder, hat sie gesagt.« Dieser Gedanke schien sie ernsthaft zu beschäftigen. »Maggie hat immer Hunde gehabt, sogar als dieser Tierquäler hier umging, hatte sie einen Foxterrier.«

Ein Mörder – und ein Tierquäler? »Wann war das?«

Frau Banzeff winkte ab. »Ach, das ist schon Jahrzehnte her«, sagte sie. »Damals sind ein paar Katzen aus der Nachbarschaft verschwunden. Später hat man zwei von ihnen tot am Ufer der Ache gefunden. Der Tierquäler hatte ihnen …« Sie musste meine Miene bemerkt haben, denn sie brach ab und schenkte mir ein mitleidiges Lächeln.

»Ich habe einen Kater«, sagte ich. »Puschkin.«

»Puschkin? Wie hübsch.«

»Ja.« Den Namen hatte eine Frau ausgesucht, von der ich mich einmal sehr angezogen gefühlt hatte. Eine Mörderin. Ich wechselte schnell das Thema und fragte das Erste, was mir einfiel. »Ist diesem Terrier was passiert?«

»Perry?« Frau Banzeff sah mich überrascht an. »Nein, Perry ist zwar auch um diese Zeit herum gestorben, der war schon fünfzehn Jahre alt. Maggie hat sich dann einen Schäferhund gekauft.« Sie zog die Brauen zusammen. »Aber der hat den Jungen gebissen, soviel ich weiß, den Simon. Sie haben den Hund natürlich sofort einschläfern müssen.«

Ich schätzte Simon Karp auf Mitte vierzig, konnte mir ausrechnen, dass noch mindestens drei Hundeschicksale vor mir lagen. Dem fühlte ich mich nicht gewachsen. Also deutete ich zur Ladentür, an deren Glasscheibe sich der Pekinese inzwischen die Nase noch platter drückte. »Ein besonders schöner Hund«, sagte ich im Brustton der Überzeugung, so wie ich es auch im Restaurant zu meinen Gästen gesagt hatte. Es gibt Wirte, die ein Hundemenü servieren, meistens gekochtes Rindfleisch mit Gemüse, aber das habe ich nie getan.

»Wissen Sie was?«, fragte Frau Banzeff. »Kommen Sie doch einfach auf einen Sprung rein. Ich mache uns eine gute Tasse Tee, und dann …« Sie brach ab und richtete den Blick über meine Schulter. »Der schläft auch keine Nacht daheim, was?«

Ich drehte mich um und sah einen silbernen Kombi, der gerade in die Gasse einbog. Frau Banzeff und ich verfolgten interessiert, wie er langsam näher kam und schließlich vor dem »Puppenparadies« stehen blieb. Auf der Seite des Wagens prangte der rote Werbeschriftzug für eine Skischule. Ein junger Mann stieg aus und hob grüßend die Hand.

Es war Thomas Gaisbauer.

»Morgen zusammen«, rief er fröhlich. »Mark, wartest du schon lange auf mich? Ich musste erst den Wagen holen.«

Jetzt fiel mir siedend heiß unser Gespräch im »Old Hangman« ein. Thomas hatte etwas von seinem Auszug bei Tante Maggie und einer kleinen Wohnung erzählt, die er gemietet hatte. Aus den Tiefen meines Gedächtnisses tauchte die Erinnerung auf, dass ich meine Hilfe beim Umzug zugesagt hatte. Aus meinem Winterspaziergang würde also vorerst nichts werden.

»Dann müssen wir unseren Tee verschieben«, sagte ich zu

Frau Banzeff. »Leider.« Ich übersah geflissentlich ihre enttäuschte Miene und ging zu Thomas hinüber. Etwas körperliche Ertüchtigung konnte nicht schaden.

Es stellte sich heraus, dass Thomas zwar jede Menge Kisten in seinem Zimmer gestapelt hatte, aber keine davon war gepackt. Außerdem gab es unter dem Haus einen aus unbehauenen Steinen gemauerten Keller. Beim Anblick der grob aus dem Fels geschlagenen Mauerbrocken erinnerte ich mich, dass Melusine die bis ins Mittelalter zurückreichende Geschichte des Hauses erwähnt hatte. Die Pension gehörte längst modernisiert, hatte sie fast entschuldigend gesagt, aber für den Umbau gab es jede Menge Auflagen vom Denkmalamt, und dafür habe Tante Maggie einfach nicht das Geld. Sogar ein originaler Ziehbrunnen sollte noch erhalten sein. Von ihm konnte ich jedoch nichts entdecken, in diesem Teil des Kellers befanden sich nur mehrere mit Metallgittern säuberlich abgeteilte Abteile. Das von Thomas war mit etwa zehn paar Skiern, jeder Menge Skischuhen, zwei Snowboards, voluminösen Rucksäcken, die bestimmt für eine Himalaya-Expedition entwickelt worden waren, und allem möglichen Sportgerät, das man in den Bergen brauchen konnte, vollgeräumt. Den meisten Platz nahm an der hinteren Wand ein gewaltiges Paket ein, das laut Aufdruck ein zusammengefaltetes Zelt enthielt.

»Soll das alles mit?«, fragte ich staunend.

»Eh klar«, sagte er grinsend. »Hier steht mein Leben.«

Ich unterdrückte einen Seufzer und ergab mich in mein Schicksal. »Also, dann packen wir's mal an.«

Und das taten wir.

Thomas' neue Wohnung lag nur wenig Kilometer entfernt in Bad Hofgastein, direkt am Kurpark. Sie bestand aus zwei mehr oder weniger möblierten Zimmern: einem Schlafzimmer, einer Wohnküche und einem kleinen Bad. Nun muss ich sagen, dass ich mich als Koch natürlich grundsätzlich gern in Küchen aufhalte. Warum aber immer mehr Menschen ihre Freizeit in der Gesellschaft von Kühlschrank, Herd und Rührmaschine verbringen wollen, ist mir schleierhaft. In dieser Küche war jedenfalls schon gefrühstückt worden, denn zwei Keramikbecher mit eingetrockneten Kaffeerändern und zwei schmutzige Teller zierten die Anrichte. Auf dem Bett lagen zwei Schlafsäcke, und im Bad hing eine Wolke billigen Parfüms. Keine Frage, die Wohnung bot mehr Privatsphäre als Tante Maggies Pension. Ich konnte Thomas verstehen.

Es war schon später Nachmittag, als wir die letzte Fuhre endlich geschafft hatten und Thomas' ganzer Besitz seinen Platz in dem neuen Zuhause gefunden hatte.

Nur das Zelt stand noch in Bad Gastein.

»Und was machen wir jetzt damit?«, fragte ich im flackernden Licht der Kellerbeleuchtung. »Das passt auf keinen Fall mehr in deine Wohnung.«

Thomas stützte die Hände in die Seiten und starrte auf das sperrige Paket an der Hinterwand. »Das ist praktisch schon verkauft«, sagte er. »Ein Kumpel von mir will es haben. Aber der kann das Ding erst nächste Woche holen.« Er runzelte die Stirn. »Wenn ich Karp morgen nicht alles leer und aufgeräumt samt Zimmerschlüssel übergebe, dann schafft der es, mir noch eine Monatsmiete aufzubrummen. Ich hätte schon am Ersten ausziehen müssen, nur – Maggie ist da nicht so genau. Aber Karp …?« Wir sahen uns an und grinsten in stillem Einverständnis.

»Pass auf«, sagte ich. »Mein Auto steht in so einem Bretterverschlag im Hinterhof. Da ist jede Menge Gerümpel drin, und eine Kiste mehr oder weniger fällt da überhaupt nicht auf. Wir können ja mal nachsehen, ob es dort Platz für das Zelt gibt. Ist ja nur bis nächste Woche.« Natürlich wusste ich, dass Karp mit dieser Lösung nicht einverstanden sein würde, aber ich hasse Kleinkrämerei. »Wir müssen es Karp ja nicht auf die Nase binden.«

Thomas schlug mir auf die Schulter. »Bist ein Freund.«

»Hast du eine Taschenlampe im Auto?«

»Mehrere.«

»Dann nimm dein Zelt und komm mit.«

Zusammen gingen wir über den Hinterhof, wobei ich wie ein Einbrecher einen sichernden Blick zum zweiten Stock hinaufwarf, ehe wir die Garage betraten. In Karps Zimmer schimmerte das warme Licht einer Leselampe, aber von seinem Bewohner war nichts zu sehen. Ich machte Thomas ein Zeichen, mir zu folgen, und öffnete die Brettertür, wobei ich aufpasste, dass sie nicht gegen die Lattenwand schlug und unser Vorhaben vorzeitig verriet.

»Du meine Güte«, entfuhr es Thomas beim Anblick des Gerümpels. Anscheinend war er zum ersten Mal in der Behelfsgarage. »Was ist denn das für eine Räuberhöhle?« Fassungslos ließ er seinen Blick über die Koffer, die Stehlampe ohne Schirm und den zerrissenen Sessel wandern. »Wer hebt denn diesen ganzen Schrott auf?« Er ging zu dem verbeulten Fahrrad und betätigte die Klingel. Zum Glück gab sie nur ein gequältes Knarzen von sich. Munteres Geklingel hätte innerhalb von Minuten Karp auf den Plan gerufen. »Total verrostet.« Er wandte sich zu mir um. »Wo willst du denn hier noch irgendwas unterbringen?«

Ich zeigte auf die braune Decke am hinteren Ende der Garage, auf der die Kätzchen mit den Wollknäueln spielten. »Wir stellen dein Zelt dahinter«, sagte ich. »Vor dem Kühler ist genug Platz. Und da fällt es gar nicht auf. Für ein paar Tage geht das schon mal.«

Thomas hatte den Karton auf den Boden gestellt und zögerte. »Karp traue ich zu, dass er es entsorgt«, sagte er.

»Karp kommt nie hier rein«, entgegnete ich.

Doch dann fiel mir ein, dass er erst vor Kurzem eine Stehleiter geholt hatte. Nun, das Risiko mussten wir eben eingehen.

»Das sieht alles ziemlich eng aus«, sagte Thomas. »Bist du sicher, dass bis zur Rückwand überhaupt genug Platz ist?«

»Sicher nicht, aber ich schau mal nach.«

Ich zwängte mich zwischen meinem Auto, dem Fahrrad und dem Kofferstapel bis zu Hinterwand durch. Vor dem Kühler war tatsächlich noch Platz, wegen der wertvollen Chrom-Stoßstangen fahre ich nie zu dicht auf ein Hindernis auf. Ich zog den Vorhang beiseite und stellte fest, dass er nicht direkt vor der Bretterwand hing, sondern dass es noch einen gut einen Meter breiten Zwischenraum gab. Bis auf einen einzigen Karton war der Raum leer.

»Hier steht nichts Besonderes«, sagte ich, klappte aber den

Karton auf, um sicherheitshalber einen Blick hineinzuwerfen. »Was ist denn das?«

Ich blickte auf ein Gewirr von nackten Armen, Beinen und Brüsten. Seelenlose Augen starrten mich unter gemalten Wimpern und glitzerndem Kunsthaar an. Barbie-Puppen. Vorsichtig nahm ich eine Blondine heraus, die ganz zuoberst lag. Ihr Gesicht zeigte wie das eines schönen Dämons auf den Rücken. Um den Hals trug sie einen eng gebundenen rosafarbenen Tüllstreifen, der wohl ein modisches Accessoire sein sollte. Angesichts der Tatsache, dass die Puppe sonst nackt war, hatte der Anblick jedoch etwas Anrüchiges. Ich warf sie zu ihren Schwestern zurück, die, wie ich jetzt auf den zweiten Blick feststellte, teilweise ziemlich ramponiert aussahen. Wahrscheinlich hatten Maggie oder Malin den Karton versehentlich in die Garage gestellt, oder er war hier schlicht vergessen worden. Ein Flohmarktfund. Eingedenk meiner neuen verantwortungsvollen Position im Puppenladen schlug ich den Deckel zu, schnappte mir die Kiste und nahm sie kurzerhand mit.

»Alles in Ordnung«, sagte ich zu Thomas. »Das gehört in die Werkstatt. Bring das Zelt her.«

Thomas zeigte auf die Kiste. »Was ist da drin?«

»Nackte Frauen«, sagte ich und ließ ihn einen Blick in den Karton werfen. »Hat Malin wohl vergessen.«

Thomas verzog den Mund. »Das sieht ja pervers aus«, sagte er. »Also, meine Tochter kriegt so was nicht.«

»Du hast ein Kind?«

»Noch nicht«, sagte er mit einem Anflug von Verlegenheit, den ich ihm gar nicht zugetraut hätte. »Aber was nicht ist, kann ja noch werden.« Daraus schloss ich, dass es zumindest die präsumtive Mutter dieses Kindes schon gab. Wahrscheinlich brauchte er deshalb die neue Wohnung. »Na gut, dann verstaue ich mal das gute Stück.« Er schlang seine Arme um den riesigen Karton und manövrierte ihn geschickt an meinem Auto entlang. Sekunden später war das Zelt hinter der Decke verschwunden. Von außen war das Versteck nicht zu erahnen.

Als wir auf den Hof hinaustraten, brannte das Licht in Karps Zimmer noch immer wie ein Leuchtfeuer über unseren Köpfen.

Aber obwohl wir mit unseren Taschenlampen in dem Bretterverschlag hantiert und uns in normaler Lautstärke unterhalten hatten, war von Karp selbst nichts zu sehen. Entweder er war so in seine Lektüre vertieft, oder ich verdächtigte ihn fälschlicherweise als Spion.

»Ich fahr schon mal nach Hause«, sagte Thomas. »Vielleicht kriege ich nämlich noch Besuch. Und danke für die Hilfe.« Er hob die Hand zum Abschied, drehte sich um und lief zum Hintereingang.

Was sollte ich jetzt tun?

Ich wechselte den Karton von einem Arm auf den anderen. Die Puppen raschelten in seinem Inneren. Es klang, als tuschelten sie miteinander oder als wollten sie mir ein Geheimnis mitteilen. Auf einmal widerstrebte es mir, die Schachtel mit ins Haus zu nehmen. Sollte ich sie nicht einfach wieder in die Garage stellen?

In diesem Moment hörte ich es.

Es war ein heimliches Rascheln, das Schaben von Stoff gegen Stoff, dem Geräusch im Karton so ähnlich, dass ich nicht mehr sagen kann, seit wann ich es schon hörte. Und es kam hinter meinem Rücken aus der Einfahrt.

Ich fuhr herum.

Das große Tor stand einen Spalt offen. Gelbes Licht fiel herein und beleuchtete von hinten die Silhouette eines Mannes. Unbeweglich stand er dort, ein schwarzer Schattenriss. Dann, plötzlich, musste er meine Aufmerksamkeit bemerkt haben, denn er drehte sich um und verschwand durch die Öffnung auf die Gasse. Schnelle Schritte knirschten auf dem Schnee und verklangen.

Ich war vor Überraschung starr.

Jemand war heimlich bei uns eingedrungen, war vielleicht sogar im Haus gewesen, und hatte Thomas und mich beobachtet. Wie lange hatte er schon dort gestanden? Wo, zur Hölle, war Karp, dem doch sonst nicht die geringste Kleinigkeit entging?

Ich umschlang den Puppenkarton mit beiden Armen, hastete ins Haus und direkt in den Laden, wo ich mich davon überzeugte, dass die Tür verschlossen war. Die Gasse lag menschenleer vor mir, und auch der silberne Kombi war verschwunden, Thomas also schon nach Hofgastein gefahren. Auf einmal merkte ich, wie müde ich war. Die durchwachte Nacht und der Umzug forderten ihren Tribut. Und so stellte ich den Karton mit den Barbie-Puppen in Malins Werkstatt und schleppte mich die Treppe zu meinem Zimmer hinauf.

Unter Karps Tür brannte kein Licht, er schien ebenfalls früh zu Bett gegangen zu sein. Trotzdem fand ich es verwunderlich, dass er den Eindringling nicht bemerkt hatte. Dann sagte ich mir, dass auch ein harmloser Spaziergänger von der Gasse her das Licht gesehen haben und einfach, nun neugierig geworden, ein paar Schritte in den Hinterhof gemacht haben konnte. Bei meinem Anblick war ihm sein Verhalten dann wohl peinlich gewesen, und er war davongelaufen.

Ich akzeptierte diesen beruhigenden Gedanken, legte die Taschenlampe, die ich noch immer in der Hand hielt, in die Schreibtischschublade und machte mich auf den Weg ins Bad.

Eine halbe Stunde später schlief ich wie ein Toter.

Bittersalate mit Walnüssen, Oliven, Birnen und Ziegenkäse

Zutaten

Gemischte Bittersalate (je ½ Kopf z.B. Frisée/Endivie, Chicorée, Radicchio) · 12 Walnusshälften (pro Person 3 Stück) · 5 EL Walnussöl · 1 TL Ahornsirup · 3 EL Apfelessig · 2 reife Birnen · 2 große grüne Oliven mit Kern · Ziegenkäse · nach Geschmack und wenn vorhanden: feines Kräutergewürz und bunter Bergpfeffer von Johanna Maier

Zubereitung

Salate waschen und trockenschleudern. Essig mit Kräutergewürz, Bergpfeffer und Ahornsirup verrühren, unter Rühren langsam Öl dazufließen lassen. Den Salat kurz vor dem Servieren marinieren, mit Birnenscheiben, Nüssen, Oliven und Ziegenkäse ausgarnieren.

FÜNF

Am Montag war Malin zur Abwechslung einmal pünktlich. Ich hörte die Ladenglocke bis in den ersten Stock, als ich um halb neun in der penibel aufgeräumten Küche allein beim Frühstück saß. Erleichtert, von meiner Verantwortung im Puppengeschäft entbunden zu sein, machte ich mir einen zweiten Espresso. Anscheinend hatte Simon Karp am Vortag bemerkt, dass ich seinen Kaffee mochte, denn er hatte mir die Espressomaschine eingeschaltet gelassen und eine kleine Tasse unter dem Auslauf bereitgestellt, bevor er zur Arbeit gegangen war. Es war zweifellos ein besonderes Zeichen seines Vertrauens und seiner Wertschätzung. Daneben lag ein Zettel, auf dem »Guten Morgen, Herr Vanlanthen« stand.

Auch von den anderen Hausbewohnern war nichts zu sehen und zu hören. Die de Witts waren bestimmt schon zur Arbeit gegangen, und Thomas hatte ohnehin in seiner neuen Wohnung geschlafen.

Etwa eine halbe Stunde verbrachte ich damit, gedanklich an meinem Konzept für das neue Kochbuch zu feilen, und vor allem damit, immer wieder zu versuchen, Helen anzurufen. Inzwischen machte ich mir ernsthaft Sorgen um sie. Bisher hatte sie immer einen Weg zur Kontaktaufnahme gefunden, egal in welcher Ecke der Welt sie gerade arbeitete. Es sah ihr so gar nicht ähnlich, sich nicht wenigstens kurz zu melden.

Gerade als ich darüber nachdachte, ob ich ihr eigentlich mein Quartier in Bad Gastein genannt hatte – vielleicht war ihr Handy defekt, und sie hatte dadurch meine Nummer verloren –, hörte ich das Klappern von Absätzen im Erdgeschoss und gleich darauf Malins Stimme.

»Mark?«, rief es die Treppe herauf. *»Mark?«*

Mit einem Seufzer legte ich das Handy auf meine Notizen und überlegte, ob ich mich einfach tot stellen sollte. Malins Tonfall lag irgendwo zwischen Bitte und Befehl, und ich hasse es, herumkommandiert zu werden. Aber dann dachte ich daran, dass es vielleicht Neuigkeiten von Melusines Tante gab, und so stand ich auf und verließ die Küche.

Malin stand am Treppenfuß, eine Hand auf dem Geländer, und starrte zu mir herauf. Sie trug eine teure Daunenjacke, Jeans und Wildleder-Stiefel, die ihr bis übers Knie reichten. Auf ihrem Scheitel saß eine große Sonnenbrille. Ihre Miene war ungeduldig. »Kannst du für eine Stunde hier aufpassen?«, fragte sie, drehte sich um und ging, ohne meine Antwort abzuwarten, ins Geschäft. »Du bist ein echter Schatz, Mark.«

»Ich habe zu arbeiten«, protestierte ich, folgte ihr aber natürlich trotzdem in den Laden. Überrascht sah ich, dass sie bei meinem Eintreten hastig die Schublade des Kassentisches zuschob. Ich trat näher. »Was tust du?«

»Ich geh mit Alfi shoppen.«

»Alfi?« Hatte sie etwa einen Hund?

Hinter dem Regal mit den Käthe-Kruse-Puppen räusperte sich jemand, dann kam ein Mann im blauen Mantel lässig hervorgeschlendert. Er war um die fünfzig und ziemlich braun gebrannt, und im ersten Augenblick dachte ich, ihm schon einmal begegnet zu sein. Doch dann bemerkte ich seine frappierende Ähnlichkeit mit dem Schauspieler Cary Grant. Das gleiche markante Gesicht, das gleiche Grübchen im Kinn und die gleiche Eleganz der Bewegung, die Grant in den alten Spielfilmen an den Tag gelegt hatte.

»Darf ich vorstellen«, sagte Malin. »Das ist Alfred.« Sie schenkte ihm ein verliebtes Lächeln. Dabei fiel mir auf, dass sie an diesem Morgen stark geschminkt war. Nicht stark genug, um den bläulichen Schatten um ihr linkes Auge zu verdecken. »Dr. Mayer-Helmstätt«, sagte Malin jetzt. »Er ist ein berühmter Schönheitschirurg.« Sie betonte das Wort »Doktor« unnötig, wie ich fand.

Der Mann entblößte eine Reihe blendend weißer Zähne.

»Ich muss arbeiten«, wiederholte ich.

»Ist doch nur für eine Stunde«, erwiderte sie ungnädig. »Höchstens zwei. Weil – vielleicht schauen wir auch noch bei Maggie vorbei. Sie liegt in Schwarzach im Krankenhaus, und schließlich ist Alfi vom Fach. Er hat mir angeboten, mich zu fahren und mit den Ärzten dort zu reden, stimmt's, Schatz?«

Alfis Miene spiegelte Überraschung wider, anscheinend wusste er noch nichts von seinem Versprechen, aber er war ein Gentleman und nickte freundlich. Cary Grant hätte auch nicht anders reagiert. Der Mann war mir unsympathisch.

Gegen einen Krankenbesuch konnte ich schwerlich etwas einwenden, also sagte ich: »Grüß schön.« Und hoffte, dass man mir meinen Ärger nicht allzu sehr anhörte.

»Schönen Tag noch«, wünschte Alfi überflüssigerweise, ging zur Ladentür und trat unter Glockengebimmel auf die Straße hinaus. Draußen parkte ein blauer Mercedes, S-Klasse.

»Sag mal, ich denke, du hast dich verlobt«, sagte ich, als ich Alfi außer Hörweite wusste. »Mit diesem Oskar.«

Malin hob die Hand und wedelte mit den Fingern vor meinem Gesicht herum. »Siehst du einen Ring?«, fragte sie mit spitzbübischer Miene. »Mal schauen, was Alfi springen lässt.«

Ich konnte mir ein bewunderndes Lachen nicht verkneifen. Sie war Puppenmacherin und stellte sich ihr Leben bestimmt nicht für immer in der Gesellschaft von gebrauchtem Spielzeug vor. Wer konnte es ihr verdenken. »Du bist ein Gangster«, sagte ich. »Arme Männer.« Aber dann fiel mein Blick auf ihr blaues Auge, und ich fragte: »Woher hast du denn das Veilchen?«

Malin setzte ihr Fotomodell-Lächeln auf. »Veilchen ist gut«, sagte sie leichthin. »Ich bin gegen die Küchentür gerannt. Manchmal bin ich ein richtiger Tollpatsch.« Sie beugte sich zu mir vor und raunte: »Übrigens – der Ring liegt in der Schublade vom Kassentisch. Ich habe ihn schnell verstecken müssen. Wenn Oskar mich ohne das Ding oder – Gott bewahre – mit dem lieben Alfi erwischt, dann bringt er mich um.« Wollte sie damit trotz ihrer fadenscheinigen Ausrede andeuten, dass Oskar für ihr blaues Auge verantwortlich war?

»Sag nicht, dass dein verliebter Alter handgreiflich wird«, sagte ich böse. Ihr Anblick machte mich wütend und hilflos zugleich. Frauen und Kinder zuerst in die Rettungsboote, ist mein Motto. Und die Polizei ist nicht nur dazu da, nächtliche Serientäter zu fassen. »Malin, bitte!«

»Was meinst du, warum Oskar nicht wissen darf, wo ich wohne?« Malins Lächeln war offen, aber ich hatte das Gefühl, dass sie etwas verheimlichte. »Wenn das was mit Alfi wird – und dafür sorge ich schon –, schieße ich Oskar sowieso in den Wind.« Sie zog die Brauen zusammen. »Aber den Ring behalte ich in jedem Fall – Schmerzensgeld.« Sie fasste nach der großen Sonnenbrille auf ihrem Scheitel und klappte sie wie ein Visier herab. Jetzt war die Verletzung nicht mehr zu sehen. Dann drehte sie sich mit Schwung um und verließ den Laden, hoch erhobenen Hauptes und elegant wie ein Model auf dem Laufsteg.

Resigniert setzte ich mich neben die Kasse und das Bonbonglas und versuchte, mir weiter Gedanken zu meinem Buch zu machen. Aber mein Ideenfluss war unterbrochen, und so schaute ich immer wieder auf die Straße und hoffte, dass Malin jeden Augenblick wieder auftauchte und mich ablöste.

Gegen Mittag sah ich Simon Karp am Schaufenster vorbeigehen. Er warf einen Blick über die halbhohe Spitzengardine, blieb stehen und trat schließlich ein. Um seinen Hals lag ein dicker Schal, sein Gesicht war blass.

»Wo ist Malin?«, lautete seine erste Frage.

»Shoppen«, sagte ich, nicht bereit, Malins Abwesenheit durch eine Ausrede zu decken, »mit einem gewissen Alfi.«

Karps Miene verfinsterte sich. Jetzt fiel mir auf, dass er überhaupt ziemlich schlecht gelaunt wirkte. Vielleicht hatte er Ärger in der Bank gehabt, vielleicht war er draufgekommen, dass es keinen Sinn machte, krank zur Arbeit zu gehen. Keine leichte Erkenntnis bei seinem Pflichtbewusstsein, dachte ich hämisch.

»Ich werde mit Tante Margarete reden«, sagte er. »So geht's nicht weiter. Wir brauchen eine neue Verkäuferin.«

Nun war ich zwar auch dieser Meinung, wollte mich aber weder in die Geschäftsbelange des »Puppenparadieses« einmischen noch Malin Schwierigkeiten machen, die ganz offensichtlich genügend Probleme hatte, ihr Leben in den Griff zu bekommen. Daher suchte ich noch nach einer diplomatischen Antwort, als die Türglocke neuerlich ertönte.

Es waren die beiden Pelzträgerinnen und das kleine Mädchen, die ich an meinem ersten Tag im Laden gesehen hatte. Malin hatte ihnen zwei Püppchen verkauft. Irgendwelche Originale aus England, wenn ich mich richtig erinnerte. Sie wollte sie bis Montag restauriert haben. Und heute war Montag. Ich stieß innerlich einen Fluch aus.

Die beiden Frauen schienen mich zu erkennen, denn sie hielten zielstrebig auf den Kassentisch zu. Karp trat höflich beiseite, machte aber keine Anstalten, den Laden zu verlassen. Im Gegenteil, er stellte sich bequemer hin, wollte wohl überprüfen, wie ich mit der Situation fertigwurde. Mir kam der Gedanke, dass ihm vielleicht Anteile an dem Geschäft oder dem großen Haus gehörten. Erst jetzt fiel mir auf, dass er nicht nur stets korrekt, sondern auch ziemlich teuer angezogen war. Die Knopflöcher an den Ärmeln des Kamelhaarmantels, den er gerade trug, waren nicht einfach aufgesteppt, sondern echt, ein deutliches Zeichen für eine Schneiderarbeit. Auch der breite Schal im weinroten Paisleymuster war aus Seide.

Ich setzte mein bestes Verkäuferlächeln auf und wollte die Frauen begrüßen, aber die im Nerzmantel sagte bereits: »Wir möchten zu Frau Andersson.«

Was sollte ich sagen? Dass Malin auf einer Spielzeugmesse war? »Frau Andersson ist gerade bei einem Kunden«, sagte ich. »Leider weiß ich nicht, wie lange –«

»Sie hat zwei englische Puppen für mich restauriert«, sagte die Frau. »Vielleicht sehen Sie einfach mal nach.«

Karp hielt sich die Faust vor den Mund und hustete.

Die Frau sah ihn gereizt an, rückte dann aber plötzlich von ihm ab, wollte sich wohl nicht anstecken. »Lea-Sophie«, sagte sie. »Bleib *bitte* bei mir.«

Das kleine Mädchen setzte den Teddybären, den es gerade aus dem Puppenwagen genommen hatte, auf das rot karierte Kissen zurück und stellte sich gehorsam neben seine Mutter. Nun mag ich Kinder, und dieses sah mich aus großen veilchenblauen Augen so freundlich an, dass ich ihm einfach ein Lächeln schenken musste. Lea-Sophie lächelte zurück.

»Ich werde Frau Andersson sagen, dass sie Ihnen die Puppen in Ihr Quartier bringt«, sagte ich. »Dann brauchen Sie sich nicht noch einmal herzubemühen. Wenn Sie mir also Ihre Adresse geben?« Ich zog die Schublade auf und suchte nach einem Stift und einem Stück Papier. Malins Brillantring kullerte über einen Prospekt für Puppenhaar und schleuderte blaue Blitze. Malin hatte eines ihrer neonfarbenen Freundschaftsarmbänder um seine Schiene gebunden. Wahrscheinlich, damit sie ihn schneller zwischen all dem Krimskrams wiederfand.

»Oh, ist der aber schön!« Lea-Sophie stand neben mir und spähte in die Schublade. »Darf ich den mal haben?« Ungeniert schnappte sie sich das eine Ende des Freundschaftsbandes und zog den Ring daran heraus. Bewundernd drehte sie ihn vor ihren Augen. »Ist der echt?«

»Natürlich nicht«, sagte ihre Mutter genervt. »Das hier ist ein Spielzeuggeschäft. Leg ihn sofort zurück.«

»Mama, ich möchte den aber haben.« Lea-Sophie ließ den Ring an dem Armband wie ein Pendel hin- und herschwingen.

Die Mutter seufzte. »Was kostet das Ding?«

Ehe ich antworten konnte, schwang die Tür auf, die Ladenglocke klingelte, und ein kalter Luftzug fuhr durch das Geschäft. Ein junger Mann eilte herein, als gäbe es an diesem Tag im »Puppenparadies« Sonderangebote. Ich stieß innerlich einen Fluch aus. Ausgerechnet heute, wo ich die Verantwortung für das Geschäft trug, gaben sich die Kunden die Klinke in die Hand. Der Neuankömmling war auffallend groß, blond und braun gebrannt und trug einen Norwegerpullover zu Jeans. Ich schätzte ihn auf Mitte zwanzig. Draußen vor dem Laden konnte ich einen grünen Pick-up sehen. Wollte dieser Holzfällertyp eine Puppe kaufen?

»Wo ist Malin?«, fragte der Mann.

Karp zog scharf die Luft ein. Sein Blick huschte zu dem Ring in der Hand des Kindes, und richtete sich dann auf den Neuankömmling. »Guten Morgen, Herr Senger«, sagte er ruhig. »Malin macht einen Kundenbesuch.«

»Kann ich den Ring nun haben?«, quengelte Lea-Sophie.

Alle starrten auf das funkelnde Schmuckstück.

»Was?« Mit zwei Schritten war Senger bei dem Kind und riss ihm den Ring aus der Hand. »Wem gehört der? *Malin?* Wo ist sie?«

»Mama, mein Ring!«, brüllte Lea-Sophie.

»Ich kenne doch Malins Armband«, schrie Senger.

»Ich will den Ring – Mama!«

»Zum letzten Mal«, brüllte Senger. »Wo ist Malin?«

Lea-Sophie fing an zu heulen, ihre Mutter packte sie am Arm und redete auf sie ein, aber das Kind schluchzte nur noch lauter. Da hatte ich die rettende Idee. *Hast du auch Barbies?*, hatte die Kleine bei ihrem letzten Besuch gefragt.

»Lea«, sagte ich. »Ich habe eine Überraschung.«

Das Kind hörte auf zu weinen, musterte mich misstrauisch zwischen Tränen. »Was?«

»Wir haben Barbies bekommen – einen ganzen Karton!«

»Nein«, sagte Karp.

»Doch«, sagte ich und eilte in die Werkstatt.

Die Kiste mit den schrecklichen Frauenpuppen stand noch immer dort, wo ich sie hastig abgestellt hatte. Als ich sie hochhob, klapperten die Plastikglieder wie Gebeine in ihrem Inneren aneinander und erzeugten wieder dieses widerliche Geräusch. Ganz kurz tauchte die dunkle Gestalt, die mich aus dem Schutz des Torbogens beobachtet hatte, am Horizont meiner Erinnerung auf, und ich hatte das unwirkliche Gefühl, am Vorabend etwas übersehen zu haben. Aber für solche Gedanken hatte ich jetzt keine Zeit. Außerdem war ich froh, diese Puppen aus dem Haus zu bekommen. Ich konnte mir sowieso nicht vorstellen, was Maggie oder Malin angesichts der schönen anderen Sammlerstücke damit hätten anfangen wollen. Und schließlich hatte der Karton unbeachtet zwischen all dem Gerümpel in der Garage gestanden, war also nicht vermisst worden.

Ich lief in den Laden zurück und sah, wie Karp diesem Senger den Ring entwand und in die Manteltasche steckte. Lea-Sophie machte gerade den Mund auf, um zu protestieren. Als sie mich kommen sah, klappte sie ihn jedoch wieder zu und blickte mir erwartungsvoll entgegen.

»Lea-Sophie!«, sagte ich wie der Weihnachtsmann auf Hausbesuch und stellte den Karton vor ihr ab. »Da, bitte.«

Das Kind stürzte sich auf die Kiste, klappte den Deckel auf und wühlte begeistert in den Puppengliedern herum.

»Das geht doch nicht«, sagte Karp und an mich gewandt: »Wo

haben Sie denn das alte Zeug her? So etwas geben wir gar nicht aus dem Haus. Außerdem sind das unsere Ersatzteile für die Werkstatt.« Seine Stimme war so heiser, dass ich ihn überrascht ansah. Er war wirklich krank, denn sein Gesicht war grau, und kleine Schweißperlen saßen auf seiner Stirn und liefen seine Schläfen hinab. »Leg die Puppe zurück«, sagte er scharf und machte ein paar Schritte auf das Kind zu, das jetzt eine nackte Frau mit langen lackschwarzen Haaren an die Brust drückte. »Leg sie sofort wieder –«

»Nein«, piepste Lea-Sophie. »Nein.« Sie umklammerte entschlossen die Puppe, ihre Unterlippe bebte. Wenn sie schon den Ring nicht haben konnte, dann würde sie die Puppe auf keinen Fall mehr hergeben, so viel war klar.

Karp blieb stehen, schloss kurz die Augen und holte tief Luft. »Verzeihung, Kleines«, sagte er, nun wieder ganz sachlich. »Das sind nur Ersatzteile.« Und an die Frauen gewandt setzte er hinzu: »Es tut mir leid, aber –«

»Der Ring gehört Malin«, sagte Senger zu Karp. Auf seiner Wange zuckte ein Muskel. Er zeigte auf Karps Manteltasche, in der das Schmuckstück steckte. »Den hat sie also doch von Ihnen, was?«

Karps Augenlider fingen an zu flattern. Er war so überrumpelt, dass er seine Aufmerksamkeit von den Barbies auf Sengers vor Wut gerötetes Gesicht richtete. »W-wie?«

»Meine Oma hat die Malin gesehen«, sagte Senger. »Gestern Abend. Und ein Mann war dabei, hat sie gesagt, und die schienen ganz vertraut. Jetzt sind die Augen meiner Oma nicht mehr die besten, aber sie hat gemeint, das waren Sie.« Sein Gesicht kam Karps blasser Miene gefährlich nahe. »Ich blas dir das Licht aus, Alter, wenn du meine Malin … Ich schwör's dir.« Senger brach ab, atmete schwer.

Diesen Augenblick nutzte ich, um den Karton aufzuheben und ihn Lea-Sophies überraschter Mutter in die Arme zu drücken. »Bitte«, sagte ich. »Nehmen Sie nur alle für das Kind. Es ist uns selbstverständlich eine Freude.« Damit legte ich zwei Finger leicht an ihre Schulter und schob sie mit sanftem Druck in Richtung Tür. Die Haare des Nerzmantels kitzelten unangenehm auf meiner Haut, es fühlte sich an, als bewegten sich unter der Haut noch immer die Muskeln der toten Nager. »Frau Andersson bringt Ihnen die King-Edward-Puppen später ins Hotel.« Wie oft hatte ich schwierige Gäste in diversen Restaurants beruhigen müssen. Dies hier war eine leichte Übung.

»Das wird wohl das Beste sein«, sagte die Frau im Fuchspelz säuerlich. Anscheinend waren ihr die Zustände in diesem Geschäft zu viel. Sie warf Senger noch einen misstrauischen Blick zu und setzte dann hinzu: »›Hotel de l'Europe‹.«

»Verlassen Sie sich auf uns«, sagte ich. »Wir sind für unseren guten Service bekannt.«

»Danke, danke«, quietschte Lea-Sophie und hüpfte auf die Gasse. »Mama, krieg ich jetzt so einen Ring?«

Ich drückte die Tür ins Schloss und drehte mich um.

Karp stand noch immer neben dem Kassentisch. Sein Gesicht war inzwischen kalkweiß geworden, und ich konnte sehen, dass er die Hände in den Manteltaschen zu Fäusten geballt hatte. Senger trat von einem Bein auf das andere, wirkte jetzt irgendwie verunsichert. Was war zwischen den beiden vorgefallen? Mir reichte es.

»Mittagspause«, sagte ich.

Senger sah zu mir herüber, zögerte.

»Rufen Sie Malin doch einfach an«, schlug ich vor.

»Sie hat ihr Telefon ausgeschaltet.«

Der schöne Alfi stand vor meinem inneren Auge. Shopping, ja, natürlich. »Wir haben jetzt Mittagspause.«

Karp drehte sich um und verschwand ohne ein weiteres Wort durch die Hintertür. Ich konnte seinen schleppenden Gang auf den Treppen hören. Hoffentlich hatte er nicht die Grippe und steckte uns alle an.

»Würden Sie Malin was ausrichten?«, fragte Senger.

»Wenn ich sie sehe.«

»Sagen Sie ihr bitte, Lukas sei hier gewesen.« Er wandte den Blick ab. »Und dass es mir leidtut.«

»Gut.« Ich öffnete die Tür und trat vor den Laden, um ihm klarzumachen, dass unser Gespräch beendet war.

Senger biss sich auf die Lippe, wollte wohl noch etwas sagen, verließ dann aber nur mit schnellen Schritten an mir vorbei den Laden. Er schloss den Pick-up auf, stieg ein und schlug die Fahrertür mit mehr Wucht zu, als dafür nötig gewesen wäre. Dann fuhr er mit aufheulendem Motor davon. Schnee spritzte auf und traf auf die alten Hauswände.

Das Geräusch musste bis in den Antiquitätenladen zu hören gewesen sein, denn im nächsten Augenblick trat Frau Banzeff auf die Gasse hinaus. Als sie mich entdeckte, winkte sie mir hektisch zu und rief: »Herr Vanlanthen, mir ist da noch etwas eingefallen! Kommen Sie doch mal zum Tee!«

Ich tat, als hätte ich nichts verstanden – nickte, lächelte, hob die Hand zum Gruß und verschwand im »Puppenparadies«. Im Nachhinein muss ich sagen, dass das ein Fehler war. Vielleicht wären Menschenleben gerettet worden, wenn ich an jenem Tag ihrer Teeeinladung gefolgt wäre. So aber hängte ich das Schild mit der Aufschrift »Geschlossen« gut sichtbar hinter die Glasscheibe der Ladentür und machte mich auf den Weg in die Küche, wo noch immer meine Notizen und vor allem mein Handy lagen. Mein Gefühl sagte mir, dass Helen sich gemeldet hatte.

Am Küchentisch saß Karp vor einer Schnapsflasche und kippte gerade einen Klaren. Sein Gesicht war noch weißer geworden, wenn das überhaupt möglich war, und er starrte aus rot unterlaufenen Augen vor sich hin. Sein Anblick erinnerte fatal an den eines kranken Albino-Kaninchens. »Ein altes Hausmittel«, sagte er, verzog den Mund und deutete auf die Flasche. »Vogelbeerschnaps, Tante Margarete bezieht ihn immer von einem Bauern. Wollen Sie einen?«

»Nein, danke. Fühlen Sie sich nicht wohl?«, fragte ich, ging zu meinen Unterlagen und nahm das Handy. Immer noch keine Nachricht von Helen.

Karp fischte den Brillantring aus seiner Manteltasche und ließ ihn an dem neonfarbenen Armband hin- und herpendeln. »So ein dummes Mädchen«, sagte er. »Sie sollte ihn in Zukunft besser verstecken. Sonst schlägt ihr Freund sie eines Tages noch tot. Ich mache mir Sorgen um sie, seit sie mit dem dahergekommen ist.« Damit ließ er den Ring wieder in der Tasche verschwinden und stand schwerfällig auf. Er griff nach Flasche und Glas und tappte damit zur Spüle. »Ich lege mich ins Bett.« Mit Schwung kippte er die Flasche um und ließ ihren Inhalt in den Ausguss laufen. Dann knallte er sie auf die Geschirrablage.

»Soll ich eine Suppe kochen?«, fragte ich vorsichtig. Er schien schon einiges getrunken zu haben. »Brauchen Sie was?«

Karp lachte verächtlich. »Was weiß einer wie Sie schon, was ich brauche, dazu habe ich ja Tante Margarete«, sagte er. »Die weiß alles und vor allem – alles besser.« Er fasste nach seiner Stirn. »Ich glaube, ich habe Fieber.«

Mir gingen Karps vorherige Worte nicht aus dem Kopf. »Meinen Sie, dieser Oskar ist gewalttätig?«, fragte ich.

Er sah mich irritiert an. »Welcher Oskar?«

»Sie haben doch gerade gesagt, Malins Freund –«

»Lukas Senger ist ihr Freund«, sagte Karp. »Die beiden wohnen schließlich zusammen. Aber dieses Mädchen betrügt ihn am laufenden Band. Im Grunde kein Wunder, dass er manchmal die Nerven verliert.« Er schüttelte den Kopf. »Aber deswegen gleich zuschlagen …«

Eine Erinnerung tauchte in meinem Kopf auf. »Malin hat gesagt, diese Tamara sei eine Ex-Freundin ihres Partners gewesen.«

Karp nickte. »Die hat er krankenhausreif geschlagen«, sagte er. »Irgendwann hat sie sich halt dann doch von ihm getrennt.«

»Woher wissen Sie das?«

»Tante Margarete ist eine Freundin der alten Senger«, sagte Karp. »Das ist die Großmutter von Lukas. Wenn Sie mich fragen – so ein Verhalten ist natürlich die Schuld der Familie. Ein Junge braucht eine feste Hand, sagt Tante Margarete immer.« Damit drehte er sich um und ging zur Tür. Die Hand schon auf der Klinke, wandte er sich noch einmal um. »Ach übrigens, bevor Sie das nächste Mal etwas in die Garage stellen, fragen Sie mich bitte vorher.«

Das hätte ich mir denken können, klar, dass unsere Aktion nicht unbemerkt geblieben war. Aber so ließ ich nicht mit mir reden. »Wie bitte?«, fragte ich kühl.

»Ich meine das Zelt.«

Einen Augenblick lang dachte ich, dass Karp es gewesen sein könnte, der uns von der Toreinfahrt aus beobachtet hatte. Aber der Mann war angesichts meiner Aufmerksamkeit geflüchtet. Und das hätte Karp natürlich nicht nötig gehabt. Im Gegenteil, er wäre unter lauten Vorhaltungen auf uns zugestürmt.

»Selbstverständlich«, sagte ich freundlich. »Das nächste Mal frage ich direkt Frau Mayerhofer.« Dieser Karp wurde mir unangenehm, und es war an der Zeit, ihn in die Schranken zu weisen. »Sie ist ja sicher bald wieder wohlauf.«

Karp musterte mich mit unergründlicher Miene. Wenn ihn die Aussicht auf Tante Maggies Genesung freute, so ließ er es sich jedenfalls nicht anmerken. »Ja«, sagte er schließlich. »Hoffen wir's. Ach ja, ich gehe heute aus.«

Hatte er nicht noch vor ein paar Minuten behauptet, krank zu sein? Wenn der Schnaps so schnell wirkte, würde ich mir das Rezept geben lassen. »Ich bewache den Laden«, sagte ich in Anspielung auf seine Kontrollsucht. »Viel Spaß.«

Um seinen Mund erschien ein Lächeln. »Meine Bekannte kommt heute«, erklärte er, fast ein wenig verlegen, und verließ die Küche unter Hinterlassung einer deutlichen Schnapsfahne.

Ich starrte auf das Türblatt und hatte auf einmal das Gefühl, nicht mehr richtig atmen zu können. Ob mir die ständigen Streitereien der de Witts, Malin mit ihrem zerschlagenen Gesicht und den zahlenden Freunden – sie Freier zu nennen widerstrebte mir – oder Simon Karp, der die Aufgaben seiner Tante so penibel wahrnahm, am meisten zusetzten, wusste ich nicht. Doch die Atmosphäre in diesem Haus nahm mir die Luft. Ich wollte weg. So schnell wie möglich. Und am besten nach Abschluss der Arbeit, wegen der ich nach Gastein gekommen war.

Also griff ich nach dem Handy und tippte auf gut Glück eine Nachricht. »Helen, bist du okay? Melde dich! Komm so schnell wie möglich. Mark«. Dann drückte ich auf den Sendeknopf und hoffte, dass meine Zeilen ihren Weg über den Atlantik finden würden. Und dass Helen meine Nachricht als das verstand, was sie war – ein Hilferuf.

SECHS

In den dunklen Gassen von Bad Gastein tobte der Schneesturm. Auf dem rauen Mauerwerk der Kirche hingen Schneeschleier, die im Licht der Straßenbeleuchtung wie Spinnweben glitzerten. Hinter den hohen Spitzbogenfenstern war es finster, und der Turm verschwand in den tief hängenden Wolken. Als ich an diesem Abend, den Kopf gegen die Böen gesenkt und die Hände tief in den Manteltaschen vergraben, durch den bereits knöchelhoch liegenden Neuschnee in Richtung Zentrum stapfte, hätte es mich nicht gewundert, wenn sich Quasimodo vom Glockenstuhl zu mir herabgeschwungen hätte, nur um den Schrecken der letzten Tage die Krone aufzusetzen.

Es war erst gegen zehn, und doch bereute ich bereits zutiefst, dass ich mich von Franz zu einem Bier im »Old Hangman« hatte überreden lassen. Kleine Eiskörner stachen wie mit Nadelspitzen in mein Gesicht, und meine Füße in den zu dünnen Schuhen waren gefühllos vor Kälte. Ich kam mir vor wie Amundsen auf dem Weg zum Pol und wünschte mir wenigstens einen Schlittenhund zur Gesellschaft. Sehnsüchtig schaute ich zu den erleuchteten Fenstern der Häuser hinauf, hinter denen die Bewohner sicher im Schein der ersten Kerze auf dem Kranz saßen. Am nächsten Sonntag war der zweite Advent. Auf den Gassen war an diesem Winterabend keine Menschenseele.

Simon Karp war um kurz vor acht, herausgeputzt und von einer Wolke teuren Herrenparfüms umgeben, ganz aufgekratzt zu seinem Date mit seiner Freundin aufgebrochen. Die Aussicht auf das Treffen mit der Angebeteten hatte anscheinend eine Art Spontanheilung bewirkt. Keine Spur mehr von einer Erkrankung. Erleichtert, wenigstens ein paar Stunden von seiner ungeteilten Aufmerksamkeit befreit zu sein, hatte ich ihm aus vollem Herzen – und mit ein wenig schlechtem Gewissen – einen schönen Abend gewünscht.

Mit einem Tee und einem neuen Kochbuch – »Pacific Fusion Kitchen« – hatte ich es mir in meinem Ohrensessel gemütlich gemacht. Doch ich hatte mich nicht richtig auf die Lektüre konzentrieren können. Das Holz in dem alten Haus schien in der trockenen Heizungsluft zu arbeiten, und ständig waren Geräusche an mein Ohr gedrungen, die ich nicht hatte zuordnen können. War das Knacken der Treppenstufen ein Zeichen dafür, dass sich die alten Dielen zusammenzogen? Oder schlich da jemand zu mir herauf? War das der Wind an der Ladentür oder ein Einbrecher?

Ich wurde zunehmend nervös.

Als das Handy plötzlich klingelte, war ich zusammengefahren, als hätte ich mit einem persönlichen Anruf des Teufels gerechnet. Aber es war nur Franz gewesen. Sein Dienst endete um zehn, und was hielte ich von einem Feierabendbier im »Old Hangman«? Er würde direkt zum Lokal kommen, Liane war anderweitig verabredet. Ein Blick zum Fenster, hinter dessen Scheiben der Wind weiße Flocken vorbeiwirbelte, hatte mich zögern lassen. Aber die Aussicht, den Abend und vielleicht auch noch die folgende Nacht allein in der Pension zu verbringen, hatte den Ausschlag gegeben.

Endlich tauchte die grüne Kneipentür des »Old Hangman« vor mir auf. Das Zunftschild mit dem Galgen schwang im Wind hin und her, und sein Scharnier quietschte. Erleichtert klopfte ich die Schneeflocken von meinem Mantel und wollte gerade die drei Stufen zum Lokal hinaufsteigen, als die Tür aufging und ein Mann herauskam. Ich ließ ihn passieren, roch dabei seine Fahne und begegnete seinem stechenden Blick. Der Ausdruck irritierte mich derart, dass ich dem Mann noch hinterhersah, als er bereits auf der Gasse stand und mit tief in den Kragen geducktem Kopf davonhastete. Der Mann trug eine Steppjacke. Sein Gang war schnell, ja fast fluchtartig. Und er lief in die Richtung, aus der ich gekommen war. Zur Kirche und – zum Sterngässchen. Konnte das der Mann gewesen sein, den Karp in der Nacht gesehen hatte, in der Tamara ermordet worden war? Gut möglich. Andererseits waren meine Nerven überreizt, und, so sagte ich mir, es gab keinen Grund für Paranoia. Energisch schüttelte ich das unangenehme Gefühl, das mich beim Anblick des Mannes erfasst hatte, ab, stieg die paar Stufen hinauf und betrat das Lokal.

Eine Wolke überhitzter Luft schlug mir entgegen. Keltische Musik tönte aus den Lautsprechern. The Dubliners, »Whiskey in the Jar«. Direkt hinter der Tür belagerten ein paar Männer in Skihosen, jeder in einem anderen Zustand der Trunkenheit, die Stehtische. Zweifellos hatten sie den Abend schon am Nachmittag an einer der vielen Schneebars begonnen. Aus glasigen Augen verfolgten sie, wie ich mich an ihnen vorbeischob. Eine Horde junger Leute hielt Glaskrüge, in denen das Guinness schwappte, in den Händen und brüllte, die freien Arme wie beim Sirtaki um die Schultern des Nächsten gelegt, den Refrain mit. *»Mush-a ring dum-a do dum-a da, whack fall the daddy-o.«* Sie trampelten auf der Stelle. *»Whack fall the daddy-o, there's whiskey in the jar!«* Es war wohl eine Reisegruppe, Engländer oder Iren.

Ich warf einen Blick auf die Uhr. Halb elf. Eigentlich musste Franz bereits da sein, aber ich konnte ihn nirgends entdecken. Hatten wir uns verpasst?

Ich kämpfte mich durch die Feiernden zur Theke durch. Hier war es etwas ruhiger. Zwei Mädchen standen am Tresen und warteten auf ihr Getränk. Sie sprachen Schwedisch miteinander, und ich musste sofort an Malin denken. Eine von ihnen hatte rote Haare und schräge grüne Augen, mit denen sie mich herausfordernd ansah. Aber grüne Augen wären mir in Altaussee fast zum Verhängnis geworden, und in Anbetracht der letzten beiden Tage war mir ohnehin nicht nach einem Flirt zumute. Also schenkte ich dem Mädchen ein höfliches Lächeln und wandte mich an den jungen Mann, der, die Hemdärmel aufgekrempelt, Bier wie im Akkord zapfte. Als er mich bemerkte, hob er den Kopf.

»Servus«, sagte er. »Guinness?«

»Ja, danke«, antwortete ich. »Ist Franz schon da?«

»Franz wer?« Er füllte vier Glaskrüge gleichzeitig.

»De Witt.«

»Der Kellner?«

Das wusste ich nicht. »Ja, möglich.«

Der Barkeeper schüttelte den Kopf. »Wenn, dann kommt er gegen zehn«, sagte er. »Meistens mit dem Gaisbauer Thomas.«

»Jetzt ist es halb elf.«

»Bin ich sein Kindermädchen?« Er griff nach einem Holzspatel und strich Schaum von einem der Bierkrüge.

Da konnte man wohl nichts machen, ich würde warten müssen. »Hast du ein Bier für mich?«

Der Barkeeper reichte mir einen vollen Krug. »Warst du nicht letztens auch mit dem Thomas da?«

»Ja, gestern.« Ich nahm mein Guinness.

Seine Miene wurde freundlicher. »Such dir einen Platz«, sagte er. »Wenn ich den Franz sehe, sage ich ihm Bescheid, dass du da bist. Willst du was essen?«

»Vielleicht später.«

Mit dem Bier in der Hand schob ich mich durch die Menge zu einem Ecktisch. Ich setzte mich so, dass ich das Lokal im Auge behielt, um Franz entdecken zu können. Aus dem Lautsprecher kam jetzt wieder James Blunt. »Bonfire Heart«. Wenigstens in diesem Lokal schien zwischen Engländern und Iren Eintracht zu herrschen. Aber ein Skiurlaub war ja auch irgendwie ein Ausnahmezustand.

Die jungen Engländer oder Iren waren bereits das zweite Mal an meinem Tisch vorbeigetanzt, als ich endlich Franz am Tresen entdeckte. Der Barkeeper gab ihm einen Bierkrug und wies mit der anderen Hand in meine Richtung. Franz nickte, nahm sein Bier und steuerte durch das Lokal auf mich zu. Inzwischen war es Viertel nach elf.

»Serss«, sagte Franz zu mir und knallte seinen Krug auf den Tisch. Dann nahm er einen Stuhl auf der anderen Tischseite und ließ sich darauf fallen. Er griff in seine Jackentasche und holte eine zerdrückte Zigarettenpackung heraus, drehte sie in den Händen und steckte sie schließlich wieder ein. »Scheiße, nirgendwo kann man mehr rauchen.« Er wirkte gereizt und nervös.

»Ärger?«, fragte ich und nahm einen Schluck Bier.

Franz gab keine Antwort, stierte nur wortlos vor sich hin, hatte eindeutig schon etwas getrunken.

»Kann ich dir helfen?«

Er wandte mir den Blick zu, und ich sah, dass seine Augen gerötet waren. »Keine Ahnung, wo Liane ist.«

Ich sah seine Frau vor mir. Übernächtigt, in ihrem engen schwarzen Kleid und den Schlangenleder-Stiefeln. »Vielleicht solltest du mal mit ihr reden«, schlug ich vor, obwohl ich bezweifelte, dass Liane für ein Beziehungsgespräch empfänglich war.

Er schloss die Augen und ließ den Kopf in den Nacken sinken. Ein paar Sekunden hielt er so aus, dann richtete er sich wieder auf und sagte: »Es ist aus zwischen uns.«

»Ihr wollt euch scheiden lassen?«

»Kann ich nicht«, sagte Franz. »Aber es ist aus.« Er nickte bedächtig. »Also von ihrer Seite, denke ich.«

»Wieso könnt ihr euch dann nicht trennen?«

»Unser ganzes Geld steckt in einem alten Haus am Millstätter See, wir haben Schulden.« Er fischte die Zigarettenschachtel wieder aus der Tasche und spielte damit herum. »Ich kann mir eine Scheidung gar nicht leisten. Wenn Liane mich verlässt, bin ich quasi mittellos. Und so viel verdiene ich nicht in meinem Job. Verstehst du? Außerdem liebe ich sie.«

Letzteres verstand ich nun zwar nicht, aber ich nickte.

»Heute sagt sie, dass sie bei einer Freundin ist«, fuhr Franz fort. »Aber ihr Handy ist schon wieder aus. Da ist ein anderer Mann.« Seine Augen waren schmal vor Eifersucht. »Ich weiß es einfach – ich kenne meine Frau. Sie hat immer mal wieder einen anderen, und ich bin auch kein Heiliger, aber ich glaube, diesmal ist es ernst.« Er kniff den Mund zusammen. »Es ist der Gaisbauer Thomas.«

»Was?« Thomas war gerade in eine Wohnung in Hofgastein gezogen. Wenn er ein Verhältnis mit Liane de Witt hatte, wäre er doch wohl in ihrer Nähe geblieben. »Unsinn.«

»Ich habe sie geliebt!«

Das Gespräch am Nachbartisch verstummte, neugierige Blicke trafen uns. Ich beugte mich vor und sagte: »Dann ruf bei dieser Freundin an.« Manchmal ist ja ein Ende mit Schrecken besser als ein Schrecken ohne Ende. »Und wenn sie dort ist, kannst du dich gleich entschuldigen.« Ich wollte ihn beruhigen, wusste aber, dass es sinnlos war. Es war der Hunger in ihren Augen, mit dem sie mich gemustert hatte, der mich sicher machte. »Oder fahr hin oder such sie, bis du sie findest.«

Franz sah mich seltsam an. »Dafür ist es zu spät«, sagte er düster. »Ich habe Liane verloren, weil –«

Weiter kam er nicht. Ein Arm streckte sich über seine Schulter, und ein Mann klopfte mit den Knöcheln zur Begrüßung auf den Tisch. Es war Lukas Senger, Malins Freund.

»Servus«, sagte Senger. »Noch ein Platz frei?« In der Hand hielt er einen vollen Bierkrug, der in einer derartigen Schieflage war, dass ich fürchtete, sein Inhalt könnte sich auf Franz ergießen. Sengers Augen waren glasig.

Ich zeigte auf den Stuhl neben mir. »Bitte.«

Senger stellte seinen Krug mit einem Knall auf den Tisch, sodass sich eine Bierwelle auf die Platte ergoss, und ließ sich auf den Stuhl fallen. Er starrte mich an, dann sagte er: »Servus, ich bin der Lukas.«

»Mark«, sagte ich. »Und wir haben uns heute schon im Puppenladen gesehen.«

»Abend, Luki, wie immer?« Eine stämmige junge Frau stand neben unserem Tisch. Sie konnte kaum älter als Anfang zwanzig sein, hatte ihre kurzen Haare jedoch eisengrau gefärbt und mit Gel zu einer Igelfrisur gekämmt. Es sah aus, als hätte sie eine Metallbürste auf dem Kopf.

»Serss, Chanelle«, sagte Lukas. »Aber ohne Kraut.« Er ließ seinen Blick um den Tisch gehen. »Und eine Runde.«

»Klar.« Chanelle warf mir einen interessierten Blick zu. »Noch wer was zu essen?«

»Nein, danke.« Ich schüttelte den Kopf, und sie drehte sich um und verschwand in der Menge.

Lukas hob den Krug und leerte ein Drittel davon auf einen Zug. Dann wischte er sich mit dem Handrücken über den Mund. »Seid ihr schon länger unterwegs? Wo ist Liane?«

Damit hatte er unbeabsichtigt den Finger in die Wunde gelegt, denn Franz, der über seinem Krug zusammengesunken war, fuhr hoch. »Sie schläft bei einer Freundin.«

Lukas verdrehte die Augen. »Du bist ein schöner Trottel«, sagte er. »Die verarscht dich doch.«

Franz verzog den Mund. »Da redet der Richtige.«

Lukas erstarrte, sein Blick wurde eisig. Wie in Zeitlupe stand er auf, stützte die Fäuste auf den Tisch und beugte sich zu Franz hinüber. »Nimm das zurück.«

Beim Anblick von Lukas' gerötetem Gesicht fiel mir das letzte Gespräch mit Karp ein. Lukas hatte seine Ex-Freundin Tamara krankenhausreif geschlagen, woraufhin diese sich von ihm getrennt hatte. Aber sie musste ihm wieder über den Weg gelaufen sein, denn Malin hatte sich über einen Annäherungsversuch beschwert. Und jetzt war Tamara tot. Ich beschloss, die nächste Gelegenheit für ein ernsthaftes Gespräch mit Malin zu nutzen.

Chanelle kam und stellte einen Teller mit einer riesigen Bratwurst und einen Korb mit Brot vor Lukas hin und vor jeden von uns ein volles Schnapsglas. »Keine Schlägerei hier, klar?«, sagte sie scharf. »Sonst gibt's wirklich noch mal Lokalverbot.« Anscheinend war Lukas im »Old Hangman« für sein aufbrausendes Wesen bekannt.

»Hier geht's um Malin«, sagte Lukas.

»Ach so«, sagte Chanelle. »Die Malin war früher am Abend kurz da. Hatte noch jemanden dabei.« Sie hob die Hand, um einem Gast am Nachbartisch zu signalisieren, dass sie gleich für ihn da war. »Komme sofort.«

»Wen hatte Malin dabei?«

Sie zuckte die Schultern. »Einen Typen.«

»Kanntest du ihn?«

»Ja – nein, weiß nicht«, antwortete Chanelle. »Stand bei der Tür. Älter jedenfalls, teure Klamotten.« Sie überlegte. »Die beiden sind ziemlich schnell wieder weg.«

»Hast du sein Gesicht nicht gesehen?« Lukas griff nach seinem Schnapsglas. Seine Augen waren schmal, und auf seiner Wange zuckte wieder der Muskel. »Wer war das Schwein?«

»Ich muss mir nur merken, wer was bestellt«, sagte Chanelle. »Tut mir leid, Luki, frag sie am besten selbst. Ja, ich komme schon.« Sie drehte sich um und ging zum Nachbartisch, wo der ungeduldige Gast schon mit der schmalen Speisekarte wedelte.

»Wenn ich Liane mit einem anderen erwische«, sagte Franz düster, »bringe ich sie um.«

»Darauf trinken wir«, sagte Lukas und hob sein Schnapsglas. »Auf die Frauen.«

Wir leerten unsere Gläser auf einen Zug. Der Schnaps brannte meine Kehle hinab und breitete sich in meinem Magen wie flüssiges Feuer aus. Ich trinke nur äußerst selten Hochprozentiges.

Lukas biss der Wurst das Ende ab. »Malin weiß genau, wie weit sie gehen kann«, sagte er ruhig, aber etwas in seinem Blick flackerte. Ich dachte an Malins blaues Auge. »Trotzdem muss ich wissen, mit wem sie heute unterwegs ist.«

»Vielleicht mit dem Thomas?«, sagte Franz hoffnungsvoll.

Lukas schenkte dem Einwurf die Verachtung, die er verdiente. »Wisst ihr, wer mir nicht geheuer ist?«

An diesem Punkt begann ich mich zu fragen, wie ich mich am besten abseilen konnte. Erfolgreiche Menschen reden über Ideen, heißt es, erfolglose über andere Leute. Klatsch interessiert mich nicht; wer mir welchen erzählt, verschwendet seine und meine Lebenszeit. Außerdem ist mir Diskretion in meinem früheren Leben quasi in Fleisch und Blut übergegangen. Also suchte ich mit Blicken über der Menge nach Chanelles grauem Kopf. Ich wollte zahlen. Wenn Franz und Lukas sich in ihrem Schmerz und ihrer Eifersucht gegenseitig hochschaukeln wollten, dann musste ich nicht Zeuge des emotionalen Gemetzels werden. Der Gedanke an Silke schoss mir kurz durch den Kopf, die jetzt mit ihrem jungen Galeristen in Hamburg gemeinsame Sache machte. Nun, darüber war ich hinweg.

»Der Simmerl«, sagte Lukas in diesem Augenblick und biss in seine Wurst. »Malin sagt, der spinnt.« Er hob den Arm. »Chanelle«, brüllte er. »Noch eine Runde!«

Über den Köpfen der Menge wurde ein Arm gehoben.

»Wer?«, fragte Franz.

Lukas wandte sich uns wieder zu. »Der Karp Simon.«

Jetzt wurde ich hellhörig. »Was ist mit Herrn Karp?«, fragte ich, versuchte, mich zu konzentrieren. Der Schnaps hatte seinen Weg in mein Gehirn gefunden.

Lukas sah mich nachdenklich an. »Hat schon mal irgendwer von einer Freundin im Leben vom Simmerl gehört?«, fragte er kauend. »So einer muss sich doch geradezu an die Frau von einem anderen ranmachen. Der Simmerl ist nicht ganz dicht, sagt meine Oma, der hat als Kind auch immer mal was geklaut. Und die muss es wissen, die ist nämlich die Schulfreundin von der Mayerhofer Maggie.«

Der Schokoriegel fiel mir ein, den ich vom Schulbüfett genommen und dann vor lauter schlechtem Gewissen nicht hatte essen können. Es war nervenaufreibender gewesen, ihn wieder unauffällig hinzulegen, als ihn im Gedränge der anderen zu stehlen. Aber als Lehrling habe ich mich gelegentlich bei den Nachspeisen bedient. »Das machen alle Kinder«, sagte ich. »So was ist normal.«

Lukas beugte sich vor. »Und dann hat der Simmerl anscheinend einmal die Krassnitzer Leonie –«

Wie gesagt, ich hasse Klatsch. Also sagte ich schnell: »Herr Karp trifft sich gerade mit seiner Freundin. Sie ist extra aus Wien gekommen.« Mich wunderte eher, dass der korrekte Karp überhaupt ein paar Lausbubenstreiche auf dem Gewissen hatte.

Franz nickte. »Ja, stimmt.« Er seufzte. »Da hat einer wie Karp mal eine Frau, und dann so was.«

»Was heißt das?«, fragte ich.

Franz verzog den Mund. »Die Gute ist verheiratet.«

Ich starrte ihn an, konnte es nicht fassen. Karp, der Hüter der Moral, hatte eine verheiratete Geliebte? »Quatsch.«

»Doch«, sagte Lukas. »Ich weiß es ganz sicher von Malin.«

»Er hat seine Flamme in einem Hotel beim Kochkurs kennengelernt«, fuhr Franz fort. »Ihr Mann ist Kinderarzt –«

»Zahnarzt«, sagte Lukas.

»Na ja, Arzt«, sagte Franz. »Die beiden fahren jedenfalls seit Jahren auf Urlaub nach Gastein. Jetzt kommt sie eben auch immer mal wieder allein zum Skifahren.« Er zwinkerte mir zu.

Ich konnte es zwar immer noch nicht recht glauben, aber bekanntlich waren stille Wasser ja tief. Immerhin war mir jetzt klar, warum Karp noch immer bei seiner Tante Margarete ausharrte. Bestimmt wartete er ab, bis sich die Situation mit seiner Freundin geklärt hatte. »Verstehe.«

Lukas schob den halb leeren Teller von sich weg. »Meine Oma sagt, die Maggie hat den Simon mal verkuppeln wollen«, sagte er. »Mit einem netten Mädel. Die war zwar irgendwo von außerhalb, hätte aber gut in den Laden gepasst, meint meine Oma. Angeblich sehr hübsch, so ein auffallender Rotschopf. Der Simon ist ein paarmal mit ihr ausgegangen, und dann ist die Kleine abgehauen. Hat sich nie wieder gemeldet. Warum wohl?«

Ich dachte an die geblümte Küchenschürze und die rosafarbenen Gummihandschuhe und konnte mir ein Schmunzeln nicht verkneifen. »Wahrscheinlich waren sie in Fragen der Haushaltsführung geteilter Meinung«, sagte ich. »Karp ist ein Individualist mit klaren Vorstellungen.«

»Wenn er sich an Malin rangemacht hat«, sagte Lukas drohend, »bring ich ihn um.«

»Karp ist in festen Händen«, sagte ich, des Gesprächsthemas endgültig müde, abschließend. Außerdem spürte ich den Schnaps von Minute zu Minute mehr. »Ich gehe nach Hause.«

In diesem Augenblick kam Chanelle, stellte eine weitere Runde auf den Tisch und verschwand wieder.

»Prost«, sagte Lukas. Seine Stimme war nicht mehr ganz fest. »Auf unsere schönen, untreuen Frauen.«

Ich wollte etwas dagegen sagen, aber dank des Alkoholnebels in meinem Kopf fiel mir kein passender Einwand ein. Also kippte ich den Schnaps und versuchte, den Schmerz in meiner Speiseröhre zu ignorieren. Schließlich schaffte ich es zu sagen: »Leute, ich bin müde.«

Lukas leerte sein Guinness. »Nur noch eine Runde.«

»Nein, ich gehe auch«, sagte Franz. »Bestimmt ist Liane schon zu Hause und wartet auf mich.« Er lächelte selig.

Lukas nickte wie einer der goldenen Buddhas im Chinarestaurant vor sich hin. »Gute Idee«, nuschelte er, inzwischen vom Alkohol merklich beeinträchtigt. Vielleicht hatte er schon eine Lokalrunde hinter sich. »Malin hat auch ein Zimmer im Laden. Daran hab ich gar nicht gedacht. Malin, Süße, ich komme!« Er stand etwas schwankend auf. *»Chanelle!«*

Zu dritt stapften wir durch das nächtliche Bad Gastein. Es hatte fast aufgehört zu schneien, nur noch ein paar fedrige Flocken schwebten vom Himmel. Dafür war es bitterkalt geworden, und auf der Schneedecke hatte sich eine dünne Eisschicht gebildet, die unter unseren Sohlen knirschend zerbrach. Die kalte Luft verursachte mir Kopfschmerzen, aber sie half gegen den Alkoholnebel.

Als wir an den dunklen Umrissen der Kirche vorbeikamen, warf ich unwillkürlich einen Blick zum Seiteneingang hinüber. Lag da etwas? Oder war es nur der Schatten, den der Seitenpfeiler auf den zu Wechten gewehten Schnee warf? Ich blieb stehen, versuchte, etwas zu erkennen. Im schwachen Licht des Mondes, der jetzt hinter den Wolken hervorkam, zeichnete sich ein großer Gegenstand ab. Er war länglich, schwarz und glänzend. Dort lag eindeutig ein Mensch. Mein Mund wurde trocken.

»Da drüben«, krächzte ich. »Ein Toter.«

Franz blieb etwas schwankend neben mir stehen und spähte zum Kirchenportal hinüber. »Quatsch«, sagte er. »Das ist ein schwarzer Plastiksack. Morgen kommt die Müllabfuhr. Die Leute schmeißen immer alles auf die Straße.« Er kicherte. »Könnte aber eine Leiche drin sein.« Damit ließ er mich stehen und stapfte wieder los.

Ein Müllsack, länglich, schwarz, glänzend. Genau solche haben wir jahrelang im Restaurant verwendet. Meine Nerven hatten mir einen Streich gespielt. »Ja, klar«, sagte ich erleichtert und auch etwas beschämt. Wie gesagt, ich trinke normalerweise nichts Hochprozentiges.

»Jetzt geh weiter!« Franz drehte sich zu mir um, er schwankte nun stärker, und seine Stimme war auch nicht mehr fest.

Ich beeilte mich, meinen Gefährten zu folgen. Lukas wartete bereits vor dem Laden auf uns. Der Schein der Tiffany-Lampe in der Auslage tauchte sein Gesicht in bläuliches Licht, sodass er wie eine wandelnde Leiche aussah. Als wir neben ihm standen, zeigte er zum ersten Stock hinauf. Alle Fenster waren dunkel. Wenn Liane oder Malin zu Hause waren, schliefen sie jedenfalls schon.

Ich schob einen Flügel des großen Einfahrtstors auf.

Franz wühlte in seinen Jackentaschen. »Mein Schlüssel ist weg«, sagte er. »Ratzfatz weg.« Er grinste mich an. »Muss irgendwo auf dem Weg liegen.« Er drehte sich um und machte

Anstalten, das Sterngässchen hinunterzugehen, aber ich packte ihn am Ärmel und hielt ihn zurück.

Inzwischen war ich nahe daran, die Nerven zu verlieren. Franz war völlig betrunken, und ich hätte ihn mir lieber jetzt als später vom Hals geschafft, aber ihn in diesem Zustand mitten in einer Winternacht durch Gastein irren zu lassen, kam nicht in Frage. Wie um meine Gedanken zu bestätigen, lehnte sich Franz an die Hauswand und ließ sich zu Boden gleiten. Resigniert sagte ich zu Lukas: »Ich nehme ihn mit in mein Zimmer.« Liane würde von mir hören.

»Ich komme mit«, sagte Lukas.

»Danke, aber ich schaffe das schon«, sagte ich und schob meine Hände unter Franz' Achseln. Er war nicht groß, aber ziemlich schwer. Totes Gewicht, dachte ich und schleifte ihn auf den finsteren Hinterhof.

»Nein«, nuschelte Lukas hinter mir. »Ich schlaf auch bei dir. Bin zu voll zum Fahren.«

Franz entglitt meinen Händen, plumpste zu Boden und kippte wie ein Mehlsack in den Schnee. »Wie meinst du das?«, fragte ich Lukas entsetzt. Eine Schnapsleiche im Zimmer reichte mir schon. »Ich habe nur ein Bett.« Franz würde ich in den Ohrensessel setzen.

»Kein Problem, ich hau mich auf den Boden«, sagte Lukas ungerührt. »Wenn ich in eine Polizeikontrolle komme, ist der Führerschein weg.« Er bückte sich, packte Franz an einem Arm und bedeutete mir, es ihm gleichzutun. »Also, auf drei!« Wir hievten ihn hoch.

»Liane«, stöhnte Franz. »Es tut mir leid.«

»Los, Alter«, sagte Lukas.

Franz stöhnte wieder, erlangte aber immerhin so weit das Bewusstsein, dass wir ihn auf die Beine stellen und ihn mit vereinten Kräften ins Haus und die Treppe hinauf in mein Zimmer manövrieren konnten. Dort ließen wir ihn in den Ohrensessel fallen, wo er sofort das Bewusstsein verlor.

Ich ging zum Fenster, um die Vorhänge zu schließen.

Der Hinterhof war noch immer dunkel, kein Lichtschein zeichnete sich auf der dicken Schneedecke ab. Zuerst dachte ich, dass Karp wohl schon schlief und uns nicht gehört hatte. Aber dann fiel mir ein, dass er sich ja mit seiner Freundin treffen wollte. Anscheinend verbrachte er auch die Nacht bei ihr. Wenn ich dafür sorgte, dass Lukas am Morgen rechtzeitig das Haus verließ, brauchte ich mich also für den ungebetenen Übernachtungsgast nicht zu rechtfertigen.

Halbwegs erleichtert drehte ich mich um, nur um festzustellen, dass sich Lukas bereits meine Bettdecke geschnappt hatte und eingerollt wie ein Igel auf dem Boden vor meinem Schreibtisch lag. Sein Schnarchen war nicht zu überhören. Resigniert holte ich mir die Wolldecke, die zusammen mit einem zweiten Kopfkissen im Schrank lag, und kickte die Schuhe von den Füßen. Dann wickelte ich mich wie einen Rollmops in die Decke, ließ mich auf mein Bett fallen und versuchte, wenigstens ein bisschen Schlaf zu bekommen. Mein Kopf fühlte sich wie zum Zerspringen an. Diesmal hielten mich jedoch nicht nur die Geräusche des alten Hauses wach, sondern auch der Kopfschmerz und Lukas mit seinem lauten Schnarchen. Und natürlich Franz, der sich stöhnend in dem Ohrensessel hin und her warf und über seine Frau phantasierte.

Irgendwann muss ich trotzdem eingenickt sein, denn ich schreckte hoch, als mich jemand an der Schulter berührte.

»Was …?«, stammelte ich.

»Ich bin's«, flüsterte Franz. Eine widerliche Alkoholwolke wehte in mein Gesicht. »Ich muss noch mal los.«

Ich rieb mir die Augen. Wachte oder träumte ich? »Wo willst du denn hin?«, fragte ich. »Geh wieder schlafen.«

»Ich muss mit Thomas reden.«

Jetzt war ich hellwach. »Spinnst du? Wie spät ist es?«

»Halb zwei«, sagte Franz. Seine Stimme klang wieder überraschend klar und nüchtern. »Thomas ist an meinem Krach mit Liane schuld, das müssen wir klären. Ich liebe sie.«

Ich stützte die Ellenbogen auf die Knie und vergrub das Gesicht in den Händen. Die Müdigkeit steckte bleiern in meinen Gliedern, umnebelte meine Gedanken, und bestimmt trug das eine oder andere Guinness auch zu meiner Verfassung bei. Ich gab auf. Was ging mich diese Beziehungskiste schließlich an? Im Nachhinein weiß ich natürlich, dass ich Franz hätte aufhalten müssen. Und zwar mit allen Mitteln.

»Okay«, sagte ich, ließ mich auf mein Kissen zurückfallen und schloss die Augen. »Tu, was du nicht lassen kannst.«

Schon im Halbschlaf, hörte ich seine Schritte auf den Holzdielen, dann das leise Schließen der Zimmertür und endlich das Knarren der Treppenstufen. Ich überließ mich wieder dem Schlaf.

Doch irgendwann schreckte ich noch einmal auf.

Mir war, als hätte ich ein Geräusch aus Tante Maggies Wohnung unter meinem Zimmer gehört. Ich hatte noch immer schreckliche Kopfschmerzen, konnte mich kaum konzentrieren. Waren das Schritte? Ich lauschte angestrengt. Lukas schnarchte zwei Meter von mir entfernt auf dem Boden. Sein Atemgeräusch mischte sich in das Knarren der Dielen im ersten Stock. Dann quietschte ein Scharnier.

Ich spürte, wie sich eine Gänsehaut über meinen Rücken ausbreitete. Einbrecher waren im Haus. Kein Zweifel. Ich blickte zum Schreibtisch hinüber, wo das Display meines Handys psychedelisch leuchtete. Sollte ich den Notruf wählen? Dann fiel mir Franz ein, betrunken und voll aufgestauter Wut. Bestimmt war seine Suche nach Liane oder Thomas ohne Erfolg geblieben. Ich traute ihm jedenfalls zu, dass er vor lauter Frustration und im Alkoholnebel gerade das ganze Haus nach seiner abtrünnigen Gattin durchwühlte.

Ich schob meine Beine über den Bettrand. Sofort wurde mir schlecht. Ich wartete, bis sich Übelkeit und Schwindel gelegt hatten, suchte meine Schuhe und schlüpfte hinein. Dann stand ich leise auf, um Lukas nicht zu wecken. Ich wollte Karp gegenüber keinen Erklärungsbedarf haben, falls dieser inzwischen nach Hause gekommen war. Doch Lukas schnappte nur nach Luft, drehte sich zur Seite und schnarchte weiter. Auf Zehenspitzen verließ ich das Zimmer.

Im dunklen Flur vergewisserte ich mich mit einem Blick, dass unter Karps Tür kein Lichtspalt zu sehen war. Sein Zimmer war dunkel. Entweder war er noch gar nicht zurückgekehrt, oder er schlief bereits. Etwas beruhigter schlich ich, eine Hand an der Wand, die Treppe hinunter. Sollte Karp doch zu Hause sein, wollte ich ihn nicht wecken und auf Franz' Zustand und sein frevelhaftes Verhalten aufmerksam machen. Leider waren mir die Stufen nicht so vertraut, dass ich den knarrenden Brettern zur Gänze ausweichen konnte. Ja, ich denke, ich machte sogar einen ziemlichen Radau.

Am unteren Treppenabsatz blieb ich stehen und lauschte wieder. Die Geräusche waren verstummt. Alles schien in Ordnung. Aber ich traute dem Frieden nicht. Mein Instinkt sagte mir, dass etwas ganz und gar nicht in Ordnung war.

Also schlich ich weiter, in den Laden hinunter.

Im Geschäft war es dunkel, bis auf das blaue und rosafarbene Licht der Tiffany-Lampe, die ihre Laterna-magica-Muster auf die Wände warf. Die Porzellanaugen der Puppen leuchteten, ihre Seidenkleider knisterten in der staubigen Heizungsluft, und die Bajonette der Zinnsoldaten blitzten gefährlich. Aber diese Atmosphäre war ich inzwischen gewohnt, sie schreckte mich nicht mehr. Dann fiel mein Blick auf den Vogelbaum. Wie kleine Klumpen hockten die Stofftiere auf den zarten Ästen, wirkten im Halbdunkel nahezu farblos. Ein Schwarm von Fettammern schien sich in den Puppenladen verirrt zu haben. Ihre Augen waren leer, wie geblendet, und ihre Krallen ballten sich zu Fäusten.

Ich fing an zu schwitzen.

Der Geruch von brennendem Armagnac stieg mir in die Nase, scharf, Übelkeit erregend. Ich spürte, wie sich mein Magen hob und Säure brennend meine Speiseröhre hinaufstieg. Und da waren sie wieder, die Schreie, die ich nicht vergessen konnte, die mein Gehör zerschnitten und mein Gehirn versengten, die Hand, die den Messergriff umklammerte, und das Bewusstsein, getötet zu haben. Ich kniff die Augen zusammen, verschloss sie vor der Vergangenheit und der Gegenwart in diesem unwirklichen Laden, zwang mich, gleichmäßig zu atmen. Nach und nach wurde ich wieder ruhig. Als ich die Augen öffnete, war alles wieder so normal, wie ein Geschäft bei Nacht eben aussieht.

Ich wartete ein paar Minuten, wobei ich entschlossen jeden

Blick auf den Vogelbaum vermied, und als nichts geschah, wollte ich mich wieder auf den Rückweg machen. Doch dann bemerkte ich einen Schatten auf der Gasse. Jemand kam von der anderen Straßenseite auf den Laden zu. Sein Rücken war gebeugt, seine Schritte schleppend, so als hielte er sich mit letzter Kraft aufrecht. Ein weiter Mantel, der keinen Schluss auf die Statur seines Trägers zuließ, umhüllte seine Gestalt. Es war nicht mehr als eine dunkle Silhouette – Mann oder Frau –, doch der Mensch schien Hilfe zu brauchen. Inzwischen musste es bereits auf den Morgen zugehen. Ich fuhr mir mit der Hand über die noch immer schweißbedeckte Stirn. War der Anblick echt oder eine Halluzination wie die gebratenen Fettammern auf dem Baum? Lag ich in meinem Bett und träumte? Oder waren diese Gespensterbilder die Folge des Alkoholrauschs?

Um besser zu sehen, drückte ich auf den Lichtschalter. Die Beleuchtung ging an und wurde von der großen Glasscheibe des Schaufensters reflektiert, sodass ich nichts mehr auf der Gasse erkennen konnte. Aber nachsehen musste ich, so viel war klar. Wenn dort draußen ein Verletzter war, würde er bei den nächtlichen Temperaturen erfrieren.

Ich fasste in die Hosentasche und zog das Schlüsselbund heraus. Mit wenigen Schritten war ich bei der Ladentür, schloss auf und trat auf die Gasse hinaus.

»Hallo?«, sagte ich und sah mich um.

Auf den ersten Blick war niemand zu sehen. Rechts von mir brannte die Nachtbeleuchtung in Frau Banzeffs Antiquitätenladen. Links verschwand die Gasse in Richtung der Kirche im nächtlichen Dunst. Doch halt – war da nicht eine Bewegung? Ich kniff die Augen zusammen, um besser sehen zu können. Schwankte da nicht eine Silhouette davon?

»Hallo!«, rief ich ihr hinterher. »Brauchen Sie Hilfe?«

Die Gestalt taumelte auf das letzte Haus im Sterngässchen zu, hielt sich kurz an der Mauerkante fest und verschwand dann um die Ecke. Ich ließ den Schlüssel in der offenen Tür stecken, unterdrückte einen Fluch und stolperte ihr hinterher. Der Alkohol in meinem Blut machte meine Schritte auf dem gefrorenen Straßenbelag unsicher, und ich hatte das Gefühl, als schösse das ganze Blut in meinen Kopf. Doch ich lief weiter, hatte nur noch einen einzigen Gedanken: die Gestalt zu erreichen und festzustellen, dass ich mich nicht geirrt hatte. Dass es ein Mensch aus Fleisch und Blut war, der mich aus dem Haus gelockt hatte und der meine Hilfe brauchte. Und dass ich nicht einer Schimäre hinterhereilte.

Ich erreichte das Ende des Sterngässchens.

Dort blieb ich stehen und sah mich um. Vor mir lag die Kirche, dunkel und drohend, nur noch wenige Schritte entfernt. Ihre spitzen Fenster starrten mich wie aus leeren Augen an. Die Gestalt jedoch war verschwunden, schien sich in Luft aufgelöst zu haben. Mein Kopf dröhnte, und zwischen meinen Schulterblättern hatte sich ein Rinnsal aus Schweiß gesammelt, lief meinen Rücken hinab und erstarrte in der eisigen Luft, die unter mein viel zu dünnes Hemd kroch. Morgen würde ich krank sein, dachte ich mit einem meiner letzten klaren Gedanken. Das ergab alles keinen Sinn.

Erschöpft drehte ich mich um und wollte zum Laden zurückgehen. Dabei strauchelte ich, geriet vom geräumten Weg an den Straßenrand und fiel in eine Schneewehe. Ich spürte, wie der Schnee von oben in meine Schuhe drang und wie mit Eiszähnen in meine Haut biss.

Und dann setzt meine Erinnerung aus.

War ich auf einer Eisplatte ausgeglitten? Hatte ich einen Schlag auf den Kopf bekommen, oder hatten Kälte und Alkohol mir das Bewusstsein geraubt? *Hatte ich den Laden nie verlassen, und war alles nur ein Traum?* Den nächsten wachen Augenblick erlebte ich jedenfalls rücklings auf den abgeschabten Dielen des Puppenladens liegend, die sich wie ein schwankendes Schiffsdeck unter mir anfühlten. Die Käthe-Kruse-Puppen sahen mit ihren stumpfen Gesichtern auf mich herab, und die Zinnsoldaten marschierten wie seit Jahrzehnten in Reih und Glied ihrer Schlacht entgegen.

Mühsam setzte ich mich auf, wobei ich feststellte, dass ich meine Umgebung gut erkennen konnte und mein Kopf klar war. Wenigstens schien ich keine Gehirnerschütterung davongetragen zu haben. Die Ladentür war wie bei meinem Eintritt geschlossen, der Schlüssel abgezogen. Mit einem schnellen Griff in meine Hosentasche überzeugte ich mich davon, dass das Schlüsselbund noch darin steckte. Das Bild der dunklen Gestalt, die ich gesehen zu haben meinte, verblasste bereits in meiner Erinnerung, wurde zu einem Traumgespinst. Wie viele Promille baut der Körper pro Stunde ab? Es musste mir jedenfalls eine Lehre sein. Ab jetzt würde ich Hochprozentiges überhaupt meiden. Ich rappelte mich auf, machte das Licht aus und ging ins Treppenhaus.

Und da hörte ich es.

Aus der Wohnung im ersten Stock kam ein vertrautes Geräusch. Das war es also gewesen, was mich aus dem Bett geholt und irrtümlich in den Laden getrieben hatte. Schnell lief ich die eine Treppe in den ersten Stock hinauf.

Unter Tante Maggies Wohnungstür schien kein Licht. Hatte ich mich getäuscht? Ich legte mein Ohr an das Türblatt und flüsterte: »Franz?« Ich hörte das leise Rascheln von Kleidern. »Franz«, sagte ich jetzt lauter. »Verdammt, was machst du da drinnen? Komm sofort raus und geh schlafen.«

Hinter der Tür knarrte verstohlen ein Dielenbrett. Dann Schweigen und leise Atemgeräusche. Ich hatte das Gefühl, als sträubten sich mir gegen jedes Naturgesetz die Nackenhaare. Da war jemand, nur wenige Zentimeter von mir entfernt, der mich genauso belauerte wie ich ihn.

»Wer ist da?«, fragte ich. »Die Polizei ist unterwegs.«

Wieder ein Rascheln, dann auf einmal – nichts mehr.

Meine Drohung schien Eindruck gemacht zu haben. Die Wohnung lag im ersten Stock, und nachdem augenscheinlich niemand durch das Haus Einlass gefunden hatte, ging ich davon aus, dass der oder die Eindringlinge mit Hilfe einer Leiter durch das Fenster gekommen waren. Das hatte Karp davon, wenn er Leitern in der Garage aufbewahrte. Die Polizei warnte immer wieder davor. Die seit Tagen dunklen Fenster, die die Abwesenheit der Bewohnerin verrieten, mussten die Einbrecher angelockt haben. Mein Auftauchen hatte sie jedenfalls vertrieben. Und natürlich war es nun an mir, die Polizei zu rufen. Denn wenn Karp sich bis jetzt nicht gemeldet hatte, dann war er noch immer bei seiner Freundin. Ich beschloss, mir den Schaden zunächst einmal anzusehen.

Sicherheitshalber wartete ich noch ein paar Minuten, dann drückte ich ohne große Erwartung auf die Klinke. Zu meiner Überraschung stellte ich fest, dass die Tür nicht verschlossen war. Ich trat ein und tappte auf den Schalter neben dem Türstock. Sofort flammte eine Deckenlampe mit Leinenschirm auf, die jedoch nur gedämpftes Licht verbreitete. Tante Maggies Sparsamkeit machte auch vor den Glühbirnen in ihrer eigenen Wohnung nicht halt. Vor mir lag das Wohnzimmer einer alten Dame, voller alter Möbel und Erinnerungen und – aufgeräumt. Keine Spur von Einbrechern.

Auf einer mächtigen Anrichte versammelte sich ein Stillleben von Vasen, Ziertellern und gerahmten Fotografien. Darüber hing das in diesem Haus wohl unvermeidliche Bergpanorama, dräuende Gewitterwolken über schieferfarbenen Graten. Auf der gegenüberliegenden Seite umstanden ein mit grünem Samt überzogenes Sofa und drei geblümte Sessel ein Tischchen, auf dem sich zerlesene Klatschzeitschriften und Kreuzworträtsel-Hefte stapelten. Auf einem Obstteller faulten Äpfel und schwarzfleckige Bananen und verströmten den Geruch der Vergänglichkeit. Anscheinend betrat niemand außer der Wohnungsbesitzerin dieses Zimmer, sonst hätte man das Obst wohl entfernt. An den Fenstern hingen grüne Samtvorhänge und Spitzengardinen, so weiß und steif, dass sie wie eine Wand aus Eisblumen wirkten. Davor stand ein Baby-Stubenwagen mit weiß lackierten Sprossen und einem Tüllhimmel. Zwei Türen führten wohl in Bad und Schlafzimmer. Die Wohnung war menschenleer. Hier war niemand gewesen. Die Nachtgeräusche hatten mich genarrt.

Also ging ich zum Sofatisch und nahm den Teller mit dem fauligen Obst, um ihn auf dem Rückweg in die Küche zu bringen. Als ich an der Anrichte vorbeikam, gestattete ich mir einen Blick auf die Fotos. Es waren die üblichen Familienbilder. Schwarz-Weiß-Aufnahmen aus den fünfziger Jahren, ein dickliches kleines Mädchen im weißen Kommunionskleid, dasselbe Mädchen als junge Frau im Twinset und mit Mondgesicht unter toupierten

Haaren. Entfernt erinnerte es an Melusine. Ein sepiafarbenes Foto zeigte ein stattliches Paar in Dirndl und Knickerbockerhosen und in Wanderschuhen. Die Aufnahme stammte wohl aus den dreißiger Jahren, und der Familienähnlichkeit nach zu schließen, handelte es sich dabei um die Eltern der jungen Frau, wohl die spätere Tante Maggie. Tante Maggie selbst schien eine Vorliebe für Gärten zu haben, denn es gab auch ein paar Urlaubsfotos aus jüngerer Zeit, die sie umgeben von Blütenpracht und vor Teepavillons zeigten.

Das übliche Hochzeitsbild fehlte, dafür gab es das Foto eines schlafenden Babys auf einem Taufkissen. Anders als der Rest der Familie schien es eher zart zu sein. Seine Lider waren dunkel, die Nase schmal, und der Mund war so dünn wie ein Strich. Der Anblick des Säuglings irritierte mich, obwohl ich nicht sagen konnte, woran das lag. Einen Augenblick lang dachte ich an die Porzellanbildchen, denen man auf alten Grabsteinen immer noch begegnet. Und dann wusste ich, was mich störte. Das Kind auf dem Foto wirkte nicht lebendig. Vielleicht war es ein Totenbild. Hatte Tante Maggie ein Kind begraben müssen? Und an seiner statt den kleinen Simon aufgenommen? Die ganze Familie Mayerhofer war jedenfalls so stämmig wie Melusine, und Karp wirkte darin wie eine Spinne unter Maikäfern.

Jetzt blieb mir nur noch, zur Sicherheit die Fenster zu überprüfen, nur um jeden Zweifel auszuschließen. Den Teller in der Hand, ging ich zu der Spitzenfront. Dabei passierte ich den Stubenwagen. Gedankenlos warf ich einen Blick hinein – und traute meinen Augen nicht.

Ich blieb wie angewurzelt stehen, fing unkontrolliert an zu zittern. Der Obstteller entglitt meinen Händen, fiel auf den Boden. Das Porzellan zersprang in tausend Scherben, und die Äpfel platzten auf. Matschiges Obstfleisch besudelte das Parkett, verbreitete widerlichen Gärungsgeruch.

In dem Stubenwagen lag das tote Baby.

Sein Kopf war auf das Taufkissen gebettet, die Lider geschlossen. Spitz ragte seine zarte Nase über dem schmalen Mund in die Luft. Es trug ein Spitzenhäubchen, das sein Haar zur Gänze verdeckte, und jemand hatte ihm fürsorglich die Decke bis unter das Kinn hochgezogen. Neben einer bleichen Wange lag ein hellblauer Schnuller.

Entsetzt starrte ich auf die kleine Leiche und spürte, wie sich mein Magen hob. Ich kannte die Bilder der zweijährigen Rosalia, deren Mumie in Sizilien ausgestellt war und die bis hin zu der Schleife im blonden Haar wie ein schlafendes Kleinkind aussah. Was, um Gottes willen, war das Geheimnis von Margarete Mayerhofer?

Nach ein paar Minuten hatte ich mich wieder gefangen. Und jetzt, so muss ich gestehen, erwachte mein Forschergeist. Ich hatte noch nie eine Mumie aus der Nähe gesehen. Also schlich ich mich auf Zehenspitzen an den Stubenwagen heran, hatte das Gefühl, auf diese Weise die Totenruhe so wenig wie möglich zu stören. Ich beugte mich über den Säugling – und hätte vor Erleichterung fast gelacht. Leichter Gummigeruch stieg aus dem Wagen auf. Das, was da auf dem Taufkissen wie zur letzten Ruhe gebettet lag, war kein Kind. Es war eine Puppe, lebensecht und dem Foto auf der Anrichte täuschend ähnlich.

Ich richtete mich wieder auf, etwas beschämt, dass ich mich derart ins Bockshorn hatte jagen lassen. Tante Maggie war eine Puppenmacherin, und wenn es ihr gefiel, eine Erinnerung an ein verstorbenes Kind auf diese – zugegeben etwas makabere – Art zu bewahren – wer war ich, darüber ein Urteil zu fällen?

Ich warf noch einen letzten Blick auf den Inhalt des Stubenwagens, dann sammelte ich Scherben und Obstreste ein und verließ endgültig die Wohnung. Ich beschloss, Malin bei nächster Gelegenheit nach Tante Maggies Vergangenheit zu befragen.

Als ich in mein Zimmer zurückkehrte, schnarchte Lukas Senger noch immer auf dem Fußboden. Von meinem nächtlichen Ausflug schien er nichts mitbekommen zu haben. Dankbar dafür, nichts erklären zu müssen, legte ich mich wieder ins Bett, nun eher zu Tode erschöpft als müde, und verschlief den Rest der Nacht wie ein Murmeltier den Winter.

In Rotwein geschmorte Rinderschulter mit Apfelrotkraut und Semmel-Pilz-Knödel

Zutaten für die geschmorte Rinderschulter
1 kg Rindsschulter oder Kalbsschlögerl ausgelöst · ¼ kg Wurzelgemüse (gereinigte, klein geschnittene Karotten, Lauch, Sellerie, Stangensellerie) · je 1 ⅛ l Portwein und trockener Rotwein · 1½ l Wasser, Rinderpaste (Rindssuppe) · 1 EL Tomatenmark · nach Geschmack und wenn vorhanden: elegantes Fleischgewürz von Johanna Maier · Maiskeimöl und Butter zum Anbraten

Zutaten für das Apfelrotkraut
½ kg Rotkraut, fein geschnitten · 3 EL Zucker · 1 weiße Zwiebel, fein geschnitten · je ¼ l Rotwein und Portwein · 2 Äpfel, gerieben · 1 EL Maizena (Speisestärke), in Wasser aufgelöst · ein wenig Zimt nach Geschmack · Aromaten: alter Balsamico, Orangensaft, Preiselbeeren, Bauerngartensalz, Bergpfeffer, Zimt

Zutaten für die Semmel-Pilz-Knödel
375 g Baguette, altbacken · 150 ml Milch, 150 ml Sahne · 4 Eier · 50 g Speck, gewürfelt · 50 g Zwiebel, gewürfelt · 50 g Pilzwürfel (Shiitake, Herbsttrompeten, Pfifferlinge) · ¼ Bund Petersilie, fein gehackt · 1–2 EL Butter · Kräutergewürz, Bauerngartensalz und Bergpfeffer

Zubereitung der Rinderschulter
Die Rinderschulter zuputzen, mit dem Fleischgewürz einreiben und in der heißen Öl-Butter-Mischung im Schmortopf anbraten. Klein geschnittenes Wurzelgemüse dazugeben, kurz mitrösten, Tomatenmark einrühren, mit dem Wein und dem Fond aufgießen und im geschlossenen Schmortopf bei 140 Grad weich garen (dauert circa 2 Stunden). Soße passieren und auf die gewünschte Konsistenz einreduzieren. Bei Bedarf mit 1 EL Maizena die Soße binden (100 g Maizena in kaltem Wasser auflösen, einrühren und aufkochen lassen).

Zubereitung des Apfelrotkrauts
Zucker karamellisieren, mit Wein und Zwiebeln ablöschen, Rotkraut, Äpfel und Gewürze beigeben und auf die gewünschte Konsistenz garen.

Zum Schluss mit den Aromaten verfeinern, eventuell mit Maizena binden.

Zubereitung der Semmel-Pilz-Knödel
Baguette in Würfel schneiden und mit Sahne und Milch einweichen. Speck, Zwiebeln und Pilzwürfel in Butter ansautieren. Eier und Petersilie dazugeben. Masse mit den Gewürzen abschmecken. Eine Kastenform mit Klarsichtfolie auslegen, mit Knödelmasse füllen, mit Alufolie abschließen und im 90 Grad heißen Ofen mit Dampf oder im Wasserbad circa 50 Minuten garen. Den Knödel auskühlen lassen, in Scheiben schneiden und in Butter kurz braten.

SIEBEN

Ich erwachte aus einem Alptraum, in dem ich einer dunklen Gestalt hinterherrannte. Es war eine Jagd auf Leben und Tod, so viel wusste ich noch. Ich hatte die Person sogar zu fassen bekommen, doch dann hatte sie sich in Luft aufgelöst, und nur ein Stück ihres Mantels war in meiner Hand zurückgeblieben. Wo hatte ich es hingetan? Ich konnte mich weder erinnern, noch war es von Bedeutung – Alpträume hatte ich seit Altaussee öfter. Wenn auch nicht diesen.

Im Haus war es ruhig, und die Sonne schien bereits durch die Vorhangspalten. Es musste also schon nach acht sein. Ich drehte den Kopf zur Seite. Von Lukas keine Spur, er war wohl bereits nach Hause gegangen. Franz war nicht wiedergekommen. Langsam kehrte die Erinnerung an die vergangene Nacht zurück, an meinen Kreislaufzusammenbruch im Laden und den Anblick der seltsamen Puppe in der Wohnung. Kurz tauchte wieder das Bild einer dunklen Gestalt, die vor mir durch das verschneite Sterngässchen taumelte, am Horizont meiner Gedanken auf. Dann sah ich die Kirche vor mir, dunkel, drohend, gefährlich. Was, um Gottes willen, hatte ich mitten in der Nacht bei der Kirche gewollt? Unruhe erfasste mich, dieser Traum war doch sehr real gewesen. Ich beschloss, in Zukunft ganz auf Alkohol zu verzichten.

Dann bemerkte ich, dass ich noch immer die Kleidung vom Vortag trug. Kalt und klamm klebte sie an meinen Gliedern, schien auf der Haut getrocknet zu sein. Meine Muskeln taten so weh, als hätte ich die halbe Nacht mit Sport verbracht. Eine heiße Dusche war das, was ich jetzt dringend brauchte. Also schwang ich die Beine aus dem Bett. Auf dem Teppich lagen meine Schuhe dort, wo ich sie in der Nacht hingekickt hatte. Um sie herum hatten sich dunkle Flecke von Schmelzwasser ausgebreitet, und im Profil ihrer Sohlen steckte Streusplitt.

Mir wurde kalt.

Ich war seit über acht Stunden wieder zu Hause. Der Schnee

vom Heimweg nach meinem Besuch im »Old Hangman« musste längst getrocknet sein. Vor meinem inneren Auge tauchten dunkel und drohend die Umrisse der Kirche auf. Und davor ein weißer Berg. Er kam näher, legte sich auf mein Gesicht, drohte mich zu ersticken. Schnee drang von oben in meine Schuhe, biss wie mit Eiszähnen in meine Haut.

Ich fing an zu zittern.

Was war letzte Nacht passiert? Ich hatte zu viel getrunken, das stand fest. Dann fiel mir der Alptraum wieder ein. Meine nassen Schuhe passten dazu, als wenn ich mit ihnen im Schlaf hinter dem Wesen mit dem flatternden Mantel hergerannt wäre. War ich etwa ein Schlafwandler? Es deutete alles darauf hin. Traum oder Wirklichkeit?

Schnell fasste ich in die Hosentasche.

Meine Finger berührten etwas Weiches, Glattes, Kühles. Ich nahm all meinen Mut zusammen und zog daran. Wie eine Schlange glitt ein Stück Stoff hervor. Es war nachtblau, und orangefarbene Punkte sprenkelten es wie Sterne einen Winterhimmel. Aus solchem Stoff waren die Mäntel von Zauberern gemacht. Oder von Traumwesen.

Verständnislos starrte ich darauf.

Eine Krawatte? Nein, es war nur ein Stofffetzen. Und er war aus Seide. Konnte man einem Alpdruck ein Stück vom Mantel reißen, ehe er sich in Luft auflöste? Ich wollte lachen, aber ich traute mich nicht, aus Angst, den Verstand zu verlieren. Und so blieb ich sitzen, konzentrierte mich auf meinen Atem und versuchte, jeden störenden Gedanken auszublenden. Irgendwann gelang es mir.

Wie lange ich dort auf dem Bettrand ausgeharrt habe, weiß ich nicht mehr. Nur, dass ich irgendwann das Stoffstück wieder einsteckte und beschloss, niemandem etwas davon zu sagen. Sollte es mir noch einmal passieren, dass ich schlafwandelte, würde ich ohnehin professionelle Hilfe brauchen. Wer will schon im Tiefschlaf vom Dach stürzen?

Bei dem Gedanken musste ich grinsen, und es ging mir schlagartig so gut, dass ich die nassen Schuhe wegstellen und mich ins Bad trollen konnte. Es war gleich neun, und es gab eine Tatsache zu klären, die ebenfalls beunruhigend war – aber immerhin real.

»Das ist ein Reborn-Baby«, sagte Malin eine halbe Stunde später und drapierte einen voluminösen Silberfuchs-Mantel über den Stuhl am Kassentisch. Mit den Fingern fuhr sie durch den weichen Pelz, sodass sich die Haare sträubten, als wollten sich die toten Tiere zum letzten Mal gegen menschliche Zudringlichkeit wehren. »Alfi und ich waren shoppen«, fügte sie hinzu und zog die Schublade des Tisches auf. »Wo ist mein Ring?«, fragte sie scharf und sah mich an. »Ich habe ihn hier reingelegt.«

Ich brauchte ein paar Sekunden, ehe ich mich erinnerte. »Karp hat ihn mitgenommen«, sagte ich. »Sei froh – der Kassentisch ist schließlich kein Tresor.«

Die Erleichterung war ihr anzusehen. »Gott sei Dank«, sagte sie. »Wenn ich ihn verloren hätte und Oskar …« Sie brach ab. Ein Gedanke schien ihr gekommen zu sein, denn sie zupfte nervös an ihrem Halstuch herum. Es hatte ein weinrot-graues Pferdemotiv, war aus Kunstseide und ganz offensichtlich die billige Imitation einer französischen Luxusmarke. Und es passte überhaupt nicht zu Malins mit Rosen bestickter Hippie-Bluse.

»Was ist ein Reborn-Baby?«, hakte ich nach. Ich hatte Malin von meiner Entdeckung der letzten Nacht erzählt und sie nach der Puppe in dem Stubenwagen gefragt. Ihr Anblick hatte mich abgestoßen und gleichzeitig berührt. Auch jetzt dachte ich unwillkürlich an das Kunstgeschöpf wie an ein echtes Baby, das allein und unversorgt im ersten Stock lag.

»Puppen, die wie echte Kinder aussehen«, sagte sie, schob mit der Hüfte die Schublade zu und drehte den Knoten ihres Halstuchs in den Nacken.

Jetzt verdeckte ein Dreieck aus Kunstseide ihre Kehle, was ihr ein wenig das Aussehen eines eleganten Cowboys gab. Doch es war nicht groß genug, um die Verfärbungen zu beiden Seiten ihres Halses zu verdecken. Graue Flecke zeichneten die zarte Haut. Waren das etwa Fingerabdrücke? Ich dachte an Lukas Senger, der irgendwann völlig verkatert das Haus verlassen haben musste, nachdem er die Nacht auf dem Fußboden meines

Zimmers verbracht hatte. Warum blieb diese schöne junge Frau bei einem Mann, der sie schlug, wenn er betrunken war?

Eine scharfe Frage lag mir auf der Zunge, aber ich verkniff sie mir. Malin wohnte bei Lukas, wie ich gehört hatte, und verdiente als Puppenmacherin nicht allzu viel. Vielleicht war es ein Deal. Und sie suchte ja bereits nach einer Alternative, wenn ich den Brillantring und den Pelzmantel richtig deutete. Bis dahin trug sie ihre Haut zu Markte. In doppelter Hinsicht. Heiße Wut stieg in mir auf, und ich spürte das dringende Verlangen, zu Lukas zu fahren, ihn an der Kehle zu packen und ihn mit dem Umbringen zu bedrohen, sollte er sich noch einmal an seiner Freundin vergreifen. Natürlich wusste ich, dass diese Vorgehensweise nichts besser machen würde. Schon gar nicht für Malin.

»Pervers«, sagte ich und meinte nicht nur die Puppen.

Malin nickte. »Irgendwie schon«, sagte sie. »In Amerika gibt es eigene Reborn-Artists. Ihre Arbeiten kosten bis zu dreißigtausend Dollar. Maggie und ich haben schon überlegt, ob ich mal einen Kurs bei einer Rebornerin machen soll. Der Markt boomt.« Sie sah mich an und begegnete meinem Blick. Ihre Hand fuhr zu dem Halstuch, dann drehte sie sich schnell um und ging zu dem alten Radio und klappte den Deckel auf. Darunter kam ein CD-Player zum Vorschein. Sie drückte auf einen Knopf, und sofort setzte leise Ballettmusik ein. Der »Nussknacker«. Am Ende ist nichts so idyllisch, wie es auf den ersten Blick aussieht.

»Kinder bekommen Puppen für Tausende von Dollars?«, fragte ich, um einen sachlichen Ton bemüht.

»Das ist doch kein Kinderspielzeug«, sagte Malin und kehrte zu Tisch und Pelz zurück. »Eigentlich sind diese Puppen für Sammler. Oder für kinderlose Frauen. Man kauft die Puppen auch nicht, man adoptiert sie – so richtig mit Adoptionsurkunde. Wenn das Traumkind auch noch Herzschlag und Stimmmodul eingebaut kriegt, kann so was zum echten Babyersatz werden. Ich kenne Leute, die mit ihrem Reborn-Baby spazieren gehen, es füttern und die Windeln wechseln.«

»Das ist ja bizarr!«

Malin zuckte die Schultern. »Immer mehr Frauen schieben die Mutterschaft auf. Irgendwann geht dann nichts mehr, und viele

Paare bleiben kinderlos«, sagte sie. »Dann kann so eine Puppe eine Alternative sein.« Sie zögerte. »Schwierig wird es meiner Meinung nach, wenn die Puppe ein verstorbenes Kind ersetzen soll. Dann wird das Gesicht dem toten Baby nachmodelliert, und die Mütter flüchten in eine Scheinwelt. Bei uns in Schweden kann man psychologische Hilfe in Anspruch nehmen. So wird man geisteskrank.«

»Reborn – wiedergeboren.« Ich dachte erneut an das Baby auf dem Foto und sein künstliches Abbild im Stubenwagen. »Hat Frau Mayerhofer es denn nicht genauso gemacht?«

Malin hob die Brauen. »Maggie? Nein, wieso?«

Hinter dem Schaufenster fuhr ein Streifenwagen vorbei.

»Ich habe ein Foto von dem verstorbenen Kind gesehen«, sagte ich. »Auf ihrer Anrichte. Die Puppe ist dem toten Säugling wie aus dem Gesicht geschnitten.«

»Was für ein toter Säugling?« Malin starrte mich verblüfft an, doch dann lachte sie plötzlich. »Das Baby ist quicklebendig.«

Eine Welle der Erleichterung durchlief mich. Dann war die Puppe im Stubenwagen nur eine Warenprobe. Weil Malin einen Reborn-Kurs machen sollte. »Und wo ist das Kind?«

»Sitzt in der Bank und vergibt Kredite.« Sie kicherte.

Ich brauchte einen Augenblick, um ihre Worte zu begreifen. »Das Baby auf dem Foto ist – *Karp*?«

»Na, wer denn sonst? Maggie hat keine eigenen Kinder. Die hatte nicht mal einen Mann oder so.« Sie warf mir einen vielsagenden Seitenblick zu. »Du weißt schon.«

»Nie?«

»Nie.«

Zwei Polizistinnen, die Hände auf dem Koppel, gingen am Schaufenster vorbei, blieben kurz stehen und spähten über die Spitzengardine in den Laden. Malin griff erneut an ihr Halstuch. Ich versuchte, es nicht zu sehen. Dann nickte sie den beiden zu, doch die hatten mich im Blick. Die eine sagte etwas zu der anderen, und sie gingen weiter.

»Warum hat Frau Mayerhofer dann diese Puppe anfertigen lassen?«, fragte ich.

Malin seufzte. »Aus demselben Grund wie alle anderen,

nehme ich an.« Sie bemerkte meine verständnislose Miene und setzte hinzu: »Vielleicht wollte Maggie einfach den kleinen Simon zurückhaben. Die beiden verstehen sich nicht so gut. Ich meine, sie zanken nicht wirklich. Es ist mehr eine – schlechte Stimmung.« Sie runzelte die Stirn. »Ich finde so ein enges Mutter-Sohn-Verhältnis, na ja, eben schwierig.« Es klang, als hätte sie gern »krank« gesagt. »Ich kann Simon schon verstehen, dass ihm manchmal der Kragen platzt.«

Ich nickte. Dass Karp zu Gefühlsausbrüchen fähig war, hatte ich erlebt, als ich die Barbie-Ersatzteile verschenkt hatte.

Von irgendwo tönte ein Martinshorn.

»Maggie ist ziemlich, wie sagt man, dominant?«, antwortete Malin. »Ständig ist sie hinter ihm her, jede Sekunde. Wann kommst du? Wo warst du? Wo willst du hin?« Sie äffte eine Hexenstimme nach. »Aber Simon ist schließlich kein Kind mehr, das ist ein Mann. Kein Wunder, dass er nie eine Frau mit nach Hause nimmt.« In ihrer Stimme schwang Verständnis. »Und jetzt diese verheiratete Schnepfe.« Malin strich über den Pelz. »Für so eine ist der arme Simon doch das passende Opfer – immer so diskret und rücksichtsvoll. Na ja, anscheinend liebt er sie wirklich. Maggie kann das nicht verstehen, aber Männer brauchen ihre Freiheit.«

Das Martinshorn wurde lauter. Jetzt konnte man hören, dass es sich aus Richtung Zentrum näherte. Von dort, wo auch die Kirche stand, dunkel, drohend, gefährlich.

Ich wurde unruhig.

Malin hatte weitergesprochen, aber ihre Worte waren mir entgangen. »… das war vor zwei Wochen«, sagte sie gerade. »Ich dachte, jetzt schmeißt sie ihn raus oder er packt seine Sachen. Aber dann ist die Sache mit Alina passiert –«

»Alina?« Das Martinshorn heulte in der Nähe, der Ton hielt an, wurde nicht mehr lauter.

»Maggies Hund.« Malin seufzte.

»Entschuldige«, unterbrach ich sie. »Ich glaube, ich sehe mal nach, was der Krach da draußen soll.« Wie um mich zu verspotten, erlosch das Sirenengeheul.

Malin wandte das Gesicht zum Schaufenster. »Polizei«, sagte

sie und zupfte wieder an dem Halstuch. Langsam machte mich ihr Verhalten nervös. »Was die schon wieder will?«

»Ich stelle es fest«, sagte ich. Inzwischen wurde ich von dunklen Vorahnungen geplagt. Das Stoffstück in meiner Tasche schien sich zu bewegen, als wollte es mir seine Gegenwart und den Alptraum der letzten Nacht unbarmherzig in Erinnerung rufen. »Keine Angst.« Damit lief ich aus dem Laden und eilte in die Richtung, aus der ich die Sirene gehört hatte.

Ich sah die Menge schon von Weitem.

Vor der Kirche wimmelte es von Menschen. Polizeiautos mit blinkenden Lichtern auf dem Dach parkten neben dem Seitenschiff. Blaue Blitze zuckten über die grobe Mauer und den zertretenen Schnee. Ein Rettungsauto stand mit offenen Hecktüren neben einem Mannschaftswagen. Uniformierte Polizisten redeten auf die Zuschauer ein, versuchten vergeblich, sie weiterzuwinken. Das graue Licht des Wintermorgens verlieh der ungewohnten Szenerie die Atmosphäre eines Schwarz-Weiß-Films in Hitchcock-Manier.

Ich stellte mich hinter eine Frau in Ski-Kleidung von der Farbe abgeriebener Limonenschale und versuchte, über ihre Schulter zu spähen. Als mir das nicht gelang, drängte ich mich rücksichtslos durch die Menge der Gaffer. Mein energisches Vorgehen ließ die Nebenstehenden beiseiteweichen. Mittlerweile hatte sich meine schlechte Vorahnung fast zur Gewissheit gewandelt.

Ein dicker Polizist stand vor einem Absperrband, die Daumen lässig in den Gürtel gesteckt, und fixierte die Zuschauermenge wie ein Raubtierbändiger seine Löwengruppe. Hinter ihm konnte ich Männer in blauen Winterjacken, Sanitäter und Leute in weißen Schutzanzügen sehen, die sich über etwas beugten, das an der Kirchenmauer lag.

Ich blieb direkt vor dem dicken Polizisten stehen. »Was ist denn passiert?«, fragte ich und merkte selbst, wie nervös meine Stimme klang. Jeder, der mich hören konnte, musste annehmen, dass ich etwas mit den Ereignissen zu tun hatte.

Der Mann ließ seinen Blick über mich wandern, doch bevor

er antworten konnte, erweckte wohl eine Bewegung am Rande seines Sichtfeldes seine Aufmerksamkeit, denn er schaute zu den geparkten Wagen hinüber, wo gerade ein Reporterteam mit Kamerataschen und Fotoapparaten aus einem schwarzen Van stieg. Auf der Seitenwand klebte das pinkfarbene Logo eines Lokalsenders, den ich nicht kannte.

»Hallo, Susi«, rief er und winkte einer jungen Frau mit grauer Strickmütze zu, die, ein Mikrofon im Anschlag, zur Kirchenmauer eilte. Sie hob den Arm und erwiderte hastig seinen Gruß, gleich darauf stand sie hinter den Männern in den Schutzanzügen und versuchte, über deren Schultern auf den Boden zu spähen. Der Polizist richtete seinen Blick knapp über meinen Scheitel und sagte: »Gehen Sie bitte weiter.« Es klang höflich, aber bestimmt und so, als sagte er es an diesem Morgen nicht zum ersten Mal. »Sie behindern die Arbeit der Polizei.«

»Was ist passiert?«, wiederholte ich. »Bitte, ich muss das wissen.« Inzwischen stand der Heimweg vom »Old Hangman« bildlich vor meinen Augen. Und der schwarze Gegenstand, den ich gesehen hatte. In dieser seltsamen Nacht, in der sich Traum und Wirklichkeit miteinander verwoben hatten. Vielleicht war das schwarze Ding mit den Umrissen eines Menschen nur eine Fata Morgana gewesen, meinem Alkoholrausch geschuldet. Ebenso wie mein Herumirren in einer eiskalten Dezembernacht. Und die nassen Schuhe mit den Steinen in den Sohlen? Eine Einbildung, natürlich. Wenn nicht, so betete ich, handelte es sich bei dem Ding, das sicher noch neben der Kirchenmauer lag, um einen Müllsack. Genau, wie Franz gesagt hatte. Aber meine Vorahnung wusste es besser. »Ich wohne gleich dort hinten.«

Der Blick des Polizisten sank ein paar Zentimeter, bis er auf mein Gesicht traf. »Dann gehen Sie am besten wieder nach Hause«, sagte er freundlich.

An der Kirchenmauer wurden Stimmen laut.

Ein Mann in blauer Daunenjacke redete auf die Reporterin ein, gestikulierte, wies sie offensichtlich weg. Die junge Frau hielt ein Handy über ihren Kopf, schien noch schnell ein paar Fotos über die Männer in den Schutzanzügen hinwegzuschießen.

Ein Sanitäter sprang auf, fasste sie unsanft am Arm und schob sie energisch in unsere Richtung. Sie wehrte sich nicht, aber ihr Blick huschte über die Umgebung, blieb schließlich an dem Polizisten und mir hängen. Sie schüttelte den Mann ab, kam zu uns herüber und blieb ein paar Meter von uns entfernt stehen. Dort begann sie, umständlich in ihrer großen Umhängetasche herumzukramen. Sie befand sich bestimmt in Hörweite, aber das war mir inzwischen egal.

»Ich bin heute Nacht an dieser Stelle vorbeigekommen«, sagte ich. »Bitte sagen Sie mir, was passiert ist.«

»Um welche Uhrzeit war das?«, fragte der Polizist, nun doch mit einem Anflug von Interesse.

Ich überlegte. »Kurz nach Mitternacht.«

»Und Sie waren allein unterwegs?«

»Ich war mit zwei Freunden auf dem Rückweg aus einem Lokal«, sagte ich. »Dem ›Old Hangman‹.«

Die Reporterin hatte jetzt wieder das Handy in den Fingern und tippte herum. Uns schenkte sie keine Beachtung.

»Ist Ihnen da etwas aufgefallen?«, fragte der Polizist.

Ich zögerte, überlegte, ob ich von dem schwarzen Gegenstand erzählen sollte. Aber Franz hatte ihn als Müllsack identifiziert, war sich seiner Sache ganz sicher gewesen. Warum eigentlich? Jetzt erst fiel mir auf, dass er dem Ding kaum Beachtung geschenkt hatte.

»Nein«, sagte ich. »Leider, nichts.«

»Dann verlassen Sie jetzt bitte diesen Platz.«

Die Reporterin sah zu mir herüber. Ihr Gesicht war rund, ungeschminkt und sah im Winterlicht so grau aus wie ihre Strickmütze. Sie legte das Handy ans Kinn und musterte mich nachdenklich, schien auf etwas zu warten.

»Na, gut«, sagte ich. »Dann gehe ich jetzt.«

»Danke für Ihr Verständnis«, sagte der Polizist.

Ich sah noch einmal zu den Leuten an der Kirchenmauer hinüber. Ein Mann hatte sich hingehockt und hantierte auf dem Boden herum. Mehr konnte ich nicht erkennen. Noch immer widerstrebend drehte ich mich um und ließ den Polizisten stehen. Ich ignorierte die neugieren Blicke der Zuschauer in der ersten Reihe und die Fragen, die mir zugeworfen wurden, und drängte mich wieder durch die Menge.

Als ich schweren Herzens das Sterngässchen entlangging, hörte ich auf einmal eilige Schritte hinter mir. Gleich darauf tauchte zu meiner Rechten die Reporterin auf.

»Ich bin die Susi Hammerschmidt«, sagte sie, als müsste mir ihr Name geläufig sein. Sie zeigte mit dem Handy zur Kirche zurück. »Wir sind uns gerade am Tatort begegnet.«

Ich blieb stehen. »Am Tatort?« Eine eisige Hand griff nach meinem Herzen, drückte mitleidlos zu.

»Ich habe fast neben Ihnen gestanden, da bei –«

»Nein, ich meine, wieso Tatort?«

Ihre Miene spiegelte Überraschung und Misstrauen. Wollte ich sie auf den Arm nehmen? »Moment.« Die Frau tippte auf ihrem Handy herum und hielt es mir schließlich hin. »Es sind mehrere Aufnahmen.«

Widerstrebend griff ich nach dem Gerät.

Das weißgraue Tageslicht spiegelte sich auf dem Display, sodass ich es gerade vor die Augen halten musste, ehe ich über die Fotos wischen konnte. Die Reporterin hatte tatsächlich über die Köpfe der untersuchenden Beamten hinwegfotografiert. Einige Aufnahmen waren unscharf, zwei zeigten nur die Kirchenmauer.

Dann sah ich es.

Inmitten der Männer in den weißen Schutzanzügen lag etwas Schwarzes, Großes, Plumpes. Es war eine blonde Frau. Sie lag auf dem Rücken und starrte mit aufgerissenen Augen in den Winterhimmel, leblos wie eine Schaufensterpuppe. Ihr Gesicht war weiß und so aufgedunsen, dass ihre Züge fast unkenntlich waren. Sie trug einen dieser schwarzen Steppmäntel, die wie lackiert glänzen. Die wie Plastik aussehen. Oder eben wie ein Müllsack. Ihre Beine steckten in auffälligen Stiefeln. Meine Knie wurden weich. Diese Stiefel kannte ich. Sie hatten ein schwarz-weißes Zackenmuster und feine Schuppen. Und sie waren aus Schlangenleder.

Die Tote war Liane de Witt.

»Sie kennen die Frau, oder?«, fragte die Reporterin.

Ich nickte stumm, konnte den Blick nicht lösen.

»Wer ist es? Wie heißt sie? Wohnt sie hier?«

Ich schüttelte den Kopf, reichte ihr das Handy und ging wie in Trance weiter zum Puppenladen. *Liane ist tot.* In Gedanken war ich wieder auf dem Heimweg vom »Old Hangman«. Neben mir ging Franz. Ich hatte ihm meine Entdeckung gezeigt. *Da drüben, ein Toter.* Franz hatte zum Kirchenportal hinübergesehen. War es ein flüchtiger Blick gewesen, oder kam es mir jetzt nur so vor? *Quatsch, das ist ein schwarzer Plastiksack.* Hatte er seine Worte selbst geglaubt? Oder hatte er mich bewusst belogen? Meine Gedanken fuhren Karussell. *Liane ist tot.* Franz war eifersüchtig gewesen, wütend. Hatte er Liane etwas angetan? Nein, denn er war ja in meiner Begleitung gewesen. Lukas und ich waren sozusagen sein Alibi.

Ich atmete auf, verbannte alle düsteren Gedanken aus meinem Kopf. So wie Franz und ich das Alibi von Lukas waren. Aber gerade als ich anfing mich zu entspannen, fiel mir noch etwas ein. Franz hatte gleich nach Dienstschluss ins »Old Hangman« kommen wollen. Doch er hatte sich um fast eine Stunde verspätet. Und dann kryptische Andeutungen gemacht. *Es ist aus zwischen uns*, hatte er gesagt. *Wenn Liane mich verlässt, bin ich quasi mittellos.* Er hatte sich trennen wollen. War dieser Mord die Lösung gewesen? Ich sah Franz vor mir. Wenn er uns den ganzen Abend im Bewusstsein, dass seine Frau tot neben der Kirchenmauer lag, etwas vorgespielt hatte, dann war er kaltblütiger, als ich es ihm zutraute.

Und was war mit Lukas?

Ich dachte an die Druckstellen an Malins Hals. Wann hatten der Hass und die Übergriffe begonnen? Malin war nicht das einzige Opfer von Lukas' Frauenverachtung. Immerhin hatte er seine Ex-Freundin Tamara so schwer misshandelt, dass sie ins Krankenhaus musste.

Liane ist tot.

Mir war sterbensübel.

Endlich hatte ich das »Puppenparadies« erreicht. Ich drückte die Ladentür auf. Das Klingeln der Glocke zerrte an meinen Nerven. Jetzt erinnerte es mich an das Bimmeln einer Totenglocke.

Malin saß inzwischen am Tisch und stach mit einer Ahle in

den Scheitel eines kahlen Puppenkopfes. Vor ihr lag ein Haufen winziger Perücken in allen Haarfarben. Bei meinem Anblick ließ sie ihre Arbeit sinken und starrte mich an, als sähe sie einen Geist.

»Liane ist tot«, sagte ich, ehe Malin mich etwas fragen konnte. »Ermordet.«

Hilflos blieb ich stehen, wusste auf einmal nicht mehr, was ich sagen oder tun sollte. Ein Gefühl der Unwirklichkeit hatte mich ergriffen. Seit meiner Ankunft im »Puppenparadies«, so mein Gefühl, befand ich mich auf einem Höllentrip in eine feindliche Welt.

Hinter mir fiel die Tür ins Schloss.

»Guten Morgen«, sagte Malin, rührte sich aber nicht. »Was soll mit Liane sein?«

Mein Mund war trocken, ich konnte nicht antworten.

Die Dielen knarrten, und die Reporterin ging an mir vorbei in den Laden. Sie schenkte mir keinen Blick, sondern schlenderte an der Armee von Zinnsoldaten vorbei und betrachtete ihre dicht geschlossenen Kampflinien.

»Kann ich Ihnen behilflich sein?«, fragte Malin. Ihre Stimme klang wie aus einem blechernen Automaten. Auf einmal warf sie den Puppenkopf und die Ahle auf den Tisch, vergrub das Gesicht in den Händen und fing an zu weinen.

Der Blick der Reporterin huschte zwischen uns hin und her. Dann spazierte sie weiter, verschwand hinter dem Regal mit den Käthe-Kruse-Puppen.

»Malin«, sagte ich ruhig. »Wo ist Franz?«

Sie gab keine Antwort, weinte wieder.

»Wir müssen Franz Bescheid sagen.« Der Gedanke schoss mir durch den Kopf, dass die Überbringung einer Todesnachricht wohl Aufgabe der Polizei war. Aber vielleicht war Liane ja noch gar nicht identifiziert. *»Wo ist Franz?«*

Malin riss die Hände vom Gesicht. Aus roten Augen starrte sie mich an. »Franz«, kreischte sie. »Franz, Franz, Franz. Der ist doch an dem Ganzen schuld. Der mit seiner ewigen Eifersucht. So einer treibt eine Frau aus dem Haus – und dann läuft sie so einem Ungeheuer in die Arme!« Es klang, als spräche sie nicht nur von Liane. Natürlich, Malin hatte Lukas Senger auf dem Hals. Der sie noch dazu misshandelte, wie es aussah. Wieder fragte ich mich, warum Frauen sich erst in Gefahr begaben und dann sehenden Auges darin ausharrten, solange der Täter nur ihr Partner war. Aber ehe ich etwas entgegnen konnte, brüllte sie: »Der hat sie umgebracht, verstehst du?«

Hinter dem Käthe-Kruse-Regal knackte der Boden.

Auf der Treppe polterte es, gleich darauf wurde die Hintertür aufgerissen, und Karp stand im Türrahmen. Malins Geschrei musste ihn aufgeschreckt haben. Um seinen Hals lag ein dicker Schal, er war blass, und seine Augen waren verquollen und glasig. Offensichtlich hatte er Fieber, war richtig krank.

»Was ist hier los?«, krächzte er.

Malin sprang auf. »Liane ist tot!«, schrie sie ihn an, als wollte sie ihn auch gleich mit beschuldigen, an ihrem Tod schuld zu sein.

Karp sah mich verständnislos an. »Wer?«

»Liane de Witt«, sagte ich.

»Und was ist mit ihr?« Er schien immer noch nicht zu begreifen. »Wo ist Frau de Witt?«

»Sie ist tot«, sagte ich. »Es stimmt leider.«

Karp zwinkerte, schien auf einen Schlag noch blasser geworden zu sein. »Unmöglich«, sagte er. »Das glaube ich nicht. Ich habe gestern noch mit Frau de Witt gesprochen. Sie hat mir ein Parfüm für meine Bekannte empfohlen. Ich wollte ihr etwas schenken, weil wir doch unseren Jahrestag hatten und ...« Er brach ab, schluckte, fuhr schließlich tapfer fort: »Was ... was soll Frau de Witt denn passiert sein? Hatte sie etwa einen Unfall?« Seine Stimme war kaum mehr als ein Flüstern.

»Das weiß ich nicht«, sagte ich wahrheitsgemäß.

»Frau de Witt ist manchmal nicht ganz nüchtern Auto gefahren, wissen Sie?«, sagte Karp, ließ sich wie ein alter Mann auf den Stuhl fallen und stierte vor sich hin. Auf einmal füllten sich seine grauen Augen mit Wasser. Eine einzelne Träne rann unter dem Rand seiner Brille hervor und lief über seine hagere Wange.

»Es war wohl kein Autounfall«, sagte ich, wollte ihm das ganze Ausmaß der Tragödie schonend beibringen.

Bei dem Gedanken an Liane, deren Körper im Schnee an der alten Kirchenmauer lag, fühlte ich ohnmächtigen Zorn. Doch Karps Reaktion wunderte mich. Aber was war in so einer Situation schon angemessen? Vielleicht schützte Karp normalerweise mit seinem förmlichen Auftreten nur eine besonders empfindsame Seele.

»Wo ist Frau de Witt jetzt?«, flüsterte Karp und ließ dabei die Tränen ungehindert über sein Gesicht rinnen.

Jetzt tauchte die Reporterin hinter dem Käthe-Kruse-Regal auf. »Wahrscheinlich in der Rechtsmedizin«, sagte sie. »Grüß Gott, ich bin die Susi Hammerschmidt.« Sie sah von einem zum anderen. »Die Tote heißt Liane de Witt?«

Malin drehte sich um und rannte aus der Hintertür.

»Bitte lassen Sie uns allein«, sagte ich.

Susi Hammerschmidt ignorierte meinen Einwand und nahm Karp ins Visier. »Woher kennen Sie denn das Mordopfer?«

Karp presste die Lider zusammen und stöhnte.

»Frau de Witt, richtig?«, fragte die Reporterin, und ich sah, dass sie das Handy wieder in der Hand hielt. Offenbar wollte sie ihr Interview mitschneiden. »Waren Sie Freunde?«

»Gehen Sie doch endlich!«, sagte ich.

Aber Karp nickte, hatte sich wieder gefangen. »Sie hat hier gewohnt«, flüsterte er und zog die Brauen zusammen. Es sah aus, als verfolgte er einen Gedanken, der ihn irritierte und den er mit dem Verstand nicht zu fassen bekam. »So eine nette Person.« Seine Worte verblüfften mich. Hatte er sich nicht erst letztens abfällig über Lianes Lebenswandel geäußert? Entweder er hatte nun ein schlechtes Gewissen deswegen, oder er hing der ehrenwerten Maxime *»De mortuis nihil nisi bene«* an. Jetzt richtete er seinen Blick auf mich, nun wieder so trocken, als hätten sie nie voller Tränen gestanden. Nur eine dünne, glänzende Linie, die mich unangenehm an die Schleimspur einer Schnecke erinnerte, zog sich über seine rechte Wange und zeugte von seinem Gefühlsausbruch. »Wo ist er?«, fragte er und sah mich scharf an. »Wo ist Herr de Witt? Waren Sie nicht gestern mit ihm verabredet?«

Die Reporterin hielt mir ihr Handy hin.

»Wir waren im ›Old Hangman‹«, sagte ich kurz angebunden. »Sind aber ziemlich bald nach Hause gekommen.«

Natürlich konnte Karp das nicht wissen, er hatte ja anscheinend die Nacht in den Armen seiner Freundin verbracht. Jetzt fiel mir doch etwas ein, und ich spürte, wie ich zu schwitzen begann. Franz war mit Lukas und mir zwar nach Hause gekommen. Aber irgendwann in der Nacht hatte er mich geweckt. Und war wieder gegangen. Lukas hatte davon nichts gemerkt. Ich konnte also ohne Weiteres behaupten, Franz habe die ganze Nacht in meinem Ohrensessel geschlafen. Lukas würde meine Aussage bezeugen. Es war ein verlockender Gedanke. Die Versuchung war groß. Ich glaubte einfach nicht, dass Franz etwas mit dem Mord zu tun hatte. Warum ihm also kein Alibi geben? Trotzdem widerstrebte mir die Lüge. Wenn er der Mörder war, hatte er womöglich nicht nur seine Frau, sondern auch diese Tamara getötet. Und wer wusste schon, wen noch alles?

Das Handy der Reporterin piepste.

»Schalten Sie sofort die Aufnahme ab«, fuhr ich sie an. »Und dann gehen Sie endlich. Raus hier.«

Die Reporterin rührte sich nicht.

»Ich schmeiße Sie eigenhändig raus«, setzte ich hinzu. »Wäre nicht das erste Mal. Und ich bin nicht zimperlich. Also, ich würd's nicht riskieren.« Die Drohung war klar.

Susi Hammerschmidt zögerte, doch ein Blick in mein Gesicht überzeugte sie wohl davon, dass ich es ernst meinte. Sie drückte auf eine Taste und steckte das Handy ein.

Karp verfolgte ihr Tun mit finsterer Miene. Leider war er nicht genug bei der Sache, denn er ließ sich zu einem folgenschweren Satz hinreißen: »Es war de Witt.« Seine Worte fielen wie schwere Steine zwischen uns, blieben liegen, wie die tödlichen Zeugen einer vollzogenen Steinigung. Franz war der Mörder, kein Zweifel.

Die Reporterin holte tief Luft. »Der Ehemann?«, vergewisserte sie sich. »Hat er denn ein Motiv?«

»Der schon.« Karp nickte düster. »Eifersucht kann tödlich sein.« Er stand schwerfällig auf und blickte uns aus verstörten Augen an. »Die arme Frau de Witt«, flüsterte er. »Wenn ich das geahnt hätte, dann hätte ich doch nie ...« Er brach ab, kniff den Mund zusammen, und es sah aus, als wollte er wieder zu weinen beginnen. Jetzt war ich sicher – sein Verhalten zu Lianes Lebzeiten tat ihm leid.

»Spekulationen bringen nichts«, sagte ich, um Karp zum Schweigen zu bringen. »Und jetzt entschuldigen Sie uns.« Ich packte die Reporterin an der Schulter und schob sie in bester Rausschmeißer-Manier aus der Ladentür. Dann zog ich den Schlüssel aus der Tasche – *wieder ein Déjà-vu* – und schloss ab. Niemand würde heute hier mehr Puppen verkaufen.

Als ich mich umdrehte, war Karp verschwunden.

Den Rest dieses Tages verbrachte ich auf meinem Zimmer. Malin wurde noch am Morgen von einem ihrer Verehrer abgeholt. Zumindest schloss ich das aus der betroffenen Männerstimme, die kurz vor Mittag aus dem Laden zu mir heraufgedrungen war und die eindeutig nicht Lukas gehörte. Karp zeigte sich nicht mehr, nur aus seinem Zimmer erklang klassische Musik, und zwar in nie gehörter Lautstärke. Auch von Franz sah und hörte ich nichts, aber damit hatte ich auch nicht gerechnet. Nun kam mir seine Abwesenheit wie ein Schuldeingeständnis vor. Helen hatte sich zu meiner wachsenden Verzweiflung immer noch nicht gemeldet.

Um mich an diesem Tag, an dem die Zeit stillzustehen schien, zu beschäftigen und ihn wenigstens irgendwie zu nutzen, versuchte ich nach besten Kräften ein Alternativprogramm für Max Danhauser, meinen bayrischen Fotografen, zu entwickeln, aber ich konnte mich nicht konzentrieren. Irgendwann forderten der Schmerz über den Todesfall und die Aufregungen der letzten Nacht ihren Tribut. Ich schlief, meine Notizen auf dem Schoß und das Handy in Reichweite, im Ohrensessel ein.

Als ich erwachte, war es draußen bereits dunkel. Das Display des Handys leuchtete und verriet mir, dass es bereits nach zehn am Abend war. Meine Papiere lagen auf dem Boden, hatten sich dort ausgebreitet und erinnerten an einen Schneeteppich. Ich hatte fast den ganzen Rest dieses furchtbaren Tages verschlafen. Trotzdem war ich immer noch wie betäubt. Ich war schweißgebadet und fühlte mich fiebrig. Wahrscheinlich hatte ich mich erkältet.

Mit bleischweren Gliedern stand ich auf, streckte meinen steifen Körper und tappte zum Fenster, um wenigstens die kommende Nacht auszusperren. Den Vorhang in der Hand, lehnte ich meine heiße Stirn gegen die kühle Scheibe.

Über den Hinterhof wirbelte der Schnee.

Grauweiße Schleier tanzten vor dem Fenster, blähten sich und fielen wieder zusammen. In meinem Geisteszustand erinnerten sie mich an Gespenster, die sich vor meinen Augen rekelten, voll böser Lust und Häme über die Tragödie dieses Hauses. Sie schienen mich zu locken, streckten ihre Geisterfinger nach mir aus und winkten. Komm, wisperten ihre körperlosen Stimmen, komm mit uns und sieh, was sich in diesem Haus verbirgt, diesem Heim des Bösen. Folge uns und werde wie wir. Dann kann dir nichts mehr geschehen.

Hörte ich wieder dieses Lachen?

In meiner Naivität hatte ich es für die fröhlichen Stimmen von Heimkehrern aus einer anderen Zeit gehalten, die mir meine lebhafte Phantasie vorgegaukelt hatte. Jetzt wusste ich es besser. Es war dieses Haus voller Puppen, an denen das Glück und das Unglück ihrer einstigen Besitzer hafteten. Es lachte mich aus. Zwei Frauen. Jung und lebenslustig. Ermordet. Erdrosselt. Ihre Leichen weggeworfen wie Abfall.

Komm zu uns, du Feigling, spotteten die Stimmen.

Ich schüttelte mich, fühlte mich besudelt von den dunklen Gedanken. Wie von Schmutzspritzern. Wie von Blut. Wenn das so weiterging, wurde ich noch verrückt. Ich warf einen letzten Blick auf den dunklen Klotz der Garage auf dem Hof, nur ein Lattenverschlag, in dem mein Oldtimer stand.

Und jetzt sah ich es.

Zwischen den Latten schimmerte ein Schein. Er bewegte sich, glitt die Bretterwand entlang, verharrte, huschte nach links und rechts, irrlichterte weiter. Eine Taschenlampe, schoss es mir durch den Kopf.

In der Garage war jemand.

Vielleicht war es der Mann, der mir vor Tagen in der Einfahrt aufgelauert hatte. Als er meine Aufmerksamkeit bemerkt hatte, war er geflüchtet. Nun war er wieder da. Ein Einbrecher hatte es wohl auf meinen Oldtimer abgesehen, wollte die Lage auskundschaften. Auf einmal war ich sicher.

Kalte Wut erfasste mich und der Drang nach Recht und Ordnung. Nichts und niemand konnte den toten Frauen mehr helfen. Es war Aufgabe der Polizei, diesen Psychopathen und Frauenmörder zur Strecke zu bringen. Aber mit einem Kleinkriminellen konnte ich es aufnehmen. Ich ließ den Vorhang zufallen, lief zum Schreibtisch und riss die Schublade auf. Da lag sie noch, die Taschenlampe. Ich schnappte sie und stürzte aus dem Zimmer.

Auf dem Gang war es dunkel.

Aus dem Nebenzimmer kam immer noch Klaviermusik. Ich erkannte die Melodie. »Für Elise«. Beethoven. Kurz überlegte ich, an die Tür zu trommeln, mir Unterstützung zu holen. Aber allein die Vorstellung von Simon Karps vor Entsetzen gelähmter Gestalt ließ mich den Gedanken sofort wieder verwerfen. Für Erklärungen hatte ich keine Zeit.

Ich rannte die Treppe hinunter.

Erst an der Hintertür fiel mir ein, dass mein Hausschlüssel noch in meinem Zimmer lag. Doch in dieser Nacht war die Tür nicht verschlossen. Die Erkenntnis irritierte mich – etwas war anders als sonst.

Ich lief auf den Hof hinaus.

Der Sturm trieb mir wahre Schneemassen ins Gesicht. Eisige Flocken schmolzen brennend in meinen Augen. Die Garage war hinter einer weißen Wand verschwunden. Auch das Licht war nicht mehr zu sehen. Ich senkte den Kopf und rannte in weiten Sprüngen los. Der Schnee reichte mir bis über die Knöchel. Er drang von oben in meine Halbschuhe, schmolz zu kleinen Bächen und sammelte sich unter meinen Sohlen.

Vor Ärger konnte ich einen Fluch nicht unterdrücken.

Vor der Brettertür wischte ich mir das Schmelzwasser aus den Augen und zwinkerte ein paarmal, um besser sehen zu können. Tatsächlich – ich hatte mich nicht getäuscht. Das Licht war erloschen. War der Eindringling geflohen? Durch das Schneegestöber konnte ich nicht einmal mehr meine eigenen Spuren erkennen.

Ich riss die Tür auf, knipste die Taschenlampe an und ließ den Lichtkegel durch den finsteren Lattenverschlag wandern. Mein Oldtimer parkte genau dort, wo ich ihn abgestellt hatte. Staubkörnchen flirrten über seinem Cabriodach durch den Strahl der Lampe wie Glühwürmchen in der Johannisnacht. Links und rechts des Wagens türmte sich nach wie vor der Sperrmüll. Der zerrissene Sessel stand scheinbar unverrückt an der einen Bretterwand. Das Polstermaterial quoll über seine Sitzfläche, als hätte sich das alte Möbel erbrochen. Die Stehlampe ohne Schirm und der Spiegel waren nur schemenhaft zu sehen. Auf der anderen Seite lehnte das zerbeulte Fahrrad, daneben türmten sich die verschimmelten Koffer. Die braune Plüschdecke mit den aufgedruckten Kätzchen, die vor der Rückwand der Garage hing, bewegte sich sanft im Luftzug.

»He«, brüllte ich gegen den Sturm an. »Ist da jemand?«

Niemand antwortete mir.

»Los, rauskommen …!«

Nichts, nur das Heulen des Windes.

Ich wurde unsicher. Hatte ich mich getäuscht? Hörte ich etwa schon Stimmen, und sah ich Gespenster? *Wo war ich letzte Nacht gewesen?* Die Morde hatten mich seelisch völlig aus dem Gleichgewicht geworfen, meine Nerven waren zum Zerreißen gespannt. Ich holte tief Luft, roch den muffigen Gestank des Sperrmülls. Und noch etwas lag in der eisigen Luft. Ein Geruch, flüchtig und vertraut. Aber die Ausdünstungen der schimmeligen Lederkoffer und der leichte Öl-Geruch des alten Motors verwischten die Duftspur. Ich drehte mich um, wollte die Brettertür wieder zuschieben.

Da hörte ich das Geräusch. Leise. Heimlich. Verstohlen.

Ich erstarrte. Jeder kennt das Gefühl von Blicken, die einen im Rücken treffen. Ich spürte, wie sich meine Nackenmuskeln verspannten.

Jemand war in dem Verschlag – oder etwas.

Langsam drehte ich mich wieder um, lauschte. Nichts. Totenstille. Hatten mir meine Nerven einen Streich gespielt?

Zu Sicherheit wartete ich noch ein wenig, ließ den Strahl der Taschenlampe noch einmal durch das finstere Innere wandern. Diesmal nahm ich meine Umgebung genauer in Augenschein.

Alles in Ordnung.

Oder nicht? Etwas war anders. In meinem Magen fing es an zu kribbeln. Was war verändert worden? Ich zermarterte mir den Kopf. Und dann wusste ich es auf einmal.

Es war das Fahrrad.

Lehnte es sonst an den Koffern, sodass es mit seiner Lenkstange Halt an ihren Kanten fand, so war es jetzt beiseitegeschoben worden. Jemand hatte einen Durchgang neben meinem Auto frei gemacht. Ich hob die Taschenlampe und ließ sie den neuen Weg entlangwandern. Er endete vor der Decke mit den spielenden Kätzchen. Ich spürte, wie sich mein Atem verlangsamte. Kälte kroch in meine Glieder. Jemand war in der Garage gewesen und hatte hier herumhantiert. Hatte er einen Blick unter die Motorhaube werfen wollen? Jetzt erfasste mich Ärger. Der alte Motor war empfindlich und gehörte nur in sachkundige Hände. Ich musste mich davon überzeugen, dass kein Schaden entstanden war. In meine Gedanken drängte sich die Erinnerung an jenen Sommer in Altaussee. Als mich eine Motorpanne festgehalten und fast meinem Mörder ausgeliefert hatte.

Schnell arbeitete ich mich an der Seitenwand meines Oldtimers entlang. Dabei blieb ich mit dem Hemdärmel an der rostigen Fahrradklingel hängen und hörte, wie der Stoff riss. Doch immerhin hatte ich mich nicht verletzt.

»Verdammt«, fluchte ich und hastete weiter.

Ich zwängte mich zwischen die Stoßstange und die Decke, bückte mich und ließ meine Hand an der Kante der Motorhaube entlanggleiten. Alles in Ordnung. Der Verschluss war eingehakt, die Scheinwerfer blickten mich optimistisch an.

Erleichtert richtete ich mich wieder auf.

Und dabei machte ich einen Schritt nach hinten. Etwas stieß gegen meinen Hinterkopf. Es war leicht, beweglich, traf mich wieder. Ich drehte mich um. Vor meinen Augen hing die Decke. Ein Kätzchen hatte die Krallen in ein Wollknäuel geschlagen wie in eine lebendige Maus. Dahinter zeichnete sich ein kantiger Gegenstand ab. Er zitterte hin und her, als befände sich hinter dem Wollstoff ein atmender Körper. Ich riss die Decke beiseite, richtete die Taschenlampe in das Dunkel.

Eine kalte Hand griff nach meinem Herzen und drückte es unbarmherzig zusammen.

Wenige Zentimeter vor meinem Gesicht drehte sich ein nackter Säugling um sich selbst. Es war ein Junge. Er hing an einer Schnur, die um seinen Hals geknotet war. Seine Augen waren geschlossen, der kleine Mund so schmal wie ein Strich. Seine Züge schienen lebensecht. Mein Magen hob sich, mit aller Macht kämpfte ich gegen den Würgereiz. Ich kannte dieses Kindergesicht, wusste, wer der Junge war. Magensäure stieg brennend in meiner Speiseröhre hoch.

Ein Schatten huschte über mein Gesicht. Im nächsten Augenblick legte sich etwas Kühles, Weiches, Sanftes über meine Kehle, umschmeichelte meinen Hals, drückte in meinen Nacken, zog sich zusammen, wurde enger und enger, bis ich zu ersticken meinte.

Ich bekam keine Luft mehr, keuchte, versuchte, meine Hände zwischen die Haut und das tödliche Stück Stoff zu schieben, doch es gelang mir nicht. Mein Kopf drohte zu zerspringen. Hinter meinen Lidern drehten sich flammende Kreise, und in meinem Kopf waberten blutige Nebel. Ich spürte, wie meine Knie nachgaben. In einem letzten verzweifelten Versuch der Gegenwehr warf ich mich nach hinten, überrumpelte meinen Angreifer, brachte ihn aus dem Gleichgewicht. Die Schlinge um meinen Hals lockerte sich.

Ich wollte mich umdrehen, flüchten.

Da traf mich etwas Hartes mit Wucht an der Schläfe. Der Schlag war so fest, dass ich zusammensackte. Die Taschenlampe entglitt meinen Händen, rollte über den Boden. Meine Knie prallten auf den Zementboden, und ein stechender Schmerz elektrisierte mich. Im Niedersinken drehte sich mein Körper, und ich sah mein blutüberströmtes Gesicht im Spiegel der Chromstange. Einen Moment versuchte ich noch, mich aufrecht zu halten. Aber ich schaffte es nicht mehr, gab den Kampf auf. Ergeben und fast erleichtert ließ ich mich vor die schmalen Räder fallen.

Mein Blick glitt unter den Oldtimer. Im Licht der beiseitegerollten Taschenlampe sah ich etwas blinken. Dann schloss ich erschöpft die Augen. Finsternis breitete sich in meiner Seele aus. Kälte kroch in meinen Körper, lähmte meine Glieder und meinen Atem. Die letzten Geräusche, die an mein Ohr drangen, waren das Schließen der Garagentür und das metallische Klicken eines Hängeschlosses.

Dann umfing mich Grabesstille.

ACHT

Manchmal denke ich, die glücklichste Zeit in meinem Leben als Koch war die in einem kleinen italienischen Schuppen in Berlin. Ich hatte gerade meinen Posten in einem berühmten Hotel in Hamburg gekündigt, nachdem ich erkannt hatte, dass ich auch die nächsten zweihundert Sonntage meines Lebens mit hoher Kochmütze hinter dem Brunch-Büfett verbringen würde.

Wann gehen Sie essen? Dienstag bis Samstag ist eine gute Empfehlung. Dienstag sind die Lebensmittel frisch angeliefert, und die erste Besetzung der Küchenbrigade ist ausgeschlafen und inspiriert, weil sie Sonntag und Montag freihatte. Ein guter Chefkoch beschäftigt seine besten Köche Freitag und Samstag, wenn das Geschäft brummt. Brunch? Das ist was fürs B-Team. Einen angehenden Bocuse demoralisiert diese Arbeit nämlich, bei der er palettenweise Eier mit Speck braten oder die Reste der Woche aufwärmen, zu neuen Gerichten zusammenwerfen und das Ganze mit Soße maskieren muss. Vielleicht denken Sie das nächste Mal daran, wenn Sie zusehen, wie eine stundenlang warm gehaltene Sauce hollandaise über Ihre pochierten Eier gelöffelt wird oder das Schwertfisch-Steak unter einer scharfen Chili-Tomaten-Soße simmert.

Nun, ich war zweiundzwanzig und meine Zeit am Brunch-Büfett nicht abzusehen. Nach einem Open-Air-Konzert in Berlin aß ich in einer kleinen Trattoria in Charlottenburg – und die Qualität des Essens trieb mich in die Küche und zu wilden Versprechungen dem *padrone* gegenüber. Ob es meine Hartnäckigkeit war oder ob Vito in mir Potenzial erkannte, weiß ich nicht, aber ich bekam den Job. Und dabei lernte ich eine neue kulinarische Welt kennen, die mich bis heute geprägt hat. Wenn wir alle, vom Abwäscher bis zum Chef, vor dem Abendgeschäft bei *prosciutto*, Rucola, Mozzarella und Tomaten auf frisch gebackenem italienischen Weißbrot zusammensaßen, dazu eine Flasche Rotwein tranken und nachher den besten Espresso von Berlin, schien das Leben so einfach wie das Essen. Noch heute denke ich beim Duft von frischem Knoblauch – hacken Sie ihn doch fein und ruinieren Sie ihn nicht mit einer dieser Pressen – an die Tage bei Vito.

Auch an jenem kalten Wintertag in Bad Gastein brachte mich der Geruch nach Knoblauch gedanklich in die kleine Trattoria zurück. Vito redete beschwörend auf mich ein, wollte mir wohl eine Anweisung geben.

»*Come?*«, murmelte ich.

»Wie geht es Ihnen, Herr Vanlanthen?«

Ich machte blinzelnd die Augen auf. Ich war in meinem Zimmer, lag in meinem Bett. Simon Karps besorgte Miene schwebte wenige Zentimeter vor mir. Er hockte auf der Bettkante, gebeugt und mit einem dicken Strickschal um den Hals, was ihm das Aussehen eines unglücklichen Aasgeiers gab.

Ich wollte etwas zu ihm sagen, aber es kam nur ein Krächzen aus meinem Hals. Sofort hob er die Hand, legte den Finger an die Lippen und bedeutete mir, zu schweigen, so wie man ein krankes Kind zur Ruhe mahnt. Mein Kopf dröhnte, sodass ich keinen klaren Gedanken fassen konnte.

Was machte Karp hier bei mir?

Nach und nach kehrte die Erinnerung zurück. Da waren die dunkle Garage und die Decke, hinter der sich das Entsetzliche verbarg. Der Würgegriff an meinem Hals und der Schlag auf den Kopf. Und die endlos lange Nacht auf dem eiskalten Garagenboden, ein Ablauf von Stunden des Halbwachens und des nahezu bewusstlosen Schlafes. Die Todesangst, die mich in den wenigen hellen Augenblicken erfasst hatte.

Ich schloss die Augen, wollte die Erinnerung an diesen Alptraum aus meinem Gedächtnis löschen. Sofort spürte ich ein sanftes Rütteln an der Schulter.

»Herr Vanlanthen«, sagte Karp mit sorgenvoller Stimme. »Hiergeblieben, nicht wieder einschlafen.«

Doch ich wollte nur noch abtauchen, verweigerte mich mit allen Sinnen der grausamen Erkenntnis, dass jemand versucht hatte, mich zu töten. Denn dass es der Person, die den Angriff auf mich unternommen hatte, ernst gewesen war, so viel begriff ich sogar in diesem Zustand. Auch wenn es dem Täter nicht gelungen war, mir den Schädel einzuschlagen, so hatte er darauf vertrauen können, dass ich die Nacht in dem Lattenverschlag, in den durch alle Bretterritzen der Schneesturm pfiff, nicht überleben würde.

Jetzt fiel mir auch wieder die Puppe ein, die sich wie die Leiche eines Gehenkten vor meinen Augen gedreht hatte. Laut Malin sollte sie Karp als Kind darstellen. Wer immer sie an ihren improvisierten Galgen gehängt hatte, hatte es also auf Karp abgesehen. Wollte ihm drohen – ihn töten.

Langsam machte ich die Augen auf. »Ich muss Ihnen etwas sagen«, flüsterte ich. »Etwas sehr Wichtiges.«

»Gott sei Dank, Herr Vanlanthen, wir haben uns schon solche Sorgen gemacht.« Die Erleichterung war Karp anzuhören. »Hier, essen Sie etwas, damit Sie wieder zu Kräften kommen.« In einer Hand hielt er eine Suppentasse und in der anderen einen Löffel. Der Dampf, der von der Suppe aufstieg, war knoblauchgeschwängert, und sogar in meinem angeschlagenen Zustand konnte ich riechen, dass den Zehen vor ihrer Verwendung nicht der Keim entfernt worden war.

An dieser Stelle kann ich nicht umhin, ein paar Worte über Knoblauch zu verlieren. Er ist wunderbar, köstlich – wenn man richtig damit umgeht. Aber alter Knoblauch, verbrannter Knoblauch, durch eine Knoblauchpresse gequetschter Knoblauch zerstört den guten Ruf dieser vielseitigen Essenszutat. Stifteln Sie Knoblauch, zerdrücken Sie ihn mit dem Messer, aber lassen Sie, um Gottes willen, die Hände von der Presse. Und das, was da eingemacht in Gläsern vor sich hin modert, betrachten Sie bitte als pures Teufelszeug. Das hat Ihre Küche nicht verdient. Darf ich Ihnen stattdessen einen kleinen Tipp geben? Rösten Sie Knoblauch im Ganzen und mit der Haut. Sie werden sehen, dass er milder und süßer wird, und wenn er dann weich und braun ist, können Sie ihn einfach herausdrücken. Verwenden Sie ihn in Ihrem nächsten Dressing und lassen Sie sich überraschen.

»Ich habe Ihnen eine gute Tomatensuppe gekocht«, fuhr Karp fort und hielt mir hoffnungsvoll den Löffel unter die Nase. Von der glasigen roten Flüssigkeit hingen undefinierbare schwarze

Fetzen herab. Wahrscheinlich zu Tode gekochtes Basilikum. Bei Tomaten denken alle zuerst an Basilikum. Auch die, die eine *caprese* mit Essig ruinieren, scheuen sich nicht, das saure Gemisch mit Basilikum zu garnieren.

Ich drehte den Kopf auf dem Kissen hin und her.

Karp seufzte und ließ den Löffel sinken. »Soll ich noch mal versuchen, Dr. Drexel zu erreichen?« Sein Tonfall legte nahe, dass er auch dazu keine Zustimmung erwartete.

»Ich glaube, ich habe eine Gehirnerschütterung.«

»Seine Sprechstundenhilfe sagte allerdings, der Doktor sei auf Visite und es werde sicher länger dauern.« Karp musterte mich prüfend. »Aber möglicherweise sollten wir Sie ein paar Tage ins Krankenhaus zur Beobachtung –«

»Nein.« Ich versuchte, mich aufzusetzen, wollte Karp unbedingt warnen. »Es geht mir schon viel besser«, presste ich hervor. »Aber ich will keine Suppe, danke.« Mein Kopf dröhnte, und mir wurde übel.

Karp legte den Löffel auf die Untertasse und drückte mich energisch wieder auf das Kissen. Seine Kraft überraschte mich, aber vielleicht war sie auch nur der Sorge um mich geschuldet. »Sie bleiben die nächsten Tage liegen.«

Ich ließ mich zurückfallen. »Ich ziehe aus.«

Karp schüttelte den Kopf. »Kommen Sie, essen Sie etwas Suppe. Dann können wir die drohende Verkühlung vielleicht noch abwenden.« Karp hielt mir die Suppentasse unter die Nase und bewegte sie hin und her. Der Dampf hatte inzwischen seine Brillengläser beschlagen, sodass er wie ein blindes Fabeltier aussah, ein geblendetes Ungeheuer.

Ich spürte, wie sich ein Lächeln auf meinem Gesicht breitmachte, setzte mich mühsam auf und nahm den Löffel von der Untertasse. »Jemand hat mich zusammengeschlagen.«

Karp drückte mir den Henkel der Suppentasse in die Hand. »Sie haben großes Glück gehabt«, sagte er grimmig. »Konnten Sie Ihren Angreifer denn sehen?« Er zog ein blütenweißes Taschentuch mit messerscharfen Bügelfalten aus der Tasche seiner Flanellhose, nahm die Brille ab und fing an, sie eifrig zu putzen.

Ich versuchte, mich zu erinnern. »Nein – oder doch?«

Karp setzte die Brille wieder auf und fixierte mich. Die Brillengläser schimmerten bläulich. »Das wäre ungemein wichtig, Herr Vanlanthen«, sagte er. »Denken Sie nach. Die Polizei braucht doch eine Beschreibung.«

»Die Polizei war schon hier?«

»Selbstverständlich nicht«, sagte Karp. »Ich konnte Ihrer Entscheidung doch nicht vorgreifen. Eine Anzeige macht ja auch nur Sinn, wenn Sie sich an den Täter erinnern.«

Da musste ich ihm recht geben. Ich nahm einen Löffel von der Suppe. Pürierte Dosen-Pelati mit Knoblauch und Basilikum. Und Hühnerbrühewürfel. Tapfer aß ich einen weiteren Löffel. »Wer hat mich denn gefunden?«

Karp zögerte, dann sagte er: »Der Herr Gaisbauer.« Er sah zum Fenster hinüber. Sein scharfes Profil erinnerte mich an das eines Raubvogels. Ich hatte den deutlichen Eindruck, als wollte er meinen Blick meiden, mir eine unangenehme Tatsache ersparen. Warum wollte er mich schonen?

»Sie glauben, Thomas hat mich nicht aus Zufall gefunden?«, fragte ich. »Er … er ist mein Angreifer?«

Karps Blick kehrte zu mir zurück. »Ich habe Geräusche auf dem Hinterhof gehört und das Garagentor«, sagte er. »Da bin nachschauen gegangen.« Er machte eine Pause, kämpfte sichtlich mit sich. »Ich hätte Sie schon früher hören müssen, aber ich war so in meine Musik vertieft.« Das hatte ich mitbekommen. »Für Elise«. Beethoven. »Ich mache mir solche Vorwürfe – das hätte übel für Sie enden können. Es ist alles meine Schuld.«

Er kniff den Mund zusammen. Karp schien in jeder Lebenslage ein beherrschter Mann zu sein, aber anscheinend hatte er auch seine gefühlvollen Seiten. Es musste ihn in seinem Innersten treffen, dass er den Überfall auf mich nicht hatte verhindern können. Dass sein Haus, dessen Hüter er doch war, kein sicherer Ort für seine Bewohner war. Und für ihn anscheinend auch nicht.

Irgendwie fand ich nicht den richtigen Einstieg für meine Warnung. Wie sagt man einem Menschen, dass ihn jemand an den Galgen wünscht?

»Sie können doch nichts dafür, Herr Karp«, sagte ich. »Ich

hätte Sie gleich zur Unterstützung mitnehmen sollen.« Ja, dachte ich, dann wäre das alles nicht passiert. Rücksicht wird überbewertet. »Was hat Thomas denn gerade gemacht, als Sie uns beide in der Garage gefunden haben?«, fragte ich so beiläufig wie möglich.

Karp antwortete nicht gleich, doch dann sagte er: »Herr Gaisbauer war über sie gebeugt. Ich habe ihn gefragt, was zum Teufel er da tut. Er hat behauptet, dass er Sie hat stöhnen hören und daraufhin das Schloss aufgebrochen hat.«

»Welches Schloss?« Ich erinnerte mich an unsere Diskussion vor ein paar Tagen, als ich das Anbringen eines Hängeschlosses empfohlen hatte und mit meinem Vorschlag bei Karp auf wenig Gegenliebe gestoßen war. Hatte ich letzte Nacht ein Schloss bemerkt? Ich wusste es nicht mehr.

»Ich hatte ein Zahlenschloss an die Garagentür gehängt«, antwortete Karp. »Ihrem Wunsch entsprechend, Ihren wertvollen Wagen zu sichern. Leider war es offen, denn ich hatte noch keine Gelegenheit gehabt, den Hausbewohnern den Nummerncode mitzuteilen. So wie es aussieht, hat der Täter das Schloss nach dem Überfall auf Sie einschnappen lassen.« Er machte eine Pause. »Herr Gaisbauer hat es aufgebrochen.« Sogar angesichts der Tatsache, dass Thomas' Vorgehen mir das Leben gerettet hatte, schwang in Karps Stimme eine Spur Missfallen über diesen Vandalen-Akt.

Thomas also. Die Erinnerung an einen vertrauten Geruch streifte mich, aber der scharfe Knoblauchdunst der inzwischen wohl kalten Suppe überlagerte alles. »Was wollte Thomas denn in der Garage?«

Karp gab einen verächtlichen Laut von sich. »Er behauptet, dass er sein *Zelt* holen wollte. Ich bitte Sie, Herr Vanlanthen, mitten in der Nacht?«

»Thomas ist kein Mörder.«

»Selbstverständlich nicht, und man soll auch keinen Menschen vorverurteilen, aber ...« Karp brach ab, schien mit sich zu ringen. »Aber wenn Sie mich fragen ...«

Mein Kopf schien sich zu drehen. »Noch ein Verdacht?«

»Nun ja«, flüsterte Karp und sah auf seine Hände hinab, die

sich in seinem Schoß verkrampft hatten. »Ich frage mich natürlich, was aus Herrn de Witt geworden ist.«

Ich setzte die Suppentasse so abrupt ab, dass etwas von der roten Brühe auf die Decke schwappte und sich dort wie ein Blutfleck ausbreitete. Karp übersah es großzügig, was zeigte, wie sehr er aus dem Gleichgewicht war.

Franz war also doch noch nach Hause gekommen.

Nachdem er mit den Sachen, die er am Abend im »Old Hangman« am Leib gehabt hatte, verschwunden war, brauchte er neue Kleider, um untertauchen zu können. Wahrscheinlich hatte diese Chanelle der Polizei eine genaue Beschreibung geliefert. Aber was hatte er in der Garage gewollt? Und wozu die theatralische Inszenierung mit der Puppe? Für solche Spielchen dürfte Franz wohl kaum Zeit gehabt haben, wenn er sich wirklich auf der Flucht befunden hatte. Außerdem – woher hätte Franz von der bizarren Reborn-Leidenschaft seiner Vermieterin wissen können? Unter dem beifälligen Blick von Karp nahm ich noch einen Löffel kalte Suppe.

»Schmeckt's?«, fragte er zufrieden.

»Ausgezeichnet«, antwortete ich geistesabwesend.

Wahrscheinlich musste man von zwei Personen – abgesehen von meiner Wenigkeit – ausgehen, die sich in der vergangenen Nacht in dem elenden Lattenverschlag über den Weg gelaufen waren und die jede für sich eigene Interessen verfolgt hatten. Dann hatte der Anschlag vielleicht nicht einmal mir gegolten. Ich spürte, wie sich ein wenig Erleichterung in mir breitmachte. Franz hatte etwas gesucht. Etwas, das er früher versteckt hatte oder von dem er wusste, dass es dort lag. Geld oder Schmuck? Unwahrscheinlich. Eine Waffe?

»Er könnte bewaffnet sein«, sagte ich zögerlich.

»Wer?«

»Franz de Witt.«

Karp riss die Augen auf. »Glauben Sie?«, flüsterte er. »Aber warum hatte er es ausgerechnet auf Sie abgesehen?«

»Ich habe ihn überrascht.« Ja, aber wen von beiden?

Karp nickte nachdenklich, schien dem Gedanken etwas abgewinnen zu können. »Das könnte passen, nur – wobei?«

Weil ich einen Irren bei der Inszenierung einer Hinrichtung am Galgen gestört hatte. Ich nahm allen Mut zusammen. »Herr Karp«, sagte ich. »Haben Sie sich in der Garage umgesehen, nachdem Sie uns gefunden hatten?«

Er sah mich erstaunt an. »Nein, warum hätte ich das machen sollen? Ich hatte alle Hände damit zu tun, Sie zu retten.« In seiner Stimme schwang Misstrauen, aber auch Sorge.

»Sie haben keinen Blick hinter die Decke geworfen?«

Karp musterte mich schweigend. Anscheinend fürchtete er um meinen Verstand. Seine nächsten Worte bestätigten meinen Verdacht. »Wie fühlen Sie sich, Herr Vanlanthen?«

»Ich dachte zuerst, jemand hätte dort ein Baby erhängt«, sagte ich. »Damit waren eindeutig Sie gemeint.«

Karps Gesichtsausdruck war ein Muster an totaler Verwirrung. *»Ich?«*, fragte er ungläubig.

»Diese Puppe soll Sie doch darstellen, also –«

»Wovon reden Sie, um Gottes willen?« Ich konnte sehen, wie die Rädchen in seinem Gehirn arbeiteten. Dann erschien ein sanftes Lächeln auf seinem Gesicht. »Das ist kompletter Unsinn.« Er legte seine knochige Hand auf meinen Arm. »Kein Wunder bei Ihrer Gehirnerschütterung.« Auf einmal schien ihm seine Vertraulichkeit bewusst zu werden, denn er zog die Hand schnell zurück. Seine Miene war ein Bild tödlicher Verlegenheit.

Draußen war Gepolter zu hören. Jemand kam die Treppe heraufgelaufen, nahm zwei Stufen auf einmal. Dann wurde kurz an die Tür geklopft, und im nächsten Augenblick stand Thomas im Zimmer. Er trug seinen Skilehrer-Anorak, und in der Hand hielt er einen Stapel Zeitungen.

Karp und ich starrten ihn an.

»Serss, Kumpel«, sagte Thomas. »Na? Brummschädel?«

Karp fasste sich als Erster. »Bitte schließen Sie die Tür, Herr Gaisbauer«, sagte er ungehalten. »Herr Vanlanthen fühlt sich noch nicht gut. Er hat eine schwere Gehirnerschütterung.«

Thomas knallte die Tür hinter sich zu. Sogar die Sonnenbräune konnte nicht von seinem blassen, angespannten Gesicht ablenken. Unter seinen Augen lagen Schatten, aber er kam mit federnden Schritten auf mich zu und brachte einen Hauch kalter Winterluft mit sich, als er neben meinem Bett stehen blieb.

Und einen vertrauten Geruch.

Wellen, Meer, Surfer. Ein billiges Rasierwasser. Als Koch habe ich ein gutes Geruchsgedächtnis, ja ich kann sogar nur mit der Nase kochen. War das der ekelhafte Hauch der letzten Nacht? Ich war nicht sicher. Der Knoblauchdunst der Suppe überlagerte alles, und ich schüttelte den Kopf.

»Herr Vanlanthen hat einen Gehenkten in der Garage gesehen«, sagte Karp so freundlich und unbeteiligt, als spräche er über eine Tatsache, vielleicht das Wetter vom Vortag. Er wollte mir wohl zeigen, dass er meine Besorgnis ernst nahm, aber Thomas gleichzeitig signalisieren, was von meiner Behauptung zu halten war. »Ist Ihnen etwa auch einer aufgefallen?«

Thomas' Miene wurde mitleidig. »Oje«, sagte er zu mir. »Matschbirne, was?« Er warf die Zeitungen auf meine Decke. »Hier, es steht schon überall drinnen. Franz war's.«

Ich reichte Karp die Suppentasse und zog eine Zeitung zu mir heran. Mein Kopf pochte, und ich hatte das Gefühl, als lägen eiserne Klammern um meine Schläfen. Vielleicht existierte die Vorstellung von der gehenkten Puppe ja wirklich nur in meiner Phantasie. Und wo war ich in der Nacht von Liane de Witts Ermordung gewesen? *Die Kirche.* Ich war in der Nähe der Kirche gewesen. Hatte ich den Mörder gesehen? Oder hatte ich, Gott behüte, selbst etwas mit dem Mord zu tun und wusste es nur nicht? Ich erschrak. Wo war dieser Gedanke jetzt wieder hergekommen? Schnell senkte ich den Blick auf die Zeitung, damit die beiden anderen nicht in meinem Gesicht lesen konnten.

»Da steht schon was über mich?«, fragte ich.

»Quatsch.« Thomas ging zum Ohrensessel und ließ sich hineinfallen. »Ich sag doch: Franz ist der Mörder von Liane. So, wie wir alle gedacht haben. Und jetzt ist er abgetaucht.« Er hielt sich die Hand vor den Mund und hustete. »Aber an Lianes Tod bin ich auch schuld.«

Ich hob den Kopf von der Zeitung, ohne etwas gelesen zu haben. Die ständigen Schuldanerkenntnisse in diesem Haus irritierten mich. »Wieso denn du?«

Karp wandte sein Gesicht dem Fenster zu.

»Wir hatten ein Verhältnis«, sagte Thomas.

»Warum gehst du dann mit Franz und mir auf ein Bier?« Der erste Abend im »Old Hangman« war mir noch immer gewärtig. Thomas, der nichts trank, weil er noch eine Verabredung hatte. Franz der sich Sorgen um Liane machte und von Minute zu Minute nervöser wurde. »Seit wann wusste Franz davon?«

Thomas zuckte wortlos die Schultern. »Wir waren vorsichtig«, sagte er. »Deswegen bin ich ja ausgezogen.«

»Jeder hier im Haus wusste es«, sagte Karp so hart, dass Thomas und ich ihn ansahen. Der grobe Ton ließ sich nur mit seinen oft geäußerten moralischen Ansichten erklären. »Ich kann Herrn de Witts Ärger vollkommen verstehen. Auch wenn ich seine Handlung natürlich streng verurteile.« Er stand auf. »Und jetzt entschuldigen Sie mich. Ich habe mir heute freigenommen. Meine Bekannte reist ab. Wir wollen noch zusammen zu Mittag essen.« Dann ließ er die Bombe platzen: »Sie wird sich von ihrem Mann trennen.« Dies war das erste Mal, dass Karp die Tatsache, dass seine Freundin verheiratet war, erwähnte. »Ich … möchte ihr etwas geben.«

Er zog ein Päckchen aus der Tasche und drehte es etwas verlegen in den Händen. Es war in Silberpapier gewickelt und mit einer goldenen Schleife verziert. Die Sorte Verpackung, der man schon von Weitem den Juwelier ansieht. Das Päckchen wirkte ein wenig ramponiert, Karp schien es schon länger mit sich herumzutragen.

Thomas und ich starrten ihn an, bis mir die Unhöflichkeit meines Verhaltens bewusst wurde. Warum sollte ein Mann sich mit Mitte vierzig nicht zur Ehe entschließen?

»Gratuliere«, sagte ich.

»Warum denn gleich einen Ring?«, fragte Thomas.

»Ich dachte nur …« Karp zupfte hilflos an der Schleife.

Die Situation wurde mir unangenehm, und so sagte ich das Erste, was mir einfiel: »Sind Sie morgen wieder im Büro?«

Karp steckte das Päckchen ein und fasste nach dem Schal um seinen Hals. »Ich bin noch rekonvaleszent«, sagte er und hüstelte. »Darf ich fragen, warum Sie das wissen wollen?«

»Sie hatten angeboten, sich nach einem Quartier für mich zu erkundigen.«

Karps Miene entspannte sich. »Das habe ich bereits getan.«

»Und?«

»Derzeit steht keines zur Verfügung«, sagte er. »Und jetzt entschuldigen Sie mich bitte. Ich muss mich zum Essen noch umziehen.« Mit diesen Worten drehte er sich um und verließ mein Zimmer.

»Wer hätte das gedacht«, sagte Thomas. »Der alte Karp. Ausgerechnet der hat Glück bei den Frauen.«

Ich schlug die Zeitung auf. Der Artikel auf Seite zwei stach mir sofort in die Augen.

Neue Wendung im Mordfall Liane de W.

Wie ein Polizeisprecher heute bekannt gab, wird im Fall der ermordeten Liane de W. inzwischen nach ihrem Ehemann gefahndet. De W.s Leiche war in den frühen Morgenstunden des gestrigen Tages unweit der Stelle aufgefunden worden, an der letzte Woche ein Schneepflugfahrer eine grausige Entdeckung gemacht hatte (wir berichteten). Die junge Kellnerin Tamara L. hatte sich auf dem Heimweg von ihrem Arbeitsplatz befunden, als sie ihrem Mörder begegnet sein muss. Beide Frauen sind erdrosselt worden. Zurzeit werden die am Tatort gefundenen Spuren miteinander abgeglichen. Die Polizei schließt nicht aus, dass es sich in beiden Fällen um ein und denselben Täter handelt.

Auch ein Zusammenhang mit einem Jahre zurückliegenden Fall in Meran, Südtirol, ist möglich. »Die Mordmethode scheint identisch, die Spurenlage ähnlich. Hier warten wir noch auf die Laborergebnisse aus Südtirol. Vielleicht hat der Täter seinen Aufenthaltsort gewechselt«, so der Polizeisprecher. »Wir werden auch andere, noch unaufgeklärte Morde, die Parallelen zu den aktuellen Fällen aufweisen, neu aufrollen. Was wir wissen, ist, dass sowohl Liane de W. als auch ihr Ehemann als Saisonkräfte im Gastgewerbe gearbeitet haben.«

Von Franz de W. fehlt seit dem Mord an seiner Frau jede Spur. Ob auch er das Opfer eines Verbrechens geworden ist, kann die

Polizei nicht ausschließen. Sie bittet die Bevölkerung um Hinweise zu seinem möglichen Verbleib.
»Bei einem Serienmörder ist es wichtig, ihn so früh wie möglich zu verhaften«, erklärt der Kriminalpsychologe Martin Sondergast unserer Reporterin gegenüber (das ausführliche Interview lesen Sie morgen an dieser Stelle). »Oft beginnt es mit einem Mord, bei dem noch typische Anfängerfehler gemacht werden. Gelingt es dem Täter jedoch, sich der Verfolgung zu entziehen, wird er das Tatmuster immer wieder und in immer engeren Zeitabständen wiederholen, um seinen Lustgewinn und den mit jeder neuen Tat nachlassenden Reiz aufrechtzuerhalten. Je länger man einen Serienmörder gewähren lässt, umso raffinierter wird seine Vorgangsweise. Irgendwann ist es kaum mehr möglich, ihn zu schnappen. Nur so lassen sich die jahrelangen Mordserien in den Vereinigten Staaten erklären. Die Zeit arbeitet in diesem Fall für den Täter.«
Im Moment geht die Polizei im Fall von Tamara L. von einem Serientäter aus, bei Liane de W. scheint jedoch eine Beziehungstat nicht ausgeschlossen werden zu können – die eventuell von dem Serientäter begangen wurde.
Susi Hammerschmidt

Eine Beziehungstat. Illustriert war der Artikel mit einem Hochzeitsbild, das Franz und Liane in schwarzer Motorradkluft zeigte. Liane trug zur Lederjacke einen Schleier und einen Strauß weißer Lilien. Es sah ziemlich lässig aus. Franz strahlte über das ganze Gesicht, während Liane ein förmliches Lächeln aufgesetzt hatte. War Franz etwa auch der Mörder von Tamara? Oder er hatte den Mord an Liane absichtlich so aussehen lassen, dass die Tat wie die des Serienmörders wirkte, um eine falsche Spur zu legen. Als ich Franz das letzte Mal gesehen hatte, war er betrunken gewesen und vor Sorge ganz krank. Keine guten Voraussetzungen für planvolles Vorgehen. Aber da war noch etwas. *Wenn Liane mich* verlässt, *bin ich quasi mittellos.* Vielleicht war Eifersucht gar nicht das Motiv gewesen. Ich ließ die Zeitung sinken und sah zu Thomas hinüber.

»Die suchen Franz als Serienmörder«, sagte ich.

»Wer steckt schon in einem anderen drin?«

»Franz ist kein Mörder«, sagte ich. »Das glaube ich einfach nicht. Aber warum versteckt er sich und geht nicht zur Polizei?«

»Wahrscheinlich hat er die Zeitung gelesen«, sagte Thomas. »Und wie soll er denn seine Unschuld beweisen? Mit fehlenden DNA-Spuren? Liane war seine Frau!«

Ich blickte wieder auf den Artikel. Etwas störte mich daran, und nach kurzem Nachdenken wusste ich auch, was das war. »Ich möchte wissen«, sagte ich, »woher die das Hochzeitsfoto haben. So was stellt man sich doch zu Hause auf, oder? Wer hat es dieser Hammerschmidt gegeben?«

»Franz wird wohl nicht nur Freunde in der Verwandtschaft haben«, sagte Thomas. »Ist nix Neues.«

Da musste ich ihm zustimmen. Trotzdem hatte ich ein ungutes Gefühl. Aber da Malin bestimmt nicht in Franz' und Lianes Zimmer eingedrungen und ein Hochzeitsbild für die Presse gestohlen hatte und Karp sowieso mit einem allergischen Schock auf einen neugierigen Reporter in seinem Haus reagiert hätte, blieb mir nichts anderes übrig, als mich mit Thomas' Erklärung fürs Erste zufriedenzugeben.

Thomas stand auf. »Ich muss«, sagte er müde. »Hab heute Nachmittag einen neuen Privatschüler.« Er schüttelte den Kopf. »Am liebsten würde ich alles hinschmeißen und ein paar Tage abhauen, um den Kopf frei zu kriegen.«

»Bist du aus Gastein?«

»Aus Tirol«, sagte er. »Aber ich halt's an einem Ort nie lange aus. Da ist das Wintergeschäft optimal.«

»Das heißt, du arbeitest als …« Ich warf einen schnellen Blick auf den Artikel. *»Saisonkraft?«*

Um Thomas' Mund erschien ein breites Grinsen. »Klar«, sagte er. »Hat in meinem Job auch Vorteile. Wenn die Ski-Schülerin vom letzten Winter wieder anreist und die nette Bekanntschaft fortsetzen will, bin ich schon über alle Berge. Schont die Gefühle aller Seiten.«

Seine Kaltschnäuzigkeit überraschte mich. »Und Liane?«, fragte ich. »Wollte sie sich scheiden lassen?«

»Quatsch, das war eine Affäre«, sagte er. »Wir hatten einfach eine schöne Zeit.«

Nun, vielleicht hatte Liane das anders gesehen und ihre Auffassung Franz mitgeteilt. Und damit ihr Todesurteil unterschrieben. Oder Thomas unter Druck gesetzt? Meine Gedanken fuhren inzwischen Karussell. »Ich dachte, die neue Wohnung in Hofgastein wäre –«

»Für Liane und mich?« In seiner Stimme schwangen Überraschung und Belustigung. »Da hatten wir einfach sturmfreie Bude. Ohne eifersüchtigen Ehemann, der jederzeit von der Arbeit nach Hause kommen kann, und ohne den alten Karp einen Stock drüber. Außerdem halte ich nichts von Exklusiv-Ansprüchen.« Das hieß wohl, dass er neben Liane noch was anderes laufen hatte. Und da störte dann natürlich die eifersüchtige Geliebte im Pensionszimmer gleich nebenan. »Der Mietvertrag geht nur bis Ende April, dann ziehe ich weiter. Liane hat das gewusst, und es war okay für sie.«

»Und wo arbeitest du so?«, fragte ich harmlos.

Er zuckte die Schultern. »Je nach Jobangebot«, sagte er. »Arlberg, Südtirol, manchmal Kanada.« Er warf einen Blick auf die Uhr. »Du, ich muss, gute Besserung, gell?« Und damit war er weg, geradezu fluchtartig und ehe ich ihn weiter ausfragen konnte.

Ich starrte noch eine Weile auf die geschlossene Tür. *Arlberg, Südtirol, manchmal Kanada.* Ein Zufallstäter und eine Beziehungstat. Ein Täter oder zwei? Oder mehrere? Die Maserung auf dem Türblatt schien sich zu bewegen, wurde zu Gesichtern, die mich anstarrten, verhöhnten. Franz, Thomas, Malin und ihre Männer, die alte Banzeff, Karp und – immer wieder Lukas Senger. Die Gesichter lösten sich vom Holz, schwebten auf mich zu, umkreisten meinen Kopf wie Satelliten, bis mir schwindelig wurde und ich die Augen zukniff, um das Trugbild loszuwerden.

So ging es nicht weiter.

Ich beschloss, trotz meines Zustands etwas zu unternehmen. Es wurde Zeit, dass ich die Dinge wieder in den Griff bekam. Als Erstes würde ich mich bei hellem Tageslicht davon überzeugen, was ich in der Garage hinter der Decke gesehen hatte. Dann würde ich Helen eine letzte Mitteilung schicken, ehe ich mich mit Max Danhauser in Verbindung setzte. Und schließlich wurde noch ein Telefonat mit Melusine fällig.

Entschlossen schwang ich die Beine aus dem Bett, wartete, bis sich der Schwindel gelegt hatte, und tappte in das Gemeinschaftsbad.

Karp musste den Tag nicht nur zur Krankenwache, sondern auch für einen Großputz genutzt haben. Die Fliesen und die Armaturen glänzten, und der Geruch nach einem scharfen Desinfektionsmittel überlagerte alle anderen Badezimmerdüfte. Ich riss das Fenster auf, drückte zwei Schmerztabletten aus der Packung, die ich immer in meinem Reisenecessaire mit mir führe, füllte Wasser in den Zahnputzbecher und schluckte die Tabletten damit hinunter.

Aus dem Spiegel starrte mich eine ältere Version meiner selbst an. Mein Gesicht wirkte abgespannt, und zum ersten Mal fielen mir zwei scharfe Falten auf, die sich von den Nasenflügeln zu den Mundwinkeln zogen. Aber was mich am meisten erschreckte, waren die Augen. Wo kam dieser gehetzte Ausdruck her, dieses Flackern? *Man hat versucht, dich zu ermorden*, dachte ich grimmig. Ich konnte mir zwar nicht vorstellen, dass es der Täter auf mich persönlich abgesehen hatte – wahrscheinlich hatte ich ihn nur gestört –, aber das Ergebnis blieb das gleiche. Und der Schluss, den ich aus den Ereignissen der letzten Tage zog, auch.

Ich würde ausziehen.

Zufrieden mit meiner Entscheidung, stellte ich mich unter die Dusche und ließ das heiße Wasser für eine gefühlte Ewigkeit über meinen Körper laufen und sich in meinem Nacken sammeln, bis ich meine verspannten Muskeln nicht mehr spürte und – bis ein energisches Klopfen mich unterbrach.

»Herr Vanlanthen?«, tönte Karps besorgte Stimme durch die Tür. »Ist alles in Ordnung mit Ihnen?«

Ich unterdrückte einen Fluch. Wahrscheinlich vergeudete ich unnötig teure Energie. »Ja, danke!« Ich drehte den Wasserhahn ab und angelte nach einem Handtuch.

Eine Pause entstand, dann sagte Karp: »Wenn Sie mich nicht mehr benötigen, gehe ich jetzt mittagessen und mache dann noch ein paar Erledigungen. Gegen vier bin ich spätestens wieder zurück. Soll ich Ihnen etwas aus der Apotheke mitbringen?«

»Nein, danke.«

»Dr. Drexel hat heute Abendsprechstunde. Wenn Sie möchten, begleite ich Sie dorthin. Das heißt, wenn Sie sich überhaupt stark genug dazu fühlen. Leider ist das Wartezimmer in der Skisaison immer ziemlich voll. Aber ich könnte auch versuchen, Frau Dr. Magreiter zu erreichen. Die ist zwar schon in Pension, aber –«

Ich spürte, wie mich Mordlust erfasste. *»Nein, danke.«*

»Schön«, sagte Karp zögernd. »Was haben Sie heute vor?«

Darüber hatte ich noch nicht in allen Einzelheiten nachgedacht, aber nun erkannte ich, dass ich Karps Abwesenheit nutzen konnte, um mich im Haus einmal gründlich umzusehen. »Schlafen«, rief ich durch die Tür, zog meinen Bademantel an und verknotete den Gürtel mit aller Kraft.

Der Mantel war dunkelblau und erinnerte mich unangenehm an einen gewissen Stoffstreifen. Die Kirche – wo war ich vorletzte Nacht gewesen? Im Bett natürlich, wo sonst. Und das Schmelzwasser und das Stück Seide, dunkelblau mit orangefarbenen Punkten, so schön wie ein Winterhimmel? Das hatte ich fast vergessen. Es steckte noch immer in meiner Hosentasche. Sollte ich es der Polizei geben? Aber dann musste ich erklären, was ich in der Mordnacht bei der Kirche gemacht hatte.

»Herr Vanlanthen …?«

»Viel Spaß«, rief ich und drehte das Wasser am Handwaschbecken so weit auf, dass sein Rauschen alle noch folgenden Worte übertönen musste. Ende der Diskussion.

Eine Viertelstunde später stand ich in der Küche und briet mir Spiegeleier mit Speck. Dazu aß ich zwei Drittel der frischen Baguette, die Karp wohl am Morgen besorgt haben musste. Während ich das letzte Eigelb vom Teller wischte, stellte ich mir voll Schadenfreude sein Gesicht vor, wenn er das Fehlen des Brotes bemerkte. Wie ich Karp kannte, würde er mir gegenüber jedoch kein Wort darüber verlieren, sondern diskret noch einmal zum Bäcker gehen. Im Grunde tat mir der Mann leid.

Ich schickte noch schnell eine Nachricht an Helen.

Karp hatte gesagt, er werde gegen vier zurück sein. Jetzt war es halb eins, Zeit genug.

Doch nach dem üppigen Frühstück fühlte ich mich erschöpft. Auch wenn mein Kopf nicht mehr schmerzte, war ein Pochen unter meiner Schädeldecke geblieben. Mein Entschluss, mich umzusehen, geriet ins Wanken. Was ging mich dieses verrückte Haus schon an? Ich konnte mich genauso gut wieder ins Bett legen, den Nachmittag verschlafen und am nächsten Tag ein neues Quartier suchen.

Je mehr ich darüber nachdachte, umso besser erschien mir die Idee. Als letztes Zeichen meines Widerstands stellte ich den schmutzigen Frühstücksteller und die Kaffeetasse einfach in das Spülbecken. Karps rosa Gummihandschuhe, die wie immer über dem Wasserhahn hingen, gerieten in Bewegung, und die knochenlosen Finger sahen aus, als wollten sie nach dem Geschirr greifen und die Spuren meines Vergehens beseitigen, ehe ihr Herr meinen Frevel bemerkte.

Als ich aus der Küche kam, fiel mein Blick auf Tante Maggies Wohnungstür. Eigentlich hatte ich direkt wieder in mein Bett gehen wollen. Doch jetzt war mir, als könnte ich mit einem Röntgenblick durch das Türblatt die Wohnung sehen, so wie sie bei meinem Besuch vor mir gelegen hatte.

Die Hand schon auf dem Treppenlauf, blieb ich stehen.

Jemand war in die Wohnung eingedrungen, hatte die Puppe geholt und sie in der Garage aufgehängt. Was sollte das sein? Eine Drohung gegen Karp? Der ging selten in die Garage, soweit ich wusste, hätte das gräuliche Arrangement vielleicht nie zu Gesicht bekommen. Das Ganze schien sinnlos.

Auf einmal tauchte eine Erinnerung auf, war erst verschwommen, nahm schließlich Gestalt an. Auf einer Reise durch die Südstaaten von Amerika – ich hatte für mein Taschenbuch »Cajun Kitchen« recherchiert – war ich eines Abends in New Orleans zufällig auf einen seltsamen Markt gestoßen. Ein Hexenmarkt, hatte der Taxifahrer, der mich später ins Hotel zurückgebracht hatte, erklärt. Alle möglichen Zaubermittel, Vogelschwingen, Spiegelscherben, Pulver und Perlen hatte ich dort gesehen. Und eine Voodoo-Puppe, die abscheuliche Karikatur eines Menschen. Die Hexe hatte im Verkaufsgespräch die Macht dieser Kreatur angepriesen, aber ich hatte vom Erwerb abgesehen. Die Vorstellung, dieses kleine Monster im Gepäck zu haben, hatte mich schaudern lassen.

Hasste jemand Simon Karp so sehr, dass er sein kindliches Ebenbild rituell tötete, um ihm zu schaden? Die schleichenden Schritte fielen mir ein, die ich seit meiner Ankunft immer wieder auf der Treppe gehört hatte. Und letzte Nacht war die Hintertür nicht verschlossen gewesen. Wer hatte außer den Pensionsgästen noch Zutritt zu diesem Haus? Der Mann, der mich aus dem Schatten des Torbogens belauert hatte? Dann kannte er Maggie und ihre Puppe, ja die Verhältnisse im Haus gut. Vielleicht hatte er ja aus Unachtsamkeit oder Sorglosigkeit eine Spur hinterlassen.

Ich ließ den Handlauf los.

Aus dem Laden vernahm ich Stimmen. Malin war in ein Gespräch mit mehreren Kunden verwickelt. Das würde sie zumindest die nächsten Minuten aufhalten. Und mehr Zeit brauchte ich nicht. Ich schlich zu Maggies Wohnung hinüber.

Die Tür war nicht verschlossen.

Auch bei Tageslicht hatte die Wohnung nichts Gemütliches. Nun fiel die leichte Staubschicht auf, die sich in den letzten Tagen gebildet hatte und die den Eindruck von Abwesenheit und Leere verstärkte. Die Vasen und Teller auf der Anrichte schienen stumpf, und die Menschen auf den Fotos blickten wie durch einen Schleier. Ein paar Fingerabdrücke waren undeutlich auf der grauen Tischplatte zu sehen. Es war wohl Karp gewesen. Kurz wunderte ich mich, dass Karp, der Mann mit Schürze, Gummihandschuhen und Putzmitteln, die Wohnung seiner Tante so lieblos der Vernachlässigung preisgab.

Dann ließ ich meinen Blick weiterwandern.

Vor den Fenstern stand der Stubenwagen, in dem bei meinem ersten Besuch die Puppe gelegen hatte. Seine geschnitzten Seitenteile schimmerten im letzten Licht des Tages. Der Anblick irritierte mich. Ich brauchte ein paar Sekunden, bis ich begriff, was mich störte. Als einziges Möbelstück in diesem Raum war der Stubenwagen staubfrei.

Jemand hatte ihn sorgfältig abgewischt.

Heute kann ich nicht mehr sagen, was mich daran gehindert hat, die Wohnung zu verlassen und einfach die Tür hinter mir zu schließen. Der Stubenwagen zog mich geradezu magisch an. Früher war man überzeugt, den Anblick des Mörders in den toten Augen seines Opfers erkennen zu können. Als wenn sich sein Bild in den letzten Sekunden eines Lebens für immer auf der Netzhaut eingebrannt hätte. Ich glaube, ich hatte einen ähnlichen Gedanken. Wer immer für diese gefährliche Drohung verantwortlich war, hatte vielleicht eine Spur auf den Spitzenkissen hinterlassen. Langsam durchquerte ich das Zimmer, blieb vor dem Kinderbett stehen. Ließ mich eine Vorahnung zögern? Endlich überwand ich mich und warf einen Blick in das Innere.

In dem Stubenwagen lag die Puppe.

Ihr Kopf mit dem friedlich schlafenden Gesicht war auf das Taufkissen gebettet. Das Spitzenhäubchen saß wieder auf seinem Scheitel, die Decke war fürsorglich bis zum Kinn hochgezogen, und neben der kalten Plastikwange lag der hellblaue Schnuller, zur Beruhigung griffbereit.

Ein Gefühl der Unwirklichkeit erfasste mich.

Bis vor wenigen Sekunden war ich sicher gewesen, diesen Puppenkörper in der letzten Nacht gesehen zu haben. Im Licht der Taschenlampe hatte er sich, nackt und ein Seil um den Hals, vor meinen Augen gedreht. Der Anblick war so echt gewesen, dass ich nicht an ihm gezweifelt hatte. Aber weder Karp noch Thomas hatten die Puppe in der Garage gesehen. Ich litt an Wahnvorstellungen. Und vielleicht an noch Schlimmerem.

Erschüttert wandte ich mich ab und schlich davon.

Risotto mit Garnelen und mediterranen Gewürzen

Zutaten

50 g Olivenöl · 40 g Zwiebeln, fein gehackt · 400 g Risotto-Reis · 200 ml trockener Weißwein · 800 ml Geflügelfond oder Instantbrühe · nach Geschmack und wenn vorhanden: Pastagewürz, mediterranes

Gewürz und Bauerngartensalz von Johanna Maier • 250 g Furchengarnelen • 250 g klein geschnittenes Gemüse (Kürbis, Erbsenschoten, Paprika, Tomaten, Pilze usw.) • etwas Sahne oder Butter • je 1 Handvoll Parmesan, Blattspinat, Petersilie, fein geschnitten

Zubereitung
Zwiebeln in Olivenöl ohne Farbe anschwitzen, Reis dazugeben. Mit heißem Weißwein aufgießen. Wenn der Weißwein einreduziert ist, nach und nach den Geflügelfond eingießen, bis das Risotto weich ist. Furchengarnelen in Scheiben schneiden und in das Risotto geben. Gemüse dazugeben. Mit etwas Sahne aufgießen, Parmesan und Petersilie hinzufügen. Zum Schluss Blattspinat dazu und nach Belieben würzen.

NEUN

»Ich kann jetzt nicht kommen«, sagte Melusine entsetzt.

Es war ein strahlender Wintermorgen, und ich spazierte, das Handy am Ohr, durch Bad Gastein. In der letzten Nacht, in der ich kaum zu schlafen gewagt hatte, war mein Entschluss unumstößlich geworden. Das dachte ich zumindest. Ich würde abreisen, und zwar so bald wie möglich. Natürlich nicht, ohne vorher Melusine in Wien Bescheid zu sagen und ihr die Verantwortung für das Geschäft und die Pension zu überlassen. Die schöne, heile Welt des alten Spielzeugladens im Sterngässchen hatte sich für mich als trügerische Idylle entpuppt. Sie beeinträchtigte meine Wahrnehmung und meinen Wirklichkeitssinn, ließ mich über Betrug und Gewalt schweigen und nachts durch Haus und Hof irren und möglicherweise durch dunkle, tief verschneite Straßen geistern. *Zur Kirche.* Kurz, sie trieb mich zu Dingen, die ich vor einer Woche noch nicht für möglich gehalten hätte.

»Meine Fotografin ist verschollen«, sagte ich, »und die Fotostrecke damit geplatzt. Wenn ich Glück habe, übernimmt Max Danhauser den Auftrag, und wir können in seinem Landhaus am Königssee arbeiten. Sorry, aber ich habe einen fixen Abgabetermin.«

Schweigen am anderen Ende der Leitung, dann sagte Melusine, und ihre Stimme war herzzerreißend jung und flehend: »Nächste Woche ist meine letzte Prüfung. Für die habe ich zwei Monate gelernt. Gleich danach setze ich mich in den Zug, ich schwöre. *Bitte, Mark!* Tante Maggie kommt sowieso in ein paar Tagen nach Hause.« Sie machte eine Pause. »Dann kannst du doch sofort weg. Ja?« Ihr Angebot bedeutete den Verzicht auf unsere langen Gespräche, die ihr, wie ich wusste, so sehr am Herzen lagen.

»Simon Karp wird sich um alles kümmern.« Immerhin war er ja der Stiefsohn. Dann fiel mir etwas ein: »Deine Tante kommt aus dem Krankenhaus? Woher weißt du das?«

»Ich habe gestern mit einem Arzt telefoniert«, sagte Melusine. »Sie wollen morgen den Aufwachprozess einleiten, und wenn alles gut geht, kann sie nächste Woche nach Hause. Natürlich mit Krücken – aber dann bin ich ja schon da. Ich bleibe die ganzen Weihnachtsferien in Gastein.« Sie machte eine Pause, dann setzte sie in dem schmeichelnden Ton, den man widerspenstigen Großvätern gegenüber anschlägt, hinzu: »Ich stricke dir auch gerade einen Norwegerpullover. In Blautönen, dann kannst du ihn auch an der Nordsee tragen.«

Ich blieb mitten auf der Hauptstraße stehen.

Links und rechts von mir standen die gelben Gründerzeitvillen. Auf ihren Dächern lasteten Schneehauben, ihre Fenster glänzten in der Sonne, und die schmiedeeisernen Straßenlaternen trugen weiße Mützen. Eine Kindergruppe zog laut schnatternd und ohne auf den Verkehr zu achten, Rodelschlitten über den Gehweg, flankiert von zwei sichtlich genervten Lehrerinnen. Direkt vor mir lag ein verschneites Bergmassiv, darüber wölbte sich ein stahlblauer Himmel. Es war ein Bild voll leuchtender Winterpracht, wie es in Prospekten zu finden ist. Und gleichzeitig vermittelten die alten Fassaden den Eindruck eines handkolorierten Stiches, als bewahrten sie die Erinnerung und die verblassenden Farben eines hundert Jahre zurückliegenden Winters. Jemand hupte, und als ich aufsah, entdeckte ich den silberfarbenen Kombi mit der Skischul-Werbung. Thomas, im dicken Anorak, winkte mir kurz zu und fuhr in Richtung Sportgastein und Skilift weiter.

»Das Psychologie-Studium zahlt sich aus«, knurrte ich, doch es war mir ohnehin nie möglich, diesem Mädchen etwas abzuschlagen. Ihre stämmige Figur wirkte wie ein Panzer gegen die grausame Wirklichkeit ihrer Kindheit, konnte Melusines Tapferkeit und ihren wachen Geist jedoch nicht verbergen. Ich hatte eine Schwäche für die Kleine, bewunderte, wie sie sich von den Erinnerungen nicht unterkriegen ließ. Außerdem hatte sie mir das Leben gerettet. Also setzte ich, wider Willen besänftigt, hinzu: »Du wickelst mich immer um den Finger! Na gut, wann kannst du kommen, du kleine Kröte? Wenn mir deinetwegen mein Auftrag platzt, musst du mich mit Stricken über Wasser halten.« Die riesigen selbst gefertigten Teile, in die sie ihre üppige Figur hüllte, waren ein optischer Alptraum.

Sie lachte, es klang befreit. »In fünf Tagen, okay?«

Ich setzte meinen Weg in Richtung Wasserfall fort. »Ich verlasse mich drauf«, sagte ich. Dann schoss mir der Gedanke durch den Kopf, dass ich Melusine auch in einer Woche unmöglich allein in der bizarren Welt des »Puppenparadieses« zurücklassen konnte. Seit Altaussee fühlte ich mich für sie verantwortlich. Und wie gesagt – ich schuldete ihr ein Leben. Die Vorstellung, das Mädchen allein mit dem exzentrischen Karp, der unzuverlässigen Malin und ihrem prügelnden Freund – und vor allem dem Unbekannten, der die Welt im Sterngässchen bedrohte – zu wissen, erfüllte mich jetzt schon mit Entsetzen. Ich konnte erst abreisen, wenn ich die Geheimnisse des Sterngässchens gelöst hatte. »Wenn sich meine Fotografin meldet, bleibe ich auch länger.«

»Oh, prima«, quietschte sie. »Ich habe ein Rezept für Kletzenbrot von meiner Oma gefunden. Das backen wir dann.«

»Was backen wir?«

»Weihnachtliches Früchtebrot mit Roggenteig.«

Bei dem Gedanken, was Karp zur Übernahme seiner makellosen Küche durch diese kleine Chaotin sagen würde, musste ich grinsen – und fühlte mich gleich besser. Melusine hatte immer diese Wirkung auf mich. »Ich freu mich drauf«, sagte ich. »Und auf dich auch. Viel Glück für die Prüfung.«

»Ach, Mark, du bist der Beste«, seufzte sie, und es klang, als hätte sie in Gedanken »Onkel« Mark gesagt.

Ich habe noch keine Kinder, aber eine Tochter wie Melusine wäre schon eine gute Zukunftsperspektive. »Pass gut auf dich auf«, sagte ich, ohne nachzudenken.

Eine kurze Pause entstand. »Alles in Ordnung mit dir?«

»Warum?« Abgesehen von zwei Morden. »Ja, schon.«

»Du klingst so komisch«, sagte sie, und ihr Misstrauen war von Wien bis Gastein zu hören. »Ich kenne dich.«

»Bis nächste Woche, Kleines.« Ehe sie weiter in mir bohren konnte – wenn Melusine sich etwas in den Kopf gesetzt hatte, konnte sie nichts aufhalten –, schaltete ich das Handy aus und steckte es in die Tasche.

Nun saß ich also fest.

Während ich mich auf den Heimweg machte, stellte ich fest, dass der Wintertag schon etwas von seinem Strahlen eingebüßt hatte. Wenn sich das Wetter verschlechterte, stand mir ein langer Tag auf meinem Zimmer bevor. Und so kaufte ich in der nächsten Trafik ein Nachrichtenmagazin und nahm an der Kasse auch noch das Lokalblatt mit. Vielleicht gab es schon neue Ermittlungsergebnisse zu Lianes Mörder.

Als ich aus dem Laden trat, war die Sonne verschwunden. Über den Grat des Bergmassivs, an dem sich die Häuser von Bad Gastein zu türmen schienen, quollen dunkle Wolken. Die Temperatur schien schlagartig gefallen zu sein. Ich klappte den Mantelkragen hoch und wandte mich nach rechts, dem Sterngässchen zu. Das raue Eis des gefrorenen Wasserfalls schimmerte unter dem anthrazitfarbenen Himmel wie gestocktes Blei, und in der Schlucht, in die er zu stürzen schien, lauerten Schatten. An diesem Tag kam sie mir tiefer und gefährlicher vor als an den Tagen zuvor, wie der aufgerissene Schlund eines Ungeheuers, das nur darauf wartete, dass ein Spaziergänger zu nah an das Brückengeländer geriet. Dann würde es sein Opfer verschlingen, so wie dieser Laden für altes Spielzeug darauf lauerte, mich zu verschlingen. War mir das Sterngässchen bei meiner Ankunft noch wie die heile Weihnachtswelt eines Charles Dickens vorgekommen, so wusste ich jetzt, dass es die Spielstätte eines bösen Märchens war. Und ich war eine seiner Figuren. Die Frage war nur, welche Rolle mir zugedacht war – die des Opfers oder die des Helden.

Den Kopf voll dunkler Gedanken, ging ich an der Kirche vorbei. Jemand hatte Blumen und Grablichter an der Seitenwand aufgestellt. Die brennenden Kerzen warfen einen blutigen Schein durch das rubinrote Glas.

Bei dem Gedanken, dass sie der einst so lebenslustigen Liane galten, lief eine Gänsehaut über meinen Rücken. War Liane nur zur falschen Zeit am falschen Ort gewesen, oder hatte sie ihren Mörder gekannt? *Arlberg, Südtirol, manchmal Kanada.* Die Polizei glaubte an eine Mordserie, die in Meran begonnen hatte. *In Südtirol.* Liane und Thomas waren ein Paar gewesen. Hatte sie ihn unter Druck gesetzt? Möglich, aber das rechtfertigte keinen Mord. Brauchte ein Frauenmörder und Psychopath eine Rechtfertigung? Franz hätte ein Motiv gehabt. Wenn Liane ihm gedroht hatte, sich scheiden zu lassen, hatte er um seine Zukunft fürchten müssen. *Wenn Liane mich verlässt, bin ich quasi mittellos.* Vielleicht hatte er den Mord an seiner Frau nur wie die Tat dieses Psychopathen aussehen lassen, um von sich selbst abzulenken. Dann waren jetzt zwei Frauenmörder auf freiem Fuß.

Ohne auf den Weg zu achten, war ich im Sterngässchen und vor dem Puppenladen angekommen. An der grün gestrichenen Türumrandung lehnte ein mannshohes, unförmiges Paket. Das Packpapier war einmal längs und an vier Stellen quer verschnürt worden und zeichnete deutlich die Umrisse eines Menschen nach. Das Ganze erinnerte frappierend an eine ägyptische Mumie in ihren Totenbändern. Mein Magen fing an zu kribbeln, aber ich überwand meine Aversion, beugte mich hinab und las das Etikett. Die Sendung kam aus einem Wiener Modehaus. Dann war es wohl zumindest keine Leiche.

»Der Paketbote sollte wohl erst am Samstag kommen, aber ich habe ihm gesagt, er soll das Paket ruhig dalassen«, rief Frau Banzeff von den Stufen zu ihrem Antiquitätenladen herüber. »Irgendwann muss Fräulein Andersson ja zur Arbeit erscheinen.« Sie trug ein rotes Kostüm mit Goldknöpfen und schwarze Lackschuhe, und ihre weißen Haare saßen so perfekt wie immer. In dieser aus den Fugen geratenen Welt wirkte sie so anachronistisch wie die Queen – und dabei doch als Fels in der Brandung. Irgendwie erinnerte sie mich an meine Hamburger Großmutter, ein Muster an altmodischer Disziplin und Unerschütterlichkeit. Vielleicht war das der Grund, dass ich ihr etwas Nettes sagen wollte und eine vertrauliche Nachricht weitergab.

»Guten Morgen«, rief ich. »Was ist das denn?«

»Wird wohl die Weihnachtsmann-Puppe fürs Schaufenster sein«, sagte sie. »Maggie wollte mal neu dekorieren.«

Hörte sie den Stein, der mir vom Herzen fiel? Bemerkte sie die leichte Schamröte, die mein Gesicht überzog? »Dachte ich mir schon«, sagte ich betont gelassen und ging zu ihr hinüber. »Es gibt übrigens gute Neuigkeiten: Frau Mayerhofer kommt nach Hause.«

Frau Banzeff trat auf die Gasse hinunter. Hinter ihr konnte ich das zerknautschte Gesicht von Ariel, ihrem Pekinesen, sehen. Seine Glupschaugen starrten mich misstrauisch an. »Oh«, sagte Frau Banzeff. »Wann denn?«

»Nächste Woche«, sagte ich. »Ich habe gerade mit Melusine telefoniert. Morgen wollen sie sie aufwecken.«

Frau Banzeff strich sich eine imaginäre Haarsträhne aus der Stirn. Sie wirkte nicht gerade euphorisch. »Ist das nicht noch etwas früh?«

»Sie bekommt Krücken.«

»Nein, ich meine ... ist sie dafür kräftig genug?«

Ich zuckte die Schultern. »Die Ärzte haben anscheinend keine Bedenken«, sagte ich. »Außerdem kommt Melusine nächste Woche.«

Frau Banzeff starrte mich an. »Das Mädchen kommt?«

»Frau Mayerhofer wird Hilfe brauchen«, sagte ich. »Wahrscheinlich wird es das Beste sein, wenn man überhaupt jemanden für sie finden könnte, der ihr zur Hand geht. Die Dame ist immerhin über achtzig. Ich verstehe gar nicht, warum bisher niemand daran gedacht hat.« Ihr Stiefsohn machte sich zwar nützlich, war aber berufstätig und seit Kurzem auch noch verlobt. Es war nur eine Frage der Zeit, bis er dem Gasteiner Tal den Rücken kehren und mit seiner Freundin endlich sein eigenes Leben beginnen würde.

Frau Banzeff gab einen verächtlichen Laut von sich. »Das haben sie da drüben ja schon versucht«, sagte sie. »Vor ein paar Jahren war da mal ein ganz nettes Mädel, das hätte den Haushalt führen sollen. Fleißig war sie und immer freundlich. An ihren Namen kann ich mich nicht mehr erinnern, aber sie war so eine altmodische Schönheit, wissen Sie?« Sie zeigte mit dem Finger auf ihre Taille. »Mit so langen roten Haaren und einem Puppengesicht.«

»Warum hat das Mädchen denn gekündigt?«

Frau Banzeff verzog den Mund. »Die ist mit irgendeinem reichen Gast durchgebrannt«, sagte sie. »Von einem Tag auf den anderen war sie weg. Sie hat nicht einmal ihre Sachen mitgenommen. Maggie war ganz aus dem Häuschen. Ich glaube, sie hatte sich Hoffnungen gemacht, dass das was mit ihrem Simon werden könnte. Tja, wie's aussieht, hat sie mit Fräulein Andersson auch nicht mehr Glück. Wenn Sie mich fragen, ist die vom gleichen Kaliber wie die kleine Rothaarige damals.« Sie richtete ihren Blick über meine Schulter. »Wenn man vom Teufel spricht.«

Ich drehte mich um und sah Karp das Sterngässchen heraufkommen. Ein dicker Schal lag um seinen Hals, und sein Kaschmirmantel war bis oben hin zugeknöpft. Karps Augen waren rot unterlaufen. In der behandschuhten Hand trug er eine große Plastiktüte mit dem Aufdruck einer Apotheke. Wie es aussah, hatte er einen Großeinkauf gemacht. Als er das Paket entdeckte, blieb er kurz stehen und warf einen Blick darauf. Aber sein Interesse erlosch gleich wieder, und er kam zu uns herüber.

»Guten Morgen, Herr Vanlanthen«, sagte er. »Frau Banzeff.« Er deutete eine Verbeugung an, aber die alte Dame erwiderte seinen Gruß nicht.

»Morgen, Simon«, sagte sie kühl und fügte, an mich gewandt, hinzu: »Na dann, einen schönen Tag noch. Und sagen Sie Melusine, sie soll sich bei mir melden, wenn sie etwas braucht.« Damit bückte sie sich und packte den Pekinesen am Halsband. Mit einem energischen Schubs beförderte sie ihn in den Laden. Hoch erhobenen Hauptes folgte sie ihm. Audienz beendet. Die Türglocke klingelte silbern, und in meiner Phantasie hörte ich wieder die Schellen eines Pferdeschlittens, vom Schnee gedämpften Hufschlag und die fröhlichen Stimmen der Heimkehrer. Bevor ich abreiste, würde ich doch noch einmal nach dem Preis für das Gemälde mit der Troika fragen. Ich wollte es unbedingt haben, egal wie viele Teeeinladungen neben dem zischenden Samowar es mich kostete.

»Melusine?«, fragte Karp.

»Sie kommt nächste Woche aus Wien, um ihre Tante zu unterstützen«, sagte ich. »Frau Mayerhofer geht es besser.«

Wenn ich erwartet hatte, dass Karp bei der Aussicht, seine Tante Margarete wieder in die Arme schließen zu dürfen, in helle Freude ausbrechen würde, so hatte ich mich gründlich getäuscht. Er kniff den Mund zusammen und schwieg. Anscheinend erfreute sich Frau Mayerhofer weder bei der Nachbarin noch bei ihrem Ziehsohn großer Beliebtheit.

»Frau Banzeffs Familie ist übrigens aus Sankt Petersburg«, sagte ich im Plauderton zu Karp, um das Thema zu wechseln und um ihm zu signalisieren, dass ich nicht auf seine Familiengeschichten erpicht war. »Haben Sie das gewusst?«

»Frau Banzeff ist eine höchst unangenehme Person«, sagte er gereizt. »Verbreitet ständig Gerüchte. Lassen Sie sich das gesagt sein, Herr Vanlanthen, und glauben Sie ihr kein Wort. Tante Margarete hat das auch erst einsehen müssen.« Er bemerkte wohl meine Überraschung, denn er setzte hinzu: »Niemand möchte der alten Dame etwas Schlechtes nachsagen. Es ist nur so, dass … nun, sie ist nicht mehr die Jüngste, und in letzter Zeit …«

»Frau Banzeff ist schon etwas verwirrt?« Den Eindruck hatte ich zwar nicht, aber alte Menschen kaschieren kognitive Defizite ja sehr gut.

Karps Miene wurde bekümmert. »Ja, leider, zunehmende Demenz«, sagte er. »Sehr betrüblich, aber dieses Schicksal trifft uns wohl am Ende alle.« Sein Seufzer kam von Herzen.

Nun, da hatte er wohl recht. Ich deutete auf das große Paket an der Ladentür des »Puppenparadieses«. »Frau Banzeff meint, das sei die Weihnachtsmann-Puppe für die Auslage.«

Sein Blick folgte meiner Hand, und seine Miene wurde abweisend. »Mit den Warenlieferungen für den Laden habe ich nichts zu tun«, sagte er. »Sie interessieren mich auch nicht.« Er hob die Plastiktüte. »Und jetzt muss ich mich endlich hinlegen, ich habe Fieber. Bitte entschuldigen Sie mich für den Rest des Tages.«

Ohne der eingewickelten Schaufensterdekoration Beachtung zu schenken – oder sie wenigstens mit ins Haus zu nehmen –, marschierte er auf das Tor zum Hinterhof zu. Die Plastiktüte schaukelte in seiner Hand, und dieser Anblick rief die Erinnerung an das Frühstück in mir wach, das er für mich zubereitet hatte. An jenem unseligen Sonntagmorgen, als Liane de Witt von einer gemeinsamen Nacht mit Thomas zurückgekommen war und noch genau einen Tag zu leben gehabt hatte. *Vielleicht können wir ja mal zusammen kochen.* Das hatte ich Karp zum Dank für seine Mühe vorgeschlagen. *Ach, das wäre wunderbar.* Er war begeistert gewesen, hatte geradezu gestrahlt. *Vielleicht am Freitagabend? Wenn Sie so freundlich wären, mir eine Einkaufsliste zu schreiben, dann kann ich alles Nötige rechtzeitig besorgen.*

Heute war Donnerstag.

Ich wohnte seit fast einer Woche im Sterngässchen, aber Karp hatte mich noch nicht um die Liste gebeten. Die Schrecken der letzten Tage hatten ihn seelisch völlig aus der Bahn geworfen, und er verließ das Haus kaum noch. Trotzdem kam er seinen Pflichten gewissenhaft nach, putzte, beobachtete den Geschäftsgang im Puppenladen und hatte ein wachsames Auge auf den Hinterhof und die Garage mit meinem Oldtimer darin. Sogar wenn ich zu meinem Auto ging, hatte ich beständig das Gefühl seiner Blicke im Nacken.

Jetzt hatte Karp das Tor erreicht und stieß es mit einem seiner langen Arme auf. In diesem Augenblick erinnerte er mich an eine tapfere Spinne, die verletzt nach einem Ausflug in ihr Netz zurückkehrte. Ich wunderte mich über meine Assoziation, aber natürlich stand es um meine Nerven auch nicht zum Besten. Wenigstens von der Bewachung der Garage konnte ich Karp entbinden, ihn so etwas entlasten.

Der Gedanke an die Nacht, als ein Unbekannter mich vor der spiegelnden Stoßstange meines Oldtimers zusammengeschlagen hatte, tauchte am Horizont meiner Gedanken auf, und die Kälte des Garagenbodens schien wieder in meine Glieder zu kriechen. Immer wenn ich in diesen Stunden zwischen Leben und Tod die Augen geöffnet hatte, war da etwas unter dem Wagenboden gewesen. Etwas metallisch Blinkendes. Jetzt meinte ich, einen goldenen Stift gesehen zu haben. Ich beschloss, gleich einmal nachzusehen, aber mit einem Blick auf die Uhr stellte ich ärgerlich fest, dass es bereits halb zehn war.

Wo steckte diese Malin schon wieder?

Da sie mir für den Fall ihrer Abwesenheit die Verantwortung für das Geschäft übertragen und auch gleich den Ladenschlüssel ausgehändigt hatte, blieb mir nichts anderes übrig, als den Weihnachtsmann in Sicherheit zu bringen. Während ich mit einer Hand die Tür aufdrückte und mit der anderen versuchte, das sperrige Paket hindurchzumanövrieren, schwor ich mir, dass dies mein letzter Einsatz sein würde.

Mein Entschluss stand auch noch fest, als eine halbe Stunde später ein grüner Range Rover vor dem Schaufenster hielt. Auf dem Fahrersitz saß dieser Oskar und daneben Malin. Sie beugte sich zu ihm hinüber, küsste ihn und stieg aus. Der schwere Wagen fuhr davon.

»Hej, hej«, sagte Malin, als sie ohne Anzeichen eines schlechten Gewissens in den Laden spaziert kam. Sie trug den neuen Fuchspelz, und das Seidentuch an ihrem Hals war nun von der französischen Luxusmarke. Trotzdem war mir, als ob ich durch den Druck hindurch die inzwischen sicher grün und gelb verfärbten Würgemale sehen konnte. Obwohl es bald zehn Uhr war, wirkte Malin alles andere als ausgeschlafen. »Du bist ja schon auf.« Sie stöckelte an mir vorbei zu dem alten Radio und drehte irgendeinen Sender auf. Diesmal erklang keine Ballettmusik, sondern die blecherne Stimme einer Schlagersängerin. »Ich kann nicht lange bleiben«, fügte Malin hinzu und kam zu mir zurück. »Lukas will eine Aussprache – *unsere Beziehung klären.* Hoffentlich macht er mir keinen Heiratsantrag.«

Mir verschlug es kurz die Sprache. Angesichts des Zustandes ihres Halses hätte ich eher darauf getippt, dass sie endlich eine Anzeige bei der Polizei erstatten würde. Aber dann brach es aus mir heraus: »Das war das letzte Mal, dass ich hier Dienst schiebe, klar?« Meine Empörung stieg mit jedem Wort. »Nächste Woche wird Frau Mayerhofer aus dem Krankenhaus entlassen, und ihre Nichte kommt auch. Ach ja, und übrigens – ich ziehe aus.«

»Ja, ja, ja – ist ja schon gut, Schätzchen.« Sie tippte mit der Spitze ihres Wildlederstiefels gegen das Paket, das ich auf den Boden gelegt hatte. »Was soll das denn hier? Was ist da drinnen?«

»Euer Weihnachtsmann«, sagte ich ärgerlich.

Sie blickte überrascht hoch. »Unser – *was*?«

»Roter Anzug, weißer Bart? Ho-ho-ho?« Ich war wirklich böse. »Ihr werdet das Teil ja wohl bestellt haben.«

Malin sah mich angewidert an. »Wir dekorieren doch keinen Plastik-Weihnachtsmann«, sagte sie. »Dies hier ist ein Spezialgeschäft für Sammler, für antike Puppen.« Und ich bin eine Künstlerin, hätte sie wohl noch sagen wollen.

»Ich weiß, England, hundert Jahre alt oder so.« Ich konnte mir den Seitenhieb nicht verkneifen. »Was macht ihr eigentlich, wenn euch jemand auf die Schliche kommt?«

Aber sie hatte gar nicht zugehört, sondern starrte nur mit gerunzelter Stirn auf das Paket. »Komisch«, sagte sie. »Die Adresse stimmt. War das die einzige Lieferung?«

»Mir hat sie jedenfalls genügt, warum?«

»Wir warten seit zwei Wochen auf eine Baby Annabell, das ist so eine Babypuppe aus den sechziger Jahren. Man kann sie füttern, sie macht in die Windel – wir haben vier Vorbestellungen.« Sie sah mich etwas indigniert an. »Jeder kennt doch eine Baby Annabell.«

»Vielleicht hat Karp den Auftrag einfach abgeschickt, ohne es vorher mit euch abzusprechen«, sagte ich. »Ich glaube, die Sache mit seiner Freundin hat ihn in der letzten Zeit ziemlich abgelenkt. Immerhin hat sie sich jetzt von ihrem Mann getrennt.«

»Was, echt jetzt?« Malin schüttelte den Kopf. »Maggie wird ausrasten, wenn Simon auf einmal mit einer Frau hier auftaucht. Dann kannst du sie gleich wieder ins Krankenhaus einliefern.«

Aus dem Radio kam eine Verkehrsmeldung, Stau auf der Umfahrung Wien.

»Frau Mayerhofer weiß nichts von Karps Beziehung?«

»Natürlich nicht, wo denkst du hin?« Malin lachte. »Ich denke, Simon hat die Flucht aus ihrem Machtbereich von langer Hand geplant. Vielleicht hat diese Frau ja eine Wohnung.«

Ein Verdacht keimte in mir auf, wurde beiseitegeschoben, ließ sich aber nicht mundtot machen. »Weiß überhaupt jemand, wer sie ist?«, fragte ich. »Oder wie sie heißt?«

»Jeder kümmert sich hier um seine Angelegenheiten«, sagte Malin von oben herab. »Das ist Privatsache.«

Ja, dachte ich, und die Verletzungen, die Malin deutlich sichtbar auf ihrer Haut trug, waren genauso Privatsache wie Lukas, der Schläger oder Schlimmeres, und ihre wechselnden Männerbekanntschaften, die sie aus ihrem selbst gewählten Jammertal retten sollten. Ich sah zu, wie Malin den Mantel abstreifte, über den Stuhl hinter der Kasse warf und eine große Schere aus der Schublade nahm.

»Na«, sagte sie. »Dann schauen wir mal nach.« Sie ging zu dem Paket zurück, überlegte kurz und trennte dann die Schnur über dem Kopf, der sich durch das Packpapier abzeichnete, durch. Mit zwei schnellen Handgriffen riss sie die Verpackung auseinander. Taumelte zurück und – schrie auf, schrie, schrie und konnte sich nicht mehr beruhigen.

In dem Paket lag eine tote junge Frau.

Ihr Gesicht war ebenmäßig und von kalter Schönheit. Die großen grünen Augen waren geöffnet und spiegelten das Deckenlicht, ihr roter Mund glänzte wie lackiert. Langes blondes Haar floss über ihre nackten Schultern und das weiße Vlies, in den ihr schmaler Körper eingewickelt war. Spitze Ellenbogen drückten sich zu beiden Seiten durch den Stoff.

Malin fing an zu lachen. »Eine Schaufensterpuppe«, sagte sie. »Was ist Maggie denn da eingefallen?«

Etwas beschämt starrte ich auf das seelenlose Plastikgesicht dieser übergroßen Barbie. »Vielleicht ein Christkind«, sagte ich. »Für die Auslage. Schau mal nach, ob da noch irgendwo Flügel drin sind.«

Aus dem Radio kam die Ankündigung für die Nachrichten, dann begann der Sprecher mit einer außenpolitischen Meldung, deren Inhalt die Ereignisse der nun folgenden Stunden in meinem Kopf ausgelöscht haben.

Malin hockte sich hin und fing an, in dem Verpackungsmaterial zu wühlen. »Nichts«, sagte sie und blickte von unten zu mir hoch. »Wenn Maggie das Ding bestellt hätte, wüsste ich davon.«

»… im Fall der ermordeten Liane de W. in Bad Gastein«, sagte der Radiosprecher in diesem Moment.

Malin und ich starrten uns an.

»Der Leichnam des Ehemannes, der im Verdacht steht, seine Frau vor zwei Tagen ermordet zu haben, wurde gestern am Nachmittag auf den Eisenbahngleisen gefunden. Ob es sich dabei um ein Selbsttötungsdelikt handelt oder um Fremdverschulden, wird die Untersuchung in der Salzburger Rechtsmedizin klären, die für Freitag angesetzt ist. Und nun zum Wetter. Mit einer starken Kaltfront erreichen uns im Laufe der kommenden Stunden kühlere Luftmassen aus Nordwesten. In den nächsten Tagen ist mit Temperaturen bis weit unter den Gefrierpunkt zu rechnen. Das waren die Nachrichten um zehn, die nächsten …«

Malin sprang auf und drehte das Radio aus. Als sie sich mir wieder zuwandte, sah ich, dass ihr Gesicht alle Farbe verloren hatte. »Franz ist tot«, flüsterte sie.

Ich nickte stumm, konnte nicht sprechen.

»Er hat Liane umgebracht, oder?« Malins Stimme war kaum zu hören. »Ich habe neben einem Mörder gewohnt.«

In meinem Kopf fuhren die Gedanken Karussell, schneller und schneller, wirbelten Bilder herum. Da war das Gesicht von Franz, einmal lachend und einmal verzweifelt, voller Sorge um seine Frau. Dann wieder eine Maske der Eifersucht und des Hasses und der Angst, alles zu verlieren – die Frau und die Existenz. Mit seinem Selbstmord, denn was sollte es sonst sein, hatte Franz ein Schuldeingeständnis geliefert. Er hatte Liane getötet, den Mord sogar kaltblütig wie das Werk des gesuchten Serientäters aussehen lassen. Oder? Eine eisige Hand legte sich auf mein Herz, drückte unbarmherzig zu. Und auf einmal kannte ich die Wahrheit. Am Abend des Mordes an Liane war Franz betrunken und gar nicht in der Lage gewesen, ein raffiniertes Verbrechen zu planen und seine Spuren zu verwischen. Oder er hatte zuerst den Mord begangen und sich nachher betrunken. Um sich ein Alibi zu verschaffen, sozusagen. Was mein Verstand sich so lange geweigert hatte zu glauben, sagte mir jetzt mein Gefühl.

Natürlich konnte auch Franz der Mörder sein.

Die Schaufensterpuppe starrte mich aus ihrem Bett aus Packpapier an. Jetzt erinnerte mich der Anblick des langen Kartons an einen Sarg und der seelenlose Blick der Glasaugen an den einer Toten. Mir war zum Schreien zumute.

Ein Rascheln riss mich aus meinen Gedanken.

Malin hatte sich, wohl um sich durch eine Routinehandlung zu beruhigen, zu dem Paket hinuntergebeugt und ein DIN-A4-Blatt herausgezogen. Stirnrunzelnd überflog sie den gedruckten Zettel, ließ ihn sinken und sah mich an.

»Der Lieferschein«, sagte Malin. Sie musterte mich nachdenklich. »Maggie kann die Schaufensterpuppe gar nicht bestellt haben«, sagte sie ruhig. »Der Auftrag ist am letzten Montag bei der Firma eingegangen. Da lag Maggie schon im Krankenhaus.«

»Ist das jetzt dein Problem?« Ich konnte es nicht fassen. »Eine falsche Warenlieferung?«

Malin schüttelte den Kopf. »Es ist unsere Kundennummer«, sagte sie und hielt mir den Schein hin, als hätte ich irgendeine Ahnung von den Daten des Puppenladens. »Die Bestellung kam von hier.«

»Na und? Wer sollte …« Ich brach ab.

»Franz, wer sonst?« Malins Augen funkelten. »Vielleicht hat er Frauen gesucht, Puppen, irgendein Sexobjekt – was weiß ich, was so ein Psychopath für seine irren Phantasien braucht?« Sie war immer lauter geworden. »Dieses Schwein.« Mit der Stiefelspitze trat sie so fest gegen das Paket, dass die Puppe herumgeworfen wurde und sich das goldblonde Haar wie ein Schleier über ihr schönes Gesicht legte. »Das ist ein Großhandel, die liefern nicht an Privatleute. Franz muss das gewusst haben.«

Ich gab auf, nickte nur stumm.

Franz hatte also eine Puppe für sich bestellt, Liane umgebracht und sich anschließend vor den Zug geworfen. Die Puzzleteile passten zusammen. Eins fügte sich ins andere und ergab ein stimmiges Ganzes. Trotzdem schien das Bild einen Fehler zu haben, in diesem Moment konnte ich ihn jedoch nicht erkennen. Aber der Stachel des Zweifels saß in meiner Seele. Und noch etwas beunruhigte mich. Wenn Franz trotz aller Indizien unschuldig war und die Polizei ihre Ermittlungen nach seinem Tod einstellte – dann war der Frauenmörder immer noch auf freiem Fuß.

Und konnte ungehindert weitertöten.

ZEHN

Der Detektiv in Hut und Krawatte rannte durch eine grauweiße Häuserschlucht, verfolgt von Gangstern in breitschultrigen Jacketts, die sich aus den Seitenfenstern einer fahrenden Limousine mit Weißwandreifen beugten. Baujahr zwischen 1933 und 1945, so schätzte ich. Die Mündungen ihrer Maschinenpistolen zeigten auf den Flüchtenden, und als er im Rennen einen gehetzten Blick über die Schulter warf, sah ich, dass es Cary Grant war.

In diesem Augenblick fing das Telefon an zu läuten.

Cary Grant blieb stehen und fischte sein Handy aus der Tasche. Aber das Telefon klingelte einfach weiter. Er zog ein Taschentuch hervor, nahm den Hut ab und wischte sich über die Stirn. Das Telefon klingelte und klingelte.

»Nun nimm schon ab«, murmelte ich.

Aber Cary Grant hörte nicht auf mich. Im Gegenteil, jetzt wurde seine Silhouette verschwommen, die Konturen der Hochhäuser lösten sich in Nebel auf, und das Bild verblasste zu einem milchigen Dunst, der Film riss.

Das Telefonklingeln blieb.

Ich warf mich auf meinem verschwitzen Kissen herum, versuchte, dem Traum und dem nervenzerrenden Läuten zu entkommen, doch ich hatte keine Chance. Das Geräusch bohrte sich in meinen Kopf, holte mich aus dem Schlaf und weckte mich schließlich ganz. Ich machte die Augen auf. Das Handy lag auf meinem Nachttisch. Sein Display leuchtete hell. Und es läutete unablässig. Ich benutze diesen alten Klingelton, der sich wie der in den Schwarz-Weiß-Filmen anhört.

Im Halbschlaf tappte ich mit der Hand über den Nachttisch, bis ich den Apparat ertastete und über das Kissen zu mir schleifte. Ich hatte den Vorabend über meinen Aufzeichnungen verbracht, ohne mich auf meine Arbeit konzentrieren zu können, und war erst nach Mitternacht zu Bett gegangen. Nun hatte ich das Gefühl, in der ersten Tiefschlafphase geweckt worden zu sein. Wie spät war es jetzt? Ich linste auf die Digitaluhr. *Zwei Uhr?* Ich wollte das Handy schon ausschalten – ich kannte zu der Zeit niemanden, der mich um zwei Uhr in der Früh anrufen würde –, da fiel mein verschlafener Blick auf die Nummer. Mit einem Schlag war ich wach.

Es war Helen.

Hektisch setzte ich mich auf und drückte auf den Annahmeknopf. »Helen? Oh Gott, Helen – geht's dir gut? Wo bist du?«

»Miami Airport«, tönte es aus dem Apparat. »Wieso meldest du dich nie? Hast du meine Nachrichten nicht bekommen?«

Ich rieb mir mit dem Handballen die Augen. »Welche Nachrichten?«, fragte ich. »Du bist doch verschollen. Ich habe versucht, dich per SMS zu erreichen.«

»Die Telefonverbindung war schlecht«, sagte Helen genervt. »Deswegen schicke ich dir ja seit einer Woche Mails.« Ihr Ärger schwappte von Florida bis ins Innere von Österreich. »Ich habe ein kurzfristiges Angebot in Marokko. Wir schießen eine Cruise Collection. Also, wenn unser Job gestorben ist, dann sag es einfach. Hör mal, Mark, ich habe dir sicher zwanzig Mails geschickt. So kann ich nicht arbeiten!«

»Wann hast du denn geschrieben?«, fragte ich verwirrt.

»Jeden Abend«, sagte Helen. »Aus dem Hotel. Was ist denn los? Warum flüsterst du so? Bist du nicht allein? Störe ich gerade?« Sie klang nicht so, als wenn das einen Unterschied gemacht hätte.

»Ich habe keine Mails bekommen.«

Am anderen Ende der Leitung entstand eine Pause. Eine Männerstimme redete im Maschinengewehrtempo auf Spanisch. Helen zischte etwas, und der Mann verstummte. Dann sagte sie: »Okay, ich versuche mal, dir das zu glauben. Also – soll ich jetzt noch nach Gastein kommen oder nicht?«

Ich bemühte mich, einen klaren Gedanken zu fassen. Aber, verdammt, es war zwei Uhr früh. »Ich weiß es nicht.«

»Du weißt es nicht?« Im Hintergrund ertönten ein Gong und dann eine Flughafendurchsage. »Verarschst du mich?«

»Helen, hier sind eine Menge Dinge passiert ...«

»Ich opfere meinen Urlaub für dich, cancele ein Shooting in Japan – *und du weißt es nicht*?«

»Es sind zwei Frauen ermordet worden«, sagte ich.

»Verstehe.« Helens Stimme war sachlich, die Diskussion war zu Ende. Es ärgerte sie hörbar, mich überhaupt angerufen zu haben. Ihre nächsten Worte bestätigten meinen Verdacht. »Pass auf, du Traumtänzer. Ich nehme jetzt mit meiner ganzen Mannschaft die Maschine nach Marrakesch, und du –«

»Helen, bitte.«

»Und du rufst mich nicht mehr an, klar? *Nie wieder.*«

Ich hörte noch eine halbe Flughafendurchsage, dann brach das Gespräch ab. Weshalb hatte Helen behauptet, mir geschrieben zu haben? *Sieh nach*, flüsterte eine hämische Stimme in meinem Kopf, *du gutgläubiger Trottel.* Ich drückte auf die Mailtaste. Die Post im Eingang war geöffnet, ich hatte alles gelesen. Na also, dachte ich bitter. Aber dann, einem inneren Impuls folgend, tippte ich auf den Ordner mit den gelöschten Mails.

Da waren sie, die Mitteilungen, von denen Helen gesprochen hatte. »Hi, Mark, sitze fest, so eine Scheiße, warten im Hotel Blue Ocean in Nassau den Hurricane ab«. Ich wischte weiter. »Die Telefonleitungen funktionieren immer noch nicht, aber ich versuche alles, um unseren Termin zu halten. Melde dich unter dieser Adresse, ja? Muss ich mir Sorgen machen?« Helen hatte acht Mal geschrieben. Die Nachrichten wurden verständnisloser, ärgerlicher, und die letzte lautete: »Fliege morgen nach Miami, versuche, dich von dort aus noch einmal zu erreichen. MARK, WO STECKST DU?«

Ich ließ das Handy sinken.

Anders als die meisten Leute trug ich den Apparat nicht ständig mit mir herum, ließ ihn sogar immer wieder liegen. Nicht einmal durch ein Passwort war er gesichert. Schließlich arbeitete ich die meiste Zeit in meinem kleinen Haus auf Sylt. Und jetzt hatte jemand heimlich mein Handy genommen und meine Mails gelöscht. Was ergab das für einen Sinn? Gar keinen, lautete mein erster Gedanke. Aber dann fiel mir ein, dass ich nur wegen des Fototermins in Gastein war. Ohne Helen wäre mein Aufenthalt hier zwecklos gewesen. Wer immer meine Mails entfernt hatte, wollte mich loswerden.

Als Erstes dachte ich an Karp, der mir angeboten hatte, ein neues Quartier für mich zu suchen. Aber seit zwei Tagen war das kein Thema mehr, im Gegenteil, angeblich war keine andere Unterkunft für mich zu finden. War Franz so eifersüchtig gewesen, dass er mich aus Lianes Umgebung entfernen wollte? Lianes hungriger Blick schien mich aus dem Dunkel meines Zimmers zu treffen. Ja, das war schon eher möglich. Thomas dagegen war es schlicht egal, ob ich in Tante Maggies Pension wohnte oder auf einer einsamen Almhütte. Und Malin? Nein, die nicht. Sie brauchte mich schließlich als bequeme Vertretung im Laden.

Ich legte das Handy auf den Nachttisch und stand auf. An Schlaf war inzwischen sowieso nicht mehr zu denken. Ich ging zum Fenster und zog den Vorhang beiseite. Hoffte ich, dass der Tag bereits anbrach und sich irgendwo über den Berggipfeln ein Silberstreif zeigte? Es war halb drei und stockfinstere Nacht.

Der Hinterhof lag dunkel unter mir.

Schwarz und unförmig hockte die Garage wie ein Ungeheuer vor der Rückwand des Nachbarhauses. Am liebsten wäre ich hinuntergegangen, hätte mich in meinen Oldtimer – den geliebten Frosch – gesetzt und wäre schnurstracks nach Hause gefahren. Wenn ich mich jetzt auf den Weg machte, konnte ich morgen Abend in Hamburg sein. Ich sah die Brücke nach Sylt vor mir, hörte das vertraute Rauschen der Brandung, und eine warme Welle des Glücks durchlief mich. Nun, da Helen nicht mehr kommen würde, hielt mich nichts mehr in diesem von Bergen umgebenen und von Abgründen durchzogenen Ort.

Kurz schoss mir der Gedanke an Melusine durch den Kopf. Aber Melusine würde mich verstehen, sie verstand mich immer. Sollte ich jemals eines fernen Tages eine Tochter haben, dann musste sie genauso sein wie Melusine.

Tante Maggie würde nächste Woche aus dem Krankenhaus kommen, und Karp konnte ganz in seinen Fürsorgepflichten aufgehen, Tee und ungenießbare Suppe kochen und sich bis zu ihrem Tod von ihr überwachen lassen. Genauso, wie es mich nichts anging, ob Malin sich von ihrem Freund totschlagen ließ oder nicht oder mit welchen Frauen Thomas sich über den Verlust von Liane hinwegtröstete.

Doch dann dachte ich an Franz.

Und dabei fielen mir der Überfall auf mich in der Garage und die Schaufensterpuppe ein, die jetzt in ihrem Sarg aus Pappe unter dem Arbeitstisch in der Werkstatt ruhte. Hatte Franz tatsächlich versucht, mich zu töten, und die Puppe bestellt? Mir war, als wäre der kalte Garagenboden wieder ganz nah. Und die scharfen Kanten der Chromstoßstange. Und der dunkle Raum unter dem Wagen. Und das blitzende Ding, der goldene Stift – oder was auch immer –, dessen Anblick sich während der langen Stunden des nahenden Todes in meine Netzhaut gebrannt hatte. Und auf einmal wusste ich, dass der Gedanke an dieses Goldding die ganze Zeit in meinem Hinterkopf gehockt und darauf gewartet hatte, dass ich mich seiner entsann. Und dass ich nicht abreisen konnte, ohne es mir angesehen und womöglich in Sicherheit gebracht zu haben.

Ich nahm meine Kleider, die ich wenige Stunden zuvor auf den Ohrensessel geworfen hatte, zog Jeans und Pullover an und schlüpfte mit bloßen Füßen in meine Schuhe. Dann ging ich zum Schreibtisch und zog die Schublade auf. Die Taschenlampe war noch da. Ich drückte gewohnheitsmäßig auf den Einschaltknopf, doch nichts geschah. Die Lampe blieb dunkel. Wahrscheinlich war die Batterie leer. Mit einem halb unterdrückten Fluch legte ich die Taschenlampe zurück in die Schublade.

Und jetzt? Was sollte ich jetzt tun?

Das ist eben Schicksal, sagte eine wohlwollende Stimme in meinem Kopf, *wirf deine Sachen in den Wagen und dann nichts wie weg von hier. Lauf, renne, rette dich.* Aber wenn ich mir mal etwas in den Kopf gesetzt habe, dann gibt es nichts, was mich davon abhalten kann. Im Gegenteil – Druck erzeugt bei mir immer Gegendruck. Diese schlechte Eigenschaft hat mich schon öfter in ernsthafte Schwierigkeiten gebracht. Und einmal sogar an den Rand des Grabes.

Ein paar Minuten blieb ich unschlüssig stehen. Dann fiel mir ein, dass der umsichtige Karp bestimmt in weiser Voraussicht einen Kerzenvorrat für den Fall eines Stromausfalls angelegt hatte. Und der lagerte wahrscheinlich in der Küche. Entschlossen wandte ich mich um und verließ das Zimmer, wobei mich meine Eile eine an sich unbedeutende, aber in meiner Situation lebensgefährliche Kleinigkeit übersehen ließ.

Die Sparlampen auf dem Flur waren gelöscht, und auch unter Karps Tür war kein Lichtschein zu sehen. Wenn er alle Medikamente genommen hatte, die in seiner Tüte aus der Apotheke gewesen sein mussten, dann lag er halb bewusstlos im Bett. Zufrieden schaltete ich das Licht an, lief auf Zehenspitzen die Treppe in den ersten Stock hinunter und huschte in die Küche.

Der gewohnte Geruch nach scharfen Putzmitteln empfing mich. Keine Krankheit der Welt konnte Karp davon abhalten, seine Umgebung klinisch rein zu halten. Ich öffnete ein paar Türen zu Oberschränken voller Geschirr, zog Schubladen auf, fand nur Besteck, Einmachgummis und Spicknadeln, und gerade als ich mich enttäuscht wieder auf den Rückweg machen wollte, entdeckte ich ein Bündel dicker weißer Haushaltskerzen und daneben zwei Feuerzeuge mit Werbeaufdruck, die griffbereit auf einer Fensterbank lagen. Natürlich, ganz Karp, wie praktisch. Wer sucht bei einem Stromausfall schon die richtige Schublade?

Ich nahm mir zwei Kerzen und eines der beiden Feuerzeuge – »Willkommen in Bad Gastein« – und ließ es zur Sicherheit kurz aufschnappen. Es funktionierte einwandfrei. Eilig lief ich aus der Küche. Inzwischen hatte mich fast ein Hochgefühl erfasst, meine Mission fühlte sich wie ein Abenteuer an. Im Rückblick kann ich meinen Leichtsinn nur meinen zerrütteten Nerven zuschreiben und der Tatsache, wie gefährlich nah ich seelisch bereits am Abgrund balancierte.

Gerade als ich auf dem Treppenabsatz im ersten Stock stand, die Hintertür im Erdgeschoss schon vor Augen, hörte ich hinter mir ein Geräusch. Es klang wie das Knacken alter Dielen und schien aus einem Zimmer über der Gasse zu kommen.

Ich fuhr herum.

Im mageren Licht der Sparlampen war der Gang nur schemenhaft zu erkennen. Die Türen zu den Zimmern, die auf die Gasse hinausgingen, waren geschlossen. Thomas war ausgezogen und hatte seinen Schlüssel bereits Karp übergeben. Malin schlief nur an besonders langen Arbeitstagen in ihrem Zimmer. Und die de Witts? Der Gedanke machte mein Herz schwer. Die de Witts waren beide tot.

Minutenlang, wie mir schien, stand ich dort auf dem Treppenabsatz, rührte mich nicht und lauschte angespannt. Das Geräusch wiederholte sich nicht. Wahrscheinlich hatte ich mich getäuscht. In einem alten Haus mit seinen Holztramdecken kehrte nie Ruhe ein. Mit diesem Gedanken versuchte ich mich zu beruhigen. Mein Gefühl ließ sich jedoch nicht täuschen. Ich hatte Schritte gehört, so wie all die Tage zuvor, als die Zimmer noch bewohnt gewesen waren. Doch nachdem eine Weile alles still blieb, setzte ich meinen Weg fort, verließ das Haus durch die Hintertür.

Der Himmel war wolkenverhangen, und nur ein dünner Mond beschien den Hinterhof. Es war so kalt, dass der Atem vor meinem Mund in einer Wolke gefror, aber ich stapfte los. Die Schneedecke schimmerte sogar in dem schwachen Mondlicht geradezu überirdisch, und nur in den Fußspuren der letzten Tage lagen bläuliche Schatten. Die schneidende Kälte dieser Dezembernacht schmerzte auf meiner Haut. Aber dies war meine letzte Gelegenheit, um mir Klarheit und damit Ruhe zu verschaffen. Denn noch vor Morgengrauen würde ich abreisen.

Je näher ich dem alten Holzverschlag kam, umso mehr hatte ich das Gefühl, als sähe ich ihn in dieser Nacht zum ersten Mal richtig. Eine dicke Schneehaube lastete auf dem Dach, und Eiszapfen, die letzten Zeugen eines Warmwettereinbruchs, hingen kalt glänzend von den verwitterten Schindeln herab, durchsichtige Dolche mit gefährlichen Spitzen. Es sah aus, als wollten sie jeden ungebetenen Eindringling von der Hütte fernhalten. Bis hierher und nicht weiter, schienen sie zu sagen. Über die rissigen Bretterwände waren Schneeschleier gewoben, die wie Spinnennetze im Altweibersommer glitzerten.

Die Brettertüren waren angelehnt, die rostigen Metallringe leer. Nur ein paar frische Kratzer im grau verwitterten Holz erinnerten an das Hängeschloss, das Thomas aufgebrochen hatte, um mich zu retten. Karp musste die Reste entfernt haben. Ich warf einen schnellen Blick zum zweiten Stock hinauf. Karps Zimmer war dunkel. Sonst hatte meist eine Lampe gebrannt und den Eindruck erweckt, als würde Karp nie ruhen. Für einen Augenblick wurde ich nervös. Unsinn, schalt ich mich. Karp schlief wie alle Sterblichen. Außerdem war er schwer krank.

Und schließlich war ich gekommen, um das Geheimnis dieser Bretterbude endlich zu lüften. Um meine Dämonen loszuwerden und nach Hause fahren zu können, ohne das nagende Gefühl, etwas Wichtiges unerledigt gelassen zu haben.

Ich schob beide Türflügel auf und ließ sie offen stehen. Mein Oldtimer hockte wie ein plumpes schwarzes Tier zwischen dem Skelett des Fahrrads und dem ausgeweideten Sessel. Ich drückte mich an dem Gerümpel vorbei bis zur Fahrertür. Der muffige Geruch der braunen Decke stach mir in die Nase, und bei dem Gedanken, was sie vor ein paar Tagen verborgen hatte, wurde mir schlecht. Schnell öffnete ich die Tür, beugte mich über den Fahrersitz und löste die Handbremse. Den Wagen zu starten kam nicht in Frage. So krank konnte Karp nicht sein, dass er den Lärm des alten Motors überhörte. Auch vom Totenbett wäre er aufgestanden und zum Fenster gelaufen. Ich warf einen Blick zum Heckfenster hinaus. Im Schnee zeichneten sich die Reifenspuren wie Fahrrinnen ab. Wenn ich Glück hatte, konnte ich das Auto beim Hinausschieben dort hineinmanövrieren. Und dann musste die weiche Schneedecke es eben bremsen.

Mit einem unguten Gefühl, aber überzeugt von dem, was ich tat, stellte ich mich vor den Wagen, legte die Hände an die Kühlerhaube und stemmte mich mit meinem ganzen Körpergewicht dagegen. Es brauchte einige Zeit und noch mehr Anstrengung, bis sich der Oldtimer langsam in Bewegung setzte und Zentimeter für Zentimeter rückwärts aus der Garage rollte. Ich schaffte es noch, ihn in den Hof hinauszuschieben, dann grub sich das Profil der Reifen in den Schnee, und mein Frosch rührte sich keinen Millimeter mehr von der Stelle.

Schwer atmend von der Anstrengung richtete ich mich auf, rieb mir den Staub der Kühlerhaube von den Händen und wartete, bis ich wieder Luft bekam. Der Anblick des startbereiten Autos beflügelte mich. In weniger als einer Stunde würde ich meine Sachen hineinwerfen und mit Motorkraft rückwärts vom Hof fahren. Aber noch hatte ich eine letzte Aufgabe vor mir.

Ich drehte mich um.

Jetzt lag der Lattenverschlag wie eine dunkle Höhle vor mir und erinnerte mich an den Tag meiner Ankunft, als ich ihn zum ersten Mal betreten hatte. War das wirklich erst eine Woche her? Fahles Mondlicht schien auf die Risse und Löcher im Zementboden und verlieh ihm das Aussehen einer pockennarbigen Haut. Schwarz und rau schimmerte das Stück Dachpappe, durch das sich an manchen Stellen das Streifenmuster einer Holzabdeckung drückte.

Wieder dachte ich an einen ehemaligen Sickerschacht, aber dann fiel mir ein, dass die Hütte vielleicht früher als Vorratskammer gedient hatte und sich darunter wahrscheinlich ein Erdkeller befand. Nun, das war nicht das Ziel meiner Nachforschungen.

Ich holte die Kerze aus der Tasche und zündete sie mit dem Feuerzeug an. Die Flamme züngelte an dem wächsernen Docht empor, blakte kurz und wob endlich einen goldenen Heiligenschein in die schwarze Winternacht. Für einen Moment versank ich in dem Anblick, und mir wurde warm. Hörte ich ein Rascheln? Stimmen, Lachen und ein leises Flehen? Wieder fiel mir dieses Märchen ein. »Das Mädchen mit den Schwefelhölzern«. Hatte sich an Hölzchen und Traumbildern wärmen wollen und war erfroren. Auf einmal spürte ich die beißende Kälte, die durch die dünnen Schuhsohlen in meine nackten Füße drang. Was stand ich hier und verlor Zeit?

Ich riss mich von dem märchenhaften Anblick los, wartete, bis die Flamme ein gutes Stück des Dochtes verzehrt hatte und ruhig und hell brannte. Dann hielt ich eine Hand schützend vor sie und ging in den Lattenverschlag. Das Licht der Kerzenflamme zuckte über den Sperrmüll, holte den wie ein Wildtier aufgebrochenen Sessel aus dem Dunkel und die schimmeligen Koffer. Die Fahrradstreben, die noch nicht vom Rost zerfressen waren, blitzten. Die braune Plüschdecke hing wie ein abgebalgtes Fell an der hinteren Wand herab, hatte sich im Lauf der Zeit verzogen und beulte sich an manchen Stellen ein wenig.

Ich hob die Kerze über den Kopf, drehte mich im Kreis und ließ meinen Blick über den Boden wandern. Ein paar verwelkte Blätter, die der Herbstwind hereingeweht haben musste, hatten sich dort angesammelt, und Streusplitt aus dem Reifenprofil meines Oldtimers sprenkelte die Dachpappe. Zwischen dem Gerümpel lagen Staubflusen und ein winziger zusammengekrümmter Körper, vielleicht die Reste einer Katzenmahlzeit. Nichts metallisch Blinkendes. Hier hatte niemand einen goldenen Stift verloren – oder Karp hatte ihn bereits gefunden und an sich genommen.

Erleichtert und enttäuscht zugleich ließ ich die Kerze sinken. Hatte die Garage von meinem Fenster aus noch so geheimnisvoll und lockend ausgesehen, so wirkte sie bei näherer Betrachtung doch völlig harmlos und unspektakulär. Wie es halt mit den meisten Dingen im Leben ist. Ich warf noch einen letzten Blick zu der Decke hinüber.

In diesem Augenblick hörte ich das Geräusch.

Es war ein Rascheln, wie das von Kleidern, und das Knirschen von Schnee unter heimlichen Schritten. Ich spürte, wie eine Gänsehaut über meinen Kopf kroch. Meine Haarwurzeln kribbelten. Da war es, das Böse. Von dem ich immer gewusst hatte, dass es existierte. Ja, das ich im Grunde meiner Seele genau an dieser Stelle erwartet hatte. Nun stand es hinter mir. Irgendwo da draußen auf dem Hof. Es beobachtete mich, hatte mich seit meiner Ankunft nicht aus den Augen gelassen.

Die Gewissheit und die Klarheit dieses Gedankens erleichterten mich. Ich bin kein Draufgänger, aber wenn ich meinen Gegner kenne, dann nehme ich den Kampf auf. Und jetzt würde der namenlose Schrecken der letzten Tage ein Gesicht bekommen, zu einem Menschen aus Fleisch und Blut werden.

Ich wirbelte herum.

Dabei musste ich gleichzeitig zur Tür schauen und die Kerze festhalten. Für einen kurzen Moment glaubte ich, einen Schatten zu sehen, doch dann passierte es. Meine Sohlen schlitterten über den Boden, meine nackten Füße fanden keinen Halt in den Schuhen, ich verfing mich in dem Stück Dachpappe, stolperte und wäre fast gestürzt. Erst im letzten Augenblick schaffte ich es, das Gleichgewicht wiederzuerlangen. Schwer atmend blieb ich stehen, bereit, meinem Feind die Stirn zu bieten. Doch nichts geschah.

Ich kniff die Augen zusammen, um besser sehen zu können, und spähte in das Dunkel. Der Hinterhof lag still und schweigend vor mir. Keine Menschenseele war zu sehen. Langsam fing ich an, mich zu entspannen. Meine Nerven hatten mir einen Streich gespielt. Ich beschloss, diese unselige Expedition abzubrechen, meine Sachen in den Koffer zu werfen und in der nächsten halben Stunde loszufahren. Bis Salzburg oder sogar bis München sollte ich es trotz meiner Müdigkeit schaffen. Dort würde ich in ein modernes und garantiert von allen Geistern freies Hotel gehen, mir ein Zimmer nehmen und endlich wieder einmal ausschlafen.

Ich blickte auf den Boden, um nicht noch einmal zu stolpern. Und da sah ich es. Die Dachpappe war zur Seite geglitten. Vor mir lag eine viereckige Abdeckung, die an eine Holzpalette erinnerte. Zwischen den letzten beiden Brettern blinkte es. Es waren zwei Metallstücke. Eines davon musste ich aus der Bodenperspektive gesehen haben.

Neugierig trat ich auf die Holzbohlen. Sie waren fest, gaben nicht nach, wie man es von alten Brettern vielleicht erwartet hätte. Ich senkte die Kerze und ließ ihr Licht über die Abdeckung wandern. Tatsächlich, die Bohlen zeigten noch keine Verwitterungsspuren, waren im Gegenteil eher hell und glatt. Jemand musste die Abdeckung vor nicht allzu langer Zeit erneuert haben. Die Kerzenflamme spiegelte sich in den länglichen Metallstücken. Jetzt erkannte ich, dass es sich dabei um Scharniere handelte.

Der Erdkeller wurde also noch benutzt.

Vielleicht hatte Karp geargwöhnt, dass ich mich an seinen Vorräten vergreifen würde, und mich deswegen so akribisch überwacht. Bei dem Gedanken spürte ich, wie sich ein Grinsen auf meinem Gesicht ausbreitete.

Und dann ritt mich der Teufel.

Ohne darüber nachzudenken, was ich tat, klappte ich den Deckel hoch. Ich entdeckte eine aus Felsbrocken gemauerte Umrandung. Dazwischen tat sich ein schwarzer Schacht auf. Eisige Kälte wehte mir aus der Tiefe entgegen und feuchter Moderdunst. Diesen Geruch kannte ich, hatte ihn oft genug in alten Weinkellern gerochen. Mir fielen die mittelalterlichen Fundamente der Pension ein. An dieser Stelle hatte sich also der Ziehbrunnen befunden, der das alte Haus mit Wasser versorgt hatte, bis in neuerer Zeit eine Leitung verlegt worden war. Später hatte man die Holzhütte darauf errichtet, wohl um den Platz zu nutzen, aber auch um den Brunnen für alle Fälle vor Verschmutzung zu schützen.

Neugierig geworden und um zu sehen, wie tief der Schacht war, hielt ich die Kerze in die steinerne Einfassung und spähte hinab. Im flackernden Licht warfen die unebenen Wände Schatten. Doch wenn ich erwartet hatte, dass sich die Flamme irgendwo weit unter mir im schwarzen Wasser spiegeln und Kröten und Schlangen aufschrecken würde, so wurde ich enttäuscht. Das Kerzenlicht reichte zwar bis auf den Grund, traf jedoch nur auf Felsgeröll und morsche Äste und ein paar vermoderte Lumpen. Der Brunnen war irgendwann versiegt oder trockengelegt worden. Ich richtete mich wieder auf, warf noch einen letzten Blick hinunter.

Und da entdeckte ich etwas Weißes.

Ich ging in die Hocke und hielt die Kerze so weit wie möglich in den Brunnenschacht, ließ ihren Schein zentimeterweise über den Grund wandern. Felsgeröll, morsche, mit grüngrauem Schimmel überzogene Äste und ein Lumpenbündel. Der Stoff war vermodert, aber an manchen Stellen war seine blaue Farbe unter der Staubschicht noch zu erkennen. Daneben lag an der Schachtmauer ein Knäuel aus rostigem Draht. Und darunter lugte etwas Weißes hervor, etwa Elfenbeinfarbenes, Glattes, Rundes – ein Ball? Mein Herzschlag beschleunigte sich.

Ich schaute genauer hin.

Es war kein Ball, sondern die Schädeldecke eines Menschen. Sogar in dem schwachen Licht der Kerzenbeleuchtung waren die schwarzen Schädelnähte und das gezackte Loch, wo sich einmal die Nase befunden hatte, deutlich zu sehen. Der Gesichtsschädel war nach unten geneigt, und der Unterkiefer lag auf der Brust, sodass ich keine Zahnreihen erkennen konnte. Die Augenhöhlen waren von dem Knäuel verdeckt, das, wie ich bei näherem Hinschauen entdeckte, auch nicht aus Draht bestand. Es war ein wirrer und wie ein Skalp von der Schädeldecke abgelöster Schopf langen Haares. Und selbst unter der Staubschicht war es noch kupferrot.

Vor ein paar Jahren war da mal ein ganz nettes Mädel, das hätte den

Haushalt führen sollen. Frau Banzeffs kultivierte Stimme schwebte in der Luft. *Fleißig war sie und immer freundlich. An ihren Namen kann ich mich nicht mehr erinnern, aber sie war so eine altmodische Schönheit, wissen Sie? Mit so langen roten Haaren und einem Puppengesicht.*

Ich ließ mich zurücksinken. Meine Hand umklammerte die Kerze, als könnte sie mir Halt bieten. Weder die Härte noch die Kälte des Zementbodens drangen zur mir durch. In diesem Augenblick hatte ich weder Gedanken noch Gefühle. Mein Innerstes war leer.

Draußen knirschte der Schnee.

Angeblich sehr hübsch, so ein auffallender Rotschopf. Die Männerstimme in meinem Kopf gehörte Lukas Senger. *Der Simon ist ein paarmal mit ihr ausgegangen, und dann ist die Kleine abgehauen. Keine Telefonnummer, keine Nachricht – nichts. Hat sich nie wieder gemeldet.*

Magensäure stieg mir die Speiseröhre hinauf, brannte in meiner Kehle. Ich stellte die Kerze an den Rand des Schachtes, gerade noch rechtzeitig, ehe mein Griff versagte. Dann schloss ich die Augen, würgte, konnte mich gerade noch zur Seite drehen, ehe ich mich blind erbrach.

ELF

»Dachte ich mir's doch«, sagte eine Männerstimme.

Ich wischte mir den Mund mit dem Handrücken ab, mein ganzer Arm zitterte. Verzweifelt rang ich nach Luft, versuchte dabei, den sauren Geruch nicht einzuatmen. Dann machte ich die Augen auf und drehte den Kopf nach rechts.

Die dunkle, hohe Silhouette eines Mannes stand in der Tür – Karp. Der Strahl einer Taschenlampe wanderte über den Boden, verharrte kurz über dem offenen Bodenloch und kroch dann meinen Körper hinauf, bis er mein Gesicht traf. Geblendet kniff ich die Augen wieder zusammen. Hinter meinen Lidern drehten sich feurige Kreise.

»Was suchen Sie hier, Herr Vanlanthen?« Karps Stimme war milde tadelnd. »Ich habe das Licht in Ihrem Zimmer gesehen und mir Sorgen um Sie gemacht.«

Das war es also gewesen, was ich übersehen hatte. In meiner Eile hatte ich vergessen, das Licht zu löschen. Der Gedanke an diese Nachlässigkeit, die so leicht zu vermeiden gewesen wäre, reizte mich zum Lachen. Aber ich gab dem Impuls nicht nach, aus Angst, sonst den Verstand zu verlieren.

»Herr Vanlanthen?«

Ich schüttelte den Kopf, konnte nicht sprechen, fühlte mich seltsam fern von diesem Ort. Mein Körper kauerte neben einem Mädchenskelett, aber mein Geist war irgendwo anders. Jetzt wurde es dunkel. Karp schien die Lampe ausgemacht zu haben. Ich blinzelte vorsichtig. Die Kerze neben mir brannte ruhig und stetig, strahlte hell. Vor meinen Füßen lag der Brunnenschacht, gefüllt mit einem Meer aus Licht. Es sah aus, als käme der Schein von unten herauf, begleitete das tote Mädchen bei seiner Auferstehung.

»Da unten liegt eine Tote«, krächzte ich.

»Ja, natürlich«, sagte Karp, nun etwas genervt, und trat näher. »Sie war unerträglich. Obwohl Tante Margarete ja geradezu einen Narren an ihr gefressen hatte.« Er machte noch ein paar

Schritte in meine Richtung, blieb am Rande des Brunnenschachtes stehen. Nun waren wir nur noch durch das leuchtende Viereck getrennt. Sein Gesicht wurde von unten angestrahlt, was seiner Physiognomie etwas Überirdisches gab. »Ich glaube, sie hieß Annemarie«, sagte Karp nachdenklich, lauschte dem Klang des Namens hinterher. »Ja, Annemarie. Eigentlich hübsch, nicht?« Ein Lächeln verzerrte seine Miene. »Tante Margarete hat gesagt, dieses Mädchen habe mich gern, weil – weil ich eine gute Stellung in der Bank hätte und fleißig und, nun ja, auch gut aussehend sei.« Ein wenig Verlegenheit hatte sich in seine Stimme geschlichen, aber er wurde gleich wieder ernst. »Ständig war diese Annemarie bei uns. Am Tag im Laden und am Abend in der Küche, und Tante Margarete bestand darauf, dass ich Annemarie zum Essen ausführte. Wozu das gut sein sollte ...?« Er brach ab, war mit seinen Gedanken anscheinend ganz woanders.

Ich versuchte, den Moment zu nutzen, legte die Hände neben meine Oberschenkel und schaffte es, mich ein paar Zentimeter vom Boden wegzustemmen. Es war nicht leicht, ging aber. »Und dann?«, fragte ich, um Karp abzulenken. »Das klingt ja alles sehr lästig.«

»Ja, nicht wahr?« Karp war empört. »Ich wusste, dass Sie mich verstehen würden, Herr Vanlanthen, Sie sind ein Mann von Welt.« Er nickte ernsthaft. »Was hätte ich denn tun sollen? Sie wegschicken?« Sein Blick wurde hart. »Das hätte Tante Margarete mir nie verziehen, wissen Sie – nach all den Dingen, die sie für mich getan hat.«

Ich stellte meine Beine auf, gerade so, als wollte ich mich für unseren Plausch gemütlich einrichten. Im passenden Moment musste ich mich vom Boden abstoßen, aufspringen und aus der Garage rennen. Mir war klar, dass ich gerade das gleiche Problem für Karp darstellte wie damals Annemarie. Nur dass diesmal bereits ein offener Schacht vor meinen Füßen lag. Karp war mindestens zehn Jahre älter als ich, aber gut einen Kopf größer. Und sein hagerer Körper besaß Kraft, wie ich bereits festgestellt hatte. Ein Schubs, und ich leistete Annemarie für die Ewigkeit Gesellschaft. Wenn ich nicht das Glück hatte, mir gleich das Genick zu brechen, würde mein Tod ein langsamer und qualvoller sein.

Meine angespannten Armmuskeln fingen an zu brennen, doch ich traute mich noch nicht, zur Tür hinüberzusehen. »Sie mussten Sie loswerden«, sagte ich, um Karp abzulenken und bei Laune zu halten. »Um Ihre Ruhe zu haben, verständlich. Also sind Sie mit ihr hierhergekommen.«

»Nein, natürlich nicht, warum?«, fragte Karp überrascht. »Dachten Sie etwa, ich hätte Annemarie ermorden wollen?«

Jetzt war ich so überrumpelt, dass ich mich fast wieder auf den Boden hätte fallen lassen. Karp hatte diesem Mädchen nichts angetan? Wer dann? *Tante Maggie?* »Was ist passiert?«

Karp seufzte. »Wir waren in dieser Pizzeria, einfach schrecklich dort, laut und furchtbares Essen.« Er sah mich verständnisheischend an. »Sie als berühmter Koch, Herr Vanlanthen, hätten dort bestimmt nichts angerührt.«

Meine Arme zitterten, ich hatte schon fast kein Gefühl mehr in ihnen. »Wenn Sie das sagen«, presste ich hervor.

Karp nickte energisch. »Tante Margarete hatte den Tisch für Annemarie und mich bestellt, und es war furchtbar langweilig, wie Sie sich vorstellen können«, erzählte er. »Und nach dem Essen wollte Annemarie nicht nach Hause gehen. Sie hat gesagt, sie habe in unserer Küche etwas vergessen.« Er machte eine Pause. Als er fortfuhr, war seine Stimme hart und sachlich. »Tante Margarete hatte ihren Bridge-Abend, der ist immer am Freitag. Und wie wir in die Küche kommen ... also, ich habe das Licht ja gar nicht anmachen können, da umschlingt mich Annemarie von hinten mit den Armen ... ich habe mich natürlich wehren müssen.«

Meine Kraft ging zu Ende.

Mit einer letzten verzweifelten Anstrengung stemmte ich mich hoch, kam schwankend auf die Füße. Sofort wurde mir schlecht. Meine Knie waren weich, und in meinem Kopf trieben Nebel. Mein rechtes Bein war auf dem harten Boden von der Blutzufuhr abgeschnitten gewesen. Jetzt war es ohne Gefühl und völlig nutzlos. Es blieb mir nichts anderes übrig, als die Zähne zusammenzubeißen und zu warten, bis sich mein Kreislauf stabilisierte.

Karp beobachtete mich nachdenklich. »Tante Margarete war sehr enttäuscht von Annemarie, das können Sie mir glauben, Herr Vanlanthen.« Er nickte bekümmert. »›So sind sie, die modernen Mädchen‹, hat sie gesagt. ›Laufen einfach weg, ohne ein Wort zu sagen. Diese Flittchen wissen einen anständigen Mann nicht zu schätzen.‹«

»Frauen sind so«, sagte ich und schaute zur Tür.

Das hätte ich besser nicht tun sollen, denn nun kam Karp um das Brunnenloch herum auf mich zu. Ich wich instinktiv zurück, weg von dem offenen Schlund, weg von dem Mädchenskelett auf seinem Grund. Die Hände hielt ich auf den Rücken. Wie viel Platz blieb mir bis zur Wand? Fast wäre ich mit dem Fuß gegen die Kerze gestoßen, deren Flamme gefährlich nah neben der Decke flackerte.

Karp kam ungerührt näher. Er hielt den Griff der schweren Taschenlampe jetzt so fest umfasst, dass die Knöchel an seiner Hand weiß leuchteten.

Ich trat noch einen Schritt zurück.

Meine Finger berührten den widerlich weichen Pelz der Decke, stießen an einen Körper dahinter, schlossen sich vor Schreck. War das ein spitzer Ellenbogen, der sich da in mein Fleisch bohrte? Hinter der Decke stand jemand, versteckte sich dort, hatte unser Gespräch belauscht. Ich fuhr herum, riss den braunen Plüsch beiseite – und erstarrte.

Eine Gänsehaut kroch meinen Rücken hinauf, breitete sich über meine Schultern aus und gab mir das Gefühl, als stellten sich mir die Nackenhaare gegen jedes Naturgesetz auf. Auf einmal spürte ich die Kälte wieder, die nicht von der Winternacht hinter der offenen Tür kam, sondern die mein Innerstes ausstrahlte. Sie kroch in meine Knochen, bis ich das Gefühl hatte, mich nie wieder bewegen zu können.

Hinter der Decke stand ein Küchenstuhl. Und darauf saß eine hochgewachsene Frau. Sie hatte ein schwarzes Seidenkleid an und eine cremefarbene Nerzjacke. An den Füßen trug sie Schnürschuhe mit flachen Absätzen. Auf der rechten Seite hatte sich die Schleife gelöst, und die Schuhbänder schlängelten sich wie kleine Schlangen über den Boden. Ein altmodischer Hut bedeckte ihr hochgestecktes helles Haar, und eine schmale schwarze Ledertasche baumelte von ihrem abgespreizten Ellenbogen. Für einen irren Augenblick dachte ich, ich hätte Karps Tante vor mir.

Tot, ermordet wie das Mädchen im Brunnen.

Doch dann bemerkte ich das glatte, makellose Gesicht mit den hohen Wangenknochen und die vollen Lippen, die wie lackiert glänzten. Vor mir saß die Schaufensterpuppe, die ich zuletzt in einem Sarg aus Pappe unter der Werkbank gesehen hatte. Und sie trug die Kleidung einer alten Frau.

»Mein Gott«, sagte ich erschüttert.

»Ja, nicht wahr?« Karp stand neben mir, blickte mit sichtlichem Stolz auf das bizarre Arrangement. »Gut, dass mir diese Lösung eingefallen ist.«

»Haben Sie etwa die Puppe bestellt?«

»Natürlich, Sie haben ja meine Barbies weggegeben.«

Mein Kopf schwindelte. In welchem Paralleluniversum befand ich mich? Neben mir stand Karp und betrachtete liebevoll, ja geradezu verliebt eine lebensgroße Plastikpuppe. Er wirkte ganz versunken in den Anblick, schien mich völlig vergessen zu haben. Doch ich ließ mich nicht täuschen, war mir des offenen Abgrunds nur wenige Meter hinter meinem Rücken bewusst. Eine Bewegung, die Karp als Fluchtversuch deuten konnte, und er würde mich hineinstürzen. Er hatte das Mädchen ermordet, und ich wusste davon. Niemals würde er mich mit dem Leben davonkommen lassen.

Eine Idee schoss mir durch den Kopf.

Die Erinnerung an meinen letzten Abend in Altaussee, eisern verdrängt und dem Vergessen anheimgegeben, tauchte vor meinem inneren Auge auf. Ich hörte den Wind wieder, der sich gegen die Bootshütte warf, und das Schlagen der Wellen an ihren Pfählen. Und ich roch den widerlichen Bratengeruch des Singvogels, sah das kleine Herz vermeintlich unter der knusprigen Haut pulsieren. Der heiße Hauch des flambierten Armagnacs stach mir in die Nase. Übelkeit erfasste mich, aber ich wurde damit fertig. Ich hatte schon einmal getötet. Wenn es sein musste, würde ich es wieder tun.

»Sind das die Sachen von Frau Mayerhofer?«, fragte ich so

beiläufig wie möglich. Pures Interesse, keine Wertung in der Stimme. »Schöne Pelzjacke.«

Karp nickte eifrig. »Es freut mich, Sie das sagen zu hören, Herr Vanlanthen«, sagte er. »Sie haben wirklich Geschmack. Die Nerzjacke war mein letztes Weihnachtsgeschenk für Tante Margarete, aber sie wollte sie nicht annehmen.« Seine Stirn umwölkte sich. »Am Ende hat Tante Margarete mich nicht mehr geliebt, fürchte ich.«

»Ach, das bilden Sie sich sicher …« Ich brach ab. Hatte ich hinter mir das Knirschen von Schnee gehört? Die Stille der Nacht trug jedes Geräusch zu uns herein. Aber Karp schien es nicht bemerkt zu haben. Ich wagte nicht, mich umzudrehen und ihn aus seiner Gedankenwelt zu reißen.

»Nein, nein.« Karp schüttelte den Kopf. »Tante Margarete hat mich verurteilt, das weiß ich genau.«

»Die Sache mit den Barbies?« Zu welch perversen Spielen brauchte ein erwachsener Mann kleine Plastikpuppen?

Auf Karps Gesicht erschien ein schmales Lächeln. »Ich wollte das ja immer nicht«, sagte er. »Auch jetzt nicht. Aber dann sind Sie gekommen, und ich saß praktisch in der Falle.«

Was redete er da? Ich konnte mich kaum auf seine Worte konzentrieren, denn jetzt war da wieder dieses Knirschen. Und es kam näher. Laut, um das Geräusch zu übertönen, fragte ich daher: »Können Sie mir das erklären, Herr Karp?«

Er nickte. »Selbstverständlich«, sagte er, das war eine gute Frage, die er gern beantwortete. »Am Abend Ihrer Ankunft haben Sie doch Ihr Auto in die Garage gefahren, Sie erinnern sich?«

Ich nickte.

»Wie sollte ich sicher sein, dass Sie nicht immer wieder zur Garage hinunterschauten? Sie wirkten so besorgt um Ihr wertvolles Auto – völlig verständlich, glauben Sie mir. Aber Sie hätten mich bestimmt entdeckt. Und ich wollte zu meinen Puppen, wollte es so sehr!« Ich konnte sein schweres Atmen hören. »Deswegen musste ich eine Alternative finden, nicht wahr? Und dann bin ich hinaus und zu der Kirche, und da war diese Kellnerin, ich kannte sie, ein sehr leichtfertiges Mädchen. Ganz, wie Tante Margarete immer gesagt hat, ein richtiges Flittchen. Tante Margarete hat hohe moralische Ansprüche, und so hat sie mich auch erzogen. Ich bin ihr sehr dankbar dafür. Jedenfalls dachte ich, um diese Kellnerin ist es nicht schade, und dann … und dann …« Er kniff den Mund zusammen.

Meine Kehle war wie zugeschnürt. »Ja?«, flüsterte ich.

Karp räusperte sich. »Also der Vorfall mit Frau de Witt tut mir leid«, sagte er ehrlich betrübt. »Aber auch der ist natürlich Ihre Schuld, Herr Vanlanthen.«

Ich hatte das Gefühl, irrezuwerden. *»Meine Schuld?«*

»Sie hatten meine Barbies weggegeben, obwohl ich noch versucht hatte, Sie daran zu hindern.« Seine Empörung war deutlich zu hören. »Ich habe mich bemüht, das Unheil abzuwenden, das müssen Sie zugeben, Herr Vanlanthen.«

»Ja, klar.« War das meine Piepsstimme?

»Ich habe Frau de Witt nicht erkannt«, sagte Karp. »Und das ist unverzeihlich, sie war ja einer unserer Pensionsgäste. Natürlich auch sehr leichtfertig.« Er sah mich scharf an. »Aber Ihnen habe ich das Leben gerettet.«

»Was?« Inzwischen wusste ich nicht mehr, was ich glauben sollte. »Das sind doch alles Hirngespinste.«

»Keineswegs«, sagte Karp beleidigt. »Sie sind mir nachgelaufen. Sehr dumm, bei der Kälte und so leicht bekleidet. Es wäre ein Leichtes gewesen, Sie einfach vor der Kirche liegen zu lassen. Die Nacht hätten Sie nicht überlebt, betrunken, wie Sie waren.« Leiser Vorwurf schwang in seiner Stimme. »Aber schließlich sind Sie auch ein Gast.«

Es war also kein Alptraum gewesen. Ich hatte Karp gesehen, der von seinem Mordzug zurückkehrte, Liane de Witt da bereits getötet hatte. Als er mich im Laden bemerkt hatte, war er geflüchtet, und ich hatte ihn verfolgt. Hatte er mich zu Boden geschlagen? Natürlich, schließlich hätte ich ihn am Ende wohl erkannt. Er hatte mich in den warmen Laden zurückgeschleppt und dort liegen lassen. Schließlich war ich ein Pensionsgast und er für mein Wohlergehen und meine Sicherheit verantwortlich.

Die Erinnerung an jene Nacht war so stark, dass ich in meine Hosentasche fasste. Und da fühlte ich es. Das Stück Seide, kühl, glatt und geschmeidig. Ich zog den Streifen heraus und hielt ihn hoch. Wie eine tote Schlange baumelte er schlaff von meiner Hand herab, die blaue Haut mit orangefarbenen Punkten gesprenkelt.

Karp hob die Brauen. »Oja«, sagte er. »Das ist ein Stück von dem Halstuch, das ich bei Frau de Witt verwendet habe. Aber ich hatte zum Glück noch eins.« Er deutete auf die Schaufensterpuppe.

Ich ließ den Seidenstreifen sinken und folgte mit dem Blick seiner Hand. Tatsächlich. Um den langen schlanken Hals der schönen Puppe war ein dunkles Stoffstück wie gebunden. Es sah wie eine Krawatte aus, war aber so eng zusammengezogen, dass der Knoten genau auf der Kehle saß. Die Barbie-Puppe fiel mir ein und der obszöne Anblick, den die nackte Puppe, nur mit dem Tüllstreifen um den Hals bekleidet, geboten hatte.

Auf einmal überlief mich eine Welle heißer Wut.

Da stand ich mitten in der Nacht neben einem Ungeheuer, das mindestens drei Frauen ermordet hatte, und ließ mich von ihm manipulieren. Verbrachte die letzten Minuten meines Lebens, die es mir zugedacht hatte, mit müßiger Plauderei.

»Sie haben Liane getötet und dieser Reporterin erzählt, es sei Franz gewesen«, sagte ich und wusste nicht, warum ich ihm nicht einfach an die Kehle ging. »Er hat sich umgebracht, und auch das ist Ihre Schuld.«

Karp musterte mich, wirkte erstaunt. »Das denken Sie?«

»Wenn nicht in allen Zeitungen gestanden hätte –«

»Sie haben recht«, sagte Karp. »Wahrscheinlich hätte sich Herr de Witt ohnehin umgebracht.«

Mir wurde kalt. War das eben ein Geständnis? Zu der Zeit, als Franz sich vor den Zug geworfen hatte, war Karp bei seiner Freundin gewesen. Zumindest hatte er das behauptet. »Die Polizei wird Ihre Bekannte befragen«, sagte ich ruhig, »ob sie Ihnen ein Alibi gibt.«

In Karps Augen fing es an zu glitzern. Der Ausdruck war mir so widerwärtig, dass mir wieder übel wurde. »Die würde alles für mich tun.« Warum klang seine Stimme so belustigt?

Auf einmal verstand ich. »Es hat sie nie gegeben«, sagte ich. Natürlich hatte Karp eine Tarnung gebraucht. Eine Beziehung mit einer verheirateten Frau zu erfinden, bei der sich Diskretion von vornherein verstand, war ein kluger Schachzug gewesen. Ich dachte an das goldene Päckchen, das er aus der Tasche gezogen hatte, abgegriffen, aber eindeutig von einem Juwelier. Vielleicht war ja wirklich einen Ring darin gewesen. Es hätte mich nicht gewundert, wenn Karp in seiner irren Welt ein Stück weit selbst an seine Geschichte geglaubt hätte. Fast hätte er mir leidgetan. Der Gedanke an Liane holte mich auf den Boden der Tatsachen zurück. »Sie haben Franz zum Zug gelockt.«

»Wir waren am Bahnhof verabredet«, sagte Karp. »Ich habe ihm noch ein paar Sachen aus seinem Zimmer gebracht.«

»Franz hat Sie um Hilfe gebeten?«, fragte ich ungläubig.

Karps Miene wurde versonnen. »Ja«, sagte er. »Seltsam, nicht? Ausgerechnet mir hat er vertraut.«

Er machte eine Pause, sodass ich Gelegenheit hatte, über seine Worte nachzudenken. Auch ich hatte mich von seiner stets zur Schau getragenen Zuvorkommenheit blenden lassen, hatte ihn als unsicheren Menschen betrachtet, der versuchte, sich Sympathie durch Hilfsbereitschaft zu erkaufen. Nun, da hatte ich mich gründlich getäuscht.

Karp seufzte und fuhr fort: »Wahrscheinlich hat er geahnt, dass mir staatliche Gewalt nichts bedeutet und ich ihn niemals der Polizei übergeben hätte. Herr de Witt wollte nach Millstatt fahren, in sein Haus. Er war verzweifelt, und so war uns beiden geholfen. Kurz, es schien mir die beste Lösung.« Ein Mord zur Vertuschung eines Mordes lag in den Augen des Mörders nahe.

Etwas stieß polternd gegen die Garagentür.

Schnell packte ich Karp am Arm, wollte mir die Gelegenheit nicht entgehen lassen, die Welt von diesem Monster zu befreien, doch er war schneller, entwand sich mir und krallte seine Hand in meinen Oberarm, zog mich zu dem Abgrund. »Nicht doch«, zischte er. »Das ist sinnlos.«

Nie war er mir so nahe gewesen. Sein heißer Atem traf mein Gesicht, und scharfer Knoblauchdunst stieg mir in die Nase. Und noch ein anderer Geruch, der mir vertraut schien, aber kaltes Entsetzen in mir auslöste. Wie im Zeitraffer liefen die Bilder vor meinem inneren Auge ab. Die Garage, die erhängte Puppe, der graue Zementboden und das Blinken unter dem Auto, das bis in diese Nacht weitergewirkt und mich hierhergelockt hatte. In die Arme meines Mörders. Auf einmal schien eins ins andere zu greifen und Sinn zu ergeben.

»Karp, du Riesenarschloch«, brüllte eine Männerstimme von der Tür herüber. »Ich hab ihn gefunden!«

Karp war so überrascht, dass er für einen Augenblick seinen Griff lockerte. Ich entriss ihm meinen Arm und rannte los. Doch ich kam nicht weit. Im Türrahmen stand breitbeinig ein Mann und versperrte mir den Weg. In der linken Hand hielt er eine Schnur, an der ein kleiner Gegenstand pendelte. In der rechten Hand hatte er ein Jagdgewehr.

Es war Lukas Senger.

Karp richtete den Strahl seiner Taschenlampe auf ihn, wollte ihn wohl blenden, doch Lukas wich geschickt aus. Ein kaltes Feuer blitzte in seiner Linken auf, warf bläuliche Strahlen. Es war Malins Brillantring, der noch immer an ihrem neonfarbenen Freundschaftsband hing.

Für einen Moment war ich verwirrt, aber dann sah ich Karp wieder vor mir, wie er in der Küche stand, eine Schnapsflasche in der Hand. Es war an jenem unseligen Morgen gewesen, als ich den Karton mit den Barbie-Puppen verschenkt hatte. Schon damals war ein Streit um den Ring zwischen den Männern entbrannt. Karp hatte das wertvolle Stück zur Sicherheit eingesteckt und wohl keine Gelegenheit gehabt oder schlicht vergessen, es Malin zurückzugeben. Es sah Malin ähnlich, das wertvolle Stück einfach noch eine Weile in Karps sicherer Obhut zu lassen. Und jetzt wurde mir auch klar, wen ich in den Zimmern zur Gasse gehört hatte. Lukas hatte Malin gesucht, die wohl wieder einmal nicht nach Hause gekommen war. Ein Verdacht hatte ihn in Karps Zimmer getrieben – und ihn den verhängnisvollen Ring finden lassen. Und nun sah er sich bestätigt.

Ich hob die Hände, Handflächen nach außen, wollte ihn beruhigen. »Lukas«, sagte ich. »Komm, lass uns reden.«

»Was gibt's da noch zu reden?«, presste er hervor.

»Leg erst das Gewehr hin.«

»Das Schwein hat mir mein Mädchen geklaut.« Er steckte den Ring in die Tasche und betätigte mit der nun frei gewordenen Hand einen Hebel am Gewehr. Das metallische Klicken ging mir durch Mark und Bein. »Aber ich hole sie mir zurück, Karp, hast du das kapiert?«

Karp gab einen verächtlichen Laut von sich. »An Ihrer Stelle wäre ich froh, diese Frau los zu sein«, sagte er. »Flittchen.« Das letzte Wort klang, als wenn er es ausspuckte.

»Was sagst du … du … du …« Lukas ging langsam auf Karp zu, der sich nicht von der Stelle rührte.

»Flittchen«, wiederholte Karp laut und deutlich.

Jetzt ging alles ganz schnell.

Lukas hob das Gewehr, ich stürzte nach vorn, wollte den Lauf packen und herunterdrücken, doch da löste sich bereits der Schuss. Ich erstarrte in der Bewegung. Lukas ließ das Gewehr sinken. Karp verharrte reglos.

Schwefelgeruch breitete sich aus.

Ich streckte die Hand aus, wollte Lukas das Gewehr abnehmen, als plötzlich ein Aufschlag zu hören war. Karp war zu Füßen der Schaufensterpuppe zusammengebrochen.

Ich ließ Lukas mit seinem Gewehr stehen und rannte zu Karp zurück. Er lag auf dem Rücken, die Beine angezogen und die Hände vor dem Bauch verkrampft. Er zitterte, stöhnte, drehte den Kopf unablässig von einer Seite auf die andere. Blut breitete sich unter ihm aus. Ich warf mich neben ihm auf den Boden, kniete mich in den glitschigen Blutsee, nahm seinen Kopf in die Hände und versuchte, ihn ruhig zu halten.

»Hören Sie mich?«, rief ich und an Lukas gewandt, der wie versteinert, das Gewehr in der herabhängenden Hand, dastand: »Wir brauchen einen Notarzt!«

Dass Karp überhaupt noch lebte, grenzte an ein Wunder. Seine Brust war aufgerissen, und Blut pumpte in Stößen aus der faustgroßen Wunde. Behutsam legte ich seinen Kopf auf den harten Boden, legte die Hände übereinander und presste sie auf seinen Brustkorb, machte einen vergeblichen Versuch, den Blutstrom zu stillen. »Karp«, rief ich.

Karp schlug die Augen auf. Vielleicht hatte er seinen Namen

verstanden. Er zog die Brauen zusammen, und es sah aus, als versuchte er, einen klaren Gedanken zu fassen.

»Einen Arzt«, brüllte ich. »Ruf die Rettung!« Ich erhielt keine Antwort, und als ich hektisch einen Blick zu Lukas zurückwarf, sah ich, dass er mit angezogenen Beinen an der Wand saß, die Stirn auf die Knie gelehnt. Das Gewehr lag vor ihm auf dem Boden. *»Lukas!«* Er drehte den Kopf hin und her, und seine Schultern fingen an zu zucken.

Ein Gurgeln kam aus Karps Kehle.

Ich gab den Versuch, das Blut zu stillen, auf. Karp lag im Sterben, und es gab nichts, was ich dagegen tun konnte. Selbst wenn ein Rettungsteam in diesem Augenblick hereingestürmt gekommen wäre, so bezweifelte ich, dass es diesen Tod hätte aufhalten können. Ich nahm Karps Hand. Sie war blau verfärbt und eiskalt, fühlte sich schon nicht mehr lebendig an.

»Soll … sterben«, flüsterte Karp.

Ich beugte mich zu ihm hinunter. »Alles wird gut«, sagte ich wider besseres Wissen, wusste, dass nichts je wieder gut werden würde. »Hilfe ist unterwegs.«

»… endlich sterben, soll mich doch …« wisperte er, brach ab, rang krampfhaft nach Luft.

»Sie werden nicht sterben«, sagte ich.

»Ich hab's nicht geschafft«, sagte Karp. Jetzt klang er fast normal, und ich begriff, dass dies einer der letzten klaren Momente vor dem Tod war. »Sie kommt zurück.«

»Alles wird gut«, wiederholte ich und fragte mich gleichzeitig, was aus Karp werden sollte, wenn er diese Stunden tatsächlich überlebte. Wollte er überhaupt leben? Die Nacht fiel mir ein, in der er mich genau an dieser Stelle zu Boden geschlagen und dann die Garage mit einem Hängeschloss versperrt hatte. Damit man mich nicht rechtzeitig fand und rettete. Ich hatte ihn überrascht, als er die widerliche Baby-Puppe erhängt und sich damit gleichzeitig selbst gerichtet hatte. Karp hatte seine Dämonen gekannt, sich nicht gegen sie wehren können und versucht, ein Abbild seines unschuldigen Selbst zu töten. Ehe es erwachsen und zum Mörder werden konnte.

»Müssen sie töten«, flüsterte Karp. Sein Ton war verschwörerisch, als wollte er mir ein Geheimnis mitteilen. »Tante Margarete, bitte, ich hab's nicht geschafft.« Ein Lächeln huschte über sein Gesicht. Es sah aus, als hätte er seine Botschaft überbracht. Mit der freien Hand tastete er über den Boden, hätte fast die brennende Kerze umgeworfen, zog sie noch rechtzeitig zurück.

»Was haben Sie nicht geschafft?« Vielleicht würde es ihn beruhigen, wenn er mir einen letzten Wunsch mitteilen konnte. Er war ein Mörder, aber wenn ich ihm das Recht auf einen ruhigen Tod nahm, stellte ich mich dann nicht mit ihm auf eine Stufe? Ich gab alle Beschwichtigungsversuche auf. »Soll ich etwas für Sie tun?«

»Hat mich in Meran gesehen«, wisperte Karp. »Immer überwacht, beobachtet ... hab sie die Treppe hinunter...« Er schloss die Augen, seine Kräfte gingen zu Ende.

Ich starrte auf sein weißes Gesicht hinunter. Wollte er mir auf dem Totenbett mitteilen, dass seine Tante ihn in Meran bei seinem ersten Mord beobachtet hatte? Und fünfundzwanzig Jahre geschwiegen hatte? *Wann kommst du nach Hause? Wo warst du? Wo gehst du hin?* Malin hatte sich über die Kontrollsucht der alten Frau lustig gemacht. Eine Welle des Entsetzens durchlief mich. Auf einmal fühlte sich Karps Hand wie ein totes Tier an, und ich stieß sie heftig von mir weg.

Karp machte die Augen auf, sah mich an. Ein spöttisches Lächeln spielte um seinen Mund. Mit einer letzten Anstrengung warf er sich zur Seite und schlug gegen die Kerze. Sie fiel um, rollte über den rissigen Zementboden, wurde von den Rissen darin in ihrem Weg umgelenkt, trudelte brennend herum, blieb unter der Sohle eines der schwarzen Schuhe der Puppe liegen und erlosch.

Karp hustete, würgte, schien zu ersticken. Ich beugte mich über ihn, löste den Schal, den er immer trug, von seinem Hals. Mit weit aufgerissenen Augen starrte er an mir vorbei und zu dem Stuhl mit der Puppe hinüber. Auf seinem Gesicht erschien ein zufriedenes Lächeln, das immer breiter wurde, sich vertiefte und ihm das Aussehen einer grinsenden Kasperlpuppe gab. Auf einmal wurde sein Blick lebhafter, und eine Bewegung lag darin. Ich brauchte ein paar Sekunden, bis ich begriff, dass dieser

Schein nicht das letzte Aufflackern seines Lebens war, sondern der Widerschein eines Feuers. Und dann roch ich es auch und sah die Rauchschlangen, die über den Boden krochen und sich um meine Füße schlängelten.

Ich fuhr hoch.

Die Puppe bewegte sich auf ihrem Stuhl, Flammen züngelten um ihre dünnen Beine, saßen auf ihrem Schoß, liefen eilig die angewinkelten Arme hinauf, spreizten das Fell der Nerzjacke und umspielten wie mit tödlichen Fingern ihren Hals. Die Kerze musste auf ein loses Schuhband wie auf eine Zündschnur gefallen sein, ehe sie erstickt war.

Ich sprang auf, musste das Feuer löschen, machte ein paar Schritte darauf zu, doch die Hitze ließ mich zurückweichen. Hilflos verfolgte ich das Ende des Plastikungeheuers auf seinem improvisierten Scheiterhaufen.

Plötzlich ein Feuerstoß.

Die Flammen hatten den Hohlraum des Kopfes erreicht, schlugen aus Mund und Augenhöhlen und durchbrachen den Scheitel. Für einen Augenblick erstrahlte der Kopf wie von einem Heiligenschein umgeben, dann neigte er sich madonnenhaft zur Seite, der Hals knickte ein, und das brennende Haupt stürzte zu Boden und verkohlte. Binnen weniger Minuten war die Puppe zu einem schwarzen Skelett verbrannt, ihre perfekten Glieder zur Unförmigkeit geschmolzen. Das Feuer sank in sich zusammen, erlosch, hatte seine Aufgabe erfüllt und das Zerstörungswerk vollbracht.

Erschüttert blickte ich zu Karp hinunter.

Sein Gesicht war totenbleich, seine schmalen Lippen, die sich tonlos bewegten, waren blau-lila verfärbt. Sein Atem begann auszusetzen. Er riss die Augen auf, starrte auf den zu Holzkohle verglühten Stuhl und die Reste der Plastikfigur, die er zu einem Abbild des weiblichen Dämons gemacht hatte, der ihn zeit seines Lebens verfolgt und zu seinen Taten getrieben hatte. Seine Lider flatterten, dann wurden sie ruhig, und Karp starrte nur noch vor sich hin.

Stille breitete sich aus.

Irgendwann begriff ich, dass auch Lukas Sengers Schluchzen

verstummt war. Als ich zu ihm hinübersah, begegnete ich seinem fragenden Blick aus verquollenen Augen.

»Karp ist tot«, sagte ich.

»Jemand muss die Polizei rufen.« Er klang resigniert.

»Ja«, antwortete ich. »Tu das.«

Ich ließ die Leiche liegen, ging an dem offenen Brunnenschacht vorbei, ohne noch einen Blick hineinzuwerfen, und verließ an dem kauernden Lukas Senger vorbei die Garage.

Der Mond war hinter den Wolken hervorgekommen, und sein Spiegelbild schwamm auf dem zabaionefarbenen Lack des Oldtimers, der abfahrbereit auf dem Hof stand. Karps Blut stockte bereits auf meinen Knien, klebte kalt und feucht an meiner Haut, wie der Griff von knochenlosen Fingern. Ich musste an die rosafarbenen Gummihandschuhe denken.

Deprimiert fuhr ich mit dem Zeigefinger über den rechten Kotflügel, dann stieg ich kurz entschlossen ein und ließ den Motor an. Ich fuhr den Wagen auf die Gasse hinaus und stellte ihn vor dem Laden ab. Ein letztes Mal ging ich in mein Zimmer hinauf, um mein Gepäck zu holen. Ich fühlte mich leer und zu Tode erschöpft, aber ich hatte das Gefühl, keine Minute länger bleiben zu können. Wenn ich durchhielt, würde ich es in dieser Nacht noch bis ins hundert Kilometer entfernte Salzburg schaffen. Das war keine weite Strecke, aber ich wusste, dass ich, egal wie weit ich fuhr, nie genügend Abstand zwischen mich und die Ereignisse dieser einen Woche in Bad Gastein bringen konnte.

Eine halbe Stunde später, als bereits Polizeiautos mit zuckendem Blaulicht hinter meinem Wagen parkten, betrat ich, meine Reisetasche in der Hand, das Geschäft. Die Beamten waren mit Lukas Senger und dem Tatort beschäftigt, niemand hatte meine Anwesenheit bemerkt. Ich legte den Zimmerschlüssel neben das Bonbonglas auf den Kassentisch, sodass ihn Malin am nächsten Morgen finden würde. Dann ließ ich meinen Blick noch einmal über die Regale wandern. Die pausbäckigen Puppen starrten aus geistlosen Augen vor sich hin, und die Zinnsoldaten marschierten ihrem Tod auf dem Schlachtfeld entgegen. Aus dem Puppenwagen ragten die abgewetzten Tatzen des Teddybären empor, sein Fell wirkte räudiger als je zuvor. Der »Struwwelpeter«-Band war umgefallen und hing mit dem Deckblatt über ein Regalbrett hinaus.

War das die Welt, die mich noch vor einer Woche mit ihrem Charles-Dickens-Charme bezaubert hatte?

Ich riss mich von dem Anblick los und ging zur Ladentür.

Als ich an dem »Struwwelpeter«-Band vorbeikam, stellte ich ihn wieder auf, dann zog ich den Schlüssel, den Malin mir am ersten Abend gegeben hatte, aus der Jackentasche, schloss die Tür auf und öffnete sie. Die Glocke über meinem Kopf erklang.

Und dann ein leises Knacken hinter meinem Rücken.

Ich erstarrte, spürte, wie sich meine Nackenmuskeln verkrampften. Jemand schlich hinter mir her. Meine Finger umklammerten die Klinke.

Im nächsten Augenblick setzte die Musik ein. Ein Ballett. Tschaikowsky. Der »Nussknacker«. War ich im Vorbeigehen oder beim Aufstellen des Buches gegen das alte Radio gestoßen?

Ohne einen Blick zurückzuwerfen, stürzte ich aus dem Laden, warf die Reisetasche ins Auto und setzte mich hinters Lenkrad. Sekunden später rollte ich im goldenen Schein der schmiedeeisernen Laternen durch das tief verschneite Sterngässchen. Noch einmal, so schien es mir, streiften die Geräusche, die mich bei meiner Ankunft empfangen hatten, mein Ohr – das Lachen fröhlicher Heimkehrer und das Klingeln von Pferdeschlitten. Dann hörte ich nur noch das gleichförmige Geräusch des Motors. Der Zauber war erloschen, und die Stimmen waren verstummt. Der Puppenladen und die verwunschene Gasse hatten mich entlassen.

An der Kirche bog ich ab und fuhr in Richtung Ortszentrum. Links von mir türmte sich die Eiswand des Wasserfalls, zu meiner Rechten gähnte die Schlucht, öffnete sich der schwarze Abgrund. In der biblischen Mythologie bedeutet der Abgrund Unterwelt. Die zum Fegefeuer verdammten Seelen erhoffen sich in Dantes »Inferno« Gerechtigkeit durch ewige Folter und einen gerechten Ausgleich für ihre Sünden. Karp hatte schon zu Lebzeiten in der Hölle seiner Leidenschaften und Nöte geschmort und mir dabei unfreiwillig einen Blick in die Abgründe der menschlichen Psyche gewährt.

Während ich an den verfallenden Gründerzeitfassaden von Bad Gastein entlang aus dem Ort fuhr, hoffte ich, dass Karps Seele wenigstens im Jenseits, wenn es denn eines gab, Frieden finden möge.

Lauwarme Schokoladenkuchen mit Birnenkompott und Vanillesabayon

Zutaten für die Schokoladenkuchen
125 g Schokolade (67%) · 125 g Butter · 3 Dotter · 3 Eier · 95 g Zucker · 25 g glattes Mehl

Zutaten für das Birnenkompott
3 Bio-Birnen · 1 Bio-Zitrone · 250 ml Apfelsaft, wenn vorhanden Birnensaft oder Weißwein · 3 Gewürznelken · ½ Zimtrinde · 30 g Bio-Rohrzucker und wenn vorhanden: »Süße Küche« von Johanna Maier oder etwas Zimt und Vanille

Zutaten für das Vanillesabayon
250 g Schlagobers (Sahne) · 6 Eigelb · 40 g Zucker · ¼ ausgeschabte Vanilleschote (ersatzweise Vanillezucker)

Zubereitung der Schokoladenkuchen
Schokolade und Butter schmelzen lassen. Dotter, Eier und Zucker verrühren. Mehl darunterheben. Porzellanschälchen (4 cm hoch und 4,8 cm im Durchmesser) buttern und zu drei Vierteln mit der Soufflémasse füllen. Im vorgeheizten Ofen bei 170 Grad für 12 Minuten backen. Dieses Rezept hält im Kühlschrank 3 Tage.

Zubereitung des Birnenkompotts
Birnen halbieren und das Kerngehäuse ausschneiden. Birnenhälften vierteln und mit Zitronensaft beträufeln. Saft oder Weißwein mit Nelken, Zimt und Zucker aufkochen. Birnen darin circa 1 Minute köcheln. Kompott vom Herd nehmen und zugedeckt auskühlen lassen.

Zubereitung des Vanillesabayons
Eigelbe mit Zucker mindestens 5 Minuten im Rührkessel (ersatzweise im Mixer) aufschlagen. Das Obers erwärmen und die aufgeschlagene Ei-Masse dazugeben und zügig mit dem Schneebesen die Masse einmal aufkochen lassen. 2–3 Minuten leicht köcheln lassen, durch ein Sieb passieren und Vanillemark einrühren.

Und zum guten Schluss noch ein Rezept für Kletzenbrot. Es stammt von der jungen Österreicherin Mara Hohla, ausgezeichnet mit dem AMA Food Blog Award 2015, die mit ihrem Blog www.stadtmaerchen.at gerade die Herzen der Kochfans erobert.

Kletzenbrot

Zutaten für 2 Laibe
250 g Kletzen (getrocknete Birnen) · 300 g Rosinen · 180 g Feigen · 200 ml Rum · 200 ml Wasser · 100 g Haselnüsse (grob gehackt) · 2 TL Zimt · 1 EL gemahlene Nelken · Saft einer halben Zitrone · Abrieb einer Bio-Zitrone · 500 g Mehl (Roggen-Vollkorn) · 400 ml lauwarme Milch · 1 Pkg. Trockengerm (Hefe) · 1 TL Zucker · Prise Salz

Zubereitung
Am Vorabend die Trockenfrüchte einlegen. Hierfür die Kletzen sowie die Feigen in kleine (circa 2 cm) große Stücke schneiden, mit den Rosinen vermengen und in Rum und Wasser (200 ml Rum und 200 ml Wasser) einlegen. Am nächsten Tag die überschüssige Flüssigkeit abgießen. Die Früchte mit den Haselnüssen und den Gewürzen sowie dem Zitronenabrieb und Zitronensaft vermengen.
Für den Teig die Milch leicht erwärmen (wie immer bei Germteig gilt: maximal lauwarm!). Den Germ und den Zucker darin auflösen. Das Roggenmehl in eine große Schüssel sieben. Salz einrühren und die Germ-Milch-Mischung beifügen. Nun alles zu einem homogenen Teig verkneten, entweder mit Muskelkraft oder mit der Küchenmaschine. Den Teig mit einem Tuch abdecken und für circa 1 Stunde gehen lassen. Nach der Gehzeit gut ein Drittel des Teiges abteilen und beiseitestellen (damit wird das Brot dann umhüllt).
Nun den restlichen Teig mit den Früchten vermengen, in der Hälfte teilen und zu Laiben formen. Den vorher abgetrennten Teig nun erneut halbieren und beide Teile dünn ausrollen. Hiermit die beiden Laibe einschlagen, auf ein mit Backpapier ausgelegtes Backblech legen und erneut für circa 20–30 Minuten gehen lassen. Die Laibe mit einer Gabel mehrmals einstechen. Inzwischen den Backofen auf 160 Grad vorheizen. Das Kletzenbrot für circa 1 Stunde und 15 Minuten backen.

Nachwort

»Essen kann beides sein: Gift oder Medizin für Körper und Seele.«

Das sagt Johanna Maier, Österreichs erste und einzige Vier-Hauben-Köchin. Welches Motto könnte für einen Krimi passender sein? Die leichten und saisonalen Gerichte, die Johanna Maier in ihrem »Hotel Hubertus« bietet, stehen nicht nur für geschmackvolle Medizin aus der Küche, sondern auch für ihr unfehlbares Gespür für die Natur und ihre Produkte. Im Winter wärmen Zimt, Zitronengras, Chili und Ingwer den kulinarischen Genießer, im Sommer werden frische Wiesenkräuter und der Saft von kühlenden Zitrusfrüchten verwendet. Und so fiel der Spitzenköchin auch sofort ein Winterpunsch für meine Leser ein – für sie das beste Getränk gegen Erkältungen und zur Stärkung des Immunsystems. Alle von Johanna Maier für dieses Buch entwickelten Rezepte lassen sich leicht nachkochen und zu einem Menü verbinden.

Mir bleibt, Johanna Maier ganz herzlich für ihre Mitwirkung an diesem Buch zu danken und Ihnen, liebe Leser, viel Spaß mit dem neuen kulinarischen Krimi zu wünschen.

Ihre
Ines Eberl-Calic

Salzburg, im Mai 2017

Ines Eberl
SALZBURGER TOTENTANZ
Broschur, 208 Seiten
ISBN 978-3-89705-796-8

»Ines Eberl gelingt mit ›Salzburger Totentanz‹ ein Krimi mit Tiefgang.« Salzburger Nachrichten

»Spannend bis zum Schluss.« Salzburger Volkszeitung

Ines Eberl
JAGABLUT
Broschur, 208 Seiten
ISBN 978-3-89705-965-8

»Die fesselnde Geschichte lässt den Leser bis zum Schluss miträtseln.« Salzburg Inside

www.emons-verlag.de

INES EBERL
Totenkult
KRIMINALROMAN
emons:

Ines Eberl
BLUNZENGRÖSTL
Broschur, 224 Seiten
ISBN 978-3-95451-547-9

»Ein Gourmet-Krimi mit tiefschwarzem Humor. Die packende Erzählweise und plötzlichen Wendungen mit ihrem gut gewürzten und gepfefferten Schreibstil lassen die Zeit beim Lesen viel zu rasch vergehen. Wie immer: ein absolutes Lesevergnügen.« Echo Salzburg

www.emons-verlag.de

JOHANNA
MAIER
MEINE GESUNDE KÜCHE
Servus